Brent Dykes

Dados e **storytelling** de IMPACTO

Como usar números, imagens e histórias para gerar mudanças efetivas nos negócios

Benvirá

Copyright da edição brasileira © 2023, Saraiva Educação S.A.

Tradução autorizada da edição original em inglês publicada nos Estados Unidos pela John Wiley & Sons, Inc. All Rights Reserved. This translation published under license with the original publisher John Wiley & Sons, Inc.

Direção executiva Flávia Alves Bravin
Direção editorial Ana Paula Santos Matos
Gerência editorial e de produção Fernando Penteado
Edição Clarissa Oliveira
Design e produção Daniele Debora de Souza (coord.)
Daniela Nogueira Secondo

Tradução Silvio Antunha
Preparação Augusto Iriarte
Revisão Mauricio Katayama
Diagramação SBNigri Artes e Textos Ltda.
Capa Tiago Dela Rosa
Impressão e acabamento Vox Gráfica

Dados Internacionais de Catalogação na Publicação (CIP) Vagner Rodolfo da Silva - CRB-8/9410	
D996d	Dykes, Brent Dados e storytelling de impacto: como juntar números, imagens e histórias para gerar mudanças efetivas nos negócios / Brent Dykes ; trad. Silvio Antunha. - São Paulo: Benvirá, 2023. 312 p. Tradução de: *Effective data storytelling* ISBN 978-65-5810-042-3 (Impresso) 1. Administração. 2. Negócios. 3. Dados. 4. Storytelling. 5. Comunicação corporativa. 6. Apresentações corporativas. 7. Tomada de decisão. 8. Análise de dados. I. Antunha, Silvio. II. Título.
2022-2167	CDD 658.4012 CDU 65.011.4
Índices para catálogo sistemático: 1. Administração: Negócios 658.4012 2. Administração: Negócios 65.011.4	

1ª edição, janeiro de 2023

Nenhuma parte desta publicação poderá ser reproduzida por qualquer meio ou forma sem a prévia autorização da Saraiva Educação. A violação dos direitos autorais é crime estabelecido na Lei n. 9.610/98 e punido pelo art. 184 do Código Penal.

Todos os direitos reservados à Benvirá, um selo da Saraiva Educação.
Av. Paulista, 901, Edifício CYK, 4º andar
Bela Vista - São Paulo - SP - CEP: 01311-100
SAC: sac.sets@saraivaeducacao.com.br

CÓD. OBRA 705150   CL 671101   CAE 827680

*Para a minha família (e para Jackson, de quem sentimos muita saudade).
Para o meu pai, para Stan e Hans – obrigado por compartilharem
o poder de contar histórias.*

Prólogo

HOJE EM DIA, os dados são alguns dos mais valiosos ativos de negócios. As empresas que forem mais capazes de transformar os seus dados em insights, e os seus insights em conhecimento, levarão a melhor e ultrapassarão em desempenho as concorrentes. No mundo atual, baseado em dados, o storytelling (contação de histórias) é um capacitador vital que ajuda as organizações a serem bem-sucedidas.

Vivemos em um mundo com mais dados do que nunca. Os volumes de dados são medidos em zetabytes, que é uma quantidade inimaginavelmente vasta. O zetabyte é um número com 21 zeros no final, e contém 1 bilhão de terabytes (sendo que 1 terabyte é a capacidade de um computador doméstico de última geração). Prevê-se que em 2025 teremos mais de 175 zetabytes de dados no mundo, um crescimento exponencial dos cerca de 10 zetabytes que temos hoje. Mas todos esses dados serão inúteis a menos que as empresas sejam capazes de obter insights dos dados que lhes permitam agir, tomar melhores decisões, e iniciar mudanças.

Para aproveitar ao máximo as oportunidades sem precedentes apresentadas pelos dados, as empresas, e os indivíduos nelas, precisam das habilidades certas: eles precisam ser alfabetizados em dados. Do meu trabalho de ajudar empresas em todo o mundo a fazerem melhor uso dos dados, compreendi que a capacidade de contar uma história a partir dos dados é um pilar fundamental da alfabetização em dados.

Contar histórias está enraizado no modo de vida humano há centenas de milhares de anos. Ao longo da história, os seres humanos usaram as histórias como ferramentas essenciais para captar a atenção, envolver e acender a chama da imaginação das pessoas, e transmitir conhecimento. E essa capacidade de contar histórias é tão – talvez até mais – importante no mundo de hoje, baseado em dados, quanto era quando nossos ancestrais moravam em cavernas.

Aqueles que usam o storytelling de forma eficaz não apresentam apenas fatos: eles apresentam histórias que persuadem e que são lembradas – contadas e recontadas – dentro de uma organização. A capacidade de contar histórias a partir de dados é uma habilidade que se tornará cada vez mais valiosa no mercado de trabalho do futuro.

Brent Dykes fez um excelente trabalho na criação de um livro prático e envolvente que ajudará a melhorar as suas habilidades de contar histórias com dados. Você aprenderá a usar os principais ingredientes dos dados – as narrativas e os recursos visuais – que ajudam a explicar, esclarecer e engajar as pessoas, de modo a levar a melhores tomadas de decisões e ensejar mudanças.

Tenho certeza de que, depois de terminar de ler *Dados e storytelling de impacto: como usar números, imagens e histórias para gerar mudanças efetivas nos negócios*, o livro permanecerá em sua prateleira como um recurso inestimável e um guia de referência para quando você precisar fazer melhor uso dos dados e apresentá-los de uma forma que efetivamente faça a diferença.

Bernard Marr
Futurólogo, autor de *The Intelligent Company, Big Data, Big Data in Practice* e *Artificial Intelligence in Practice*

Prefácio

EMBORA NESTE LIVRO MUITOS PRINCÍPIOS de visualização de dados sejam abordados, não se trata de um *livro sobre visualização de dados*. Quero definir antecipadamente essa expectativa, caso contrário você pode ficar desapontado. Já se deseja comunicar os seus insights de forma mais eficaz a outras pessoas, você encontrou o livro certo. Se quer entender melhor por que o storytelling com dados é tão eficaz, mais uma vez, este é o livro para você. Se está procurando gerar mudanças positivas com dados, este livro vai equipá-lo com tudo o que você precisa (pelo menos, da perspectiva da comunicação). Ao ler os capítulos deste livro, você perceberá que eu começo cada um com uma história, tal é a minha crença no poder do storytelling. Vamos começar essa aventura juntos: *era uma vez um insight...*

* * * *

Depois de mais de dois anos de intensa pesquisa e redação, estou animado para compartilhar a minha perspectiva sobre o storytelling com dados. A minha jornada para escrever este livro começou em 2013, quando convenci a equipe de eventos da Adobe a me deixar apresentar a sessão de abertura sobre *"data storytelling"* em nossa conferência com clientes que estava prestes a ocorrer. Na época, esse era um tópico emergente que me era caro. Tendo trabalhado com dados durante a maior parte da carreira, mais de 15 anos em análise corporativa, eu percebia diariamente como a eficaz comunicação de dados era crítica. Essa apresentação foi a minha primeira oportunidade formal de compartilhar alguns dos primeiros conceitos e estruturas que desenvolvi. Como a reunião foi extremamente boa, e me pediram para repeti-la, percebi que estava no caminho certo.

Nos anos seguintes, continuei a desenvolver e a aprimorar as minhas ideias sobre o storytelling com dados, e falei em várias conferências de negócios e tecnologia. Repetidamente, depois da apresentação sobre como contar histórias de dados, os participantes perguntavam se eu tinha um livro ou se oferecia workshops. Então, esse foi meu próximo grande sinal. Em 2016, escrevi na *Forbes* um artigo popular intitulado "Data storytelling: the essential data science skill everyone needs" ("Storytelling com dados: a habilidade essencial da ciência de dados [informática] de que todos necessitam"). Esse artigo gerou mais de 200 mil visualizações, e está consistentemente listado como o principal resultado de pesquisa do Google para *data storytelling*. Assim, foi a indicação final que eu precisava para escrever este livro.

Com o crescimento do uso de dados em pequenas e grandes organizações, as pessoas precisam ser cada vez mais bilíngues em termos de dados. Porém, a minha urgência em escrever este livro aumentou quando percebi como o conceito de storytelling com dados era mal compreendido, e como o termo corria o risco de se tornar apenas mais um jargão vazio. Apesar de seu imenso potencial, era frequentemente posicionado como apenas uma extensão da visualização de dados. Além disso, o aspecto narrativo do storytelling com dados foi amplamente ignorado, ou tratado simplesmente como auxiliar dos recursos visuais. Enquanto muitos defendiam as virtudes do storytelling com dados, bem poucas pessoas explicavam como e por que ele funcionava. E, como se isso não bastasse, durante a fase de redação deste livro, acabei presenciando diariamente fatos abusivos, distorcidos e disparatados. Em vez de usarmos os ricos níveis de dados em nosso benefício, estávamos voltando a uma época em que os fatos não importavam. Sob essas circunstâncias difíceis, mais do que nunca, precisamos de contadores de histórias de dados.

Prefácio à edição brasileira

É difícil lembrar de estatísticas, mas você sempre se lembrará de boas histórias.

PROVAVELMENTE, você já ouviu a expressão "dados são o novo petróleo". Essa afirmação se deve ao fato de algumas das maiores empresas de tecnologia do mundo se posicionarem como empresas orientadas a uma cultura de dados. Mas, ao contrário do que muitos acreditam, o valor não está nos dados em si, mas na capacidade de saber o que fazer com eles. Ao longo de mais de 15 anos de experiência como consultor em estratégias digitais, uma das habilidades mais poderosas que eu desenvolvi foi a capacidade de associar métricas à psicologia do consumo através de narrativas persuasivas.

Você pode ser um profundo conhecedor de dados analíticos sobre um determinado nicho ou mercado, mas nada será tão eficaz como combinar fatos a uma boa história. A ciência por trás do storytelling é uma habilidade necessária ao aprendizado de qualquer pessoa na economia atual. Números não falam por si. Eles precisam ser acompanhados de uma boa narrativa.

Toda comunicação que trafega entre o emissor e o receptor é sempre recheada de dados. Mas existe uma diferença significativa entre "informar dados" e "comunicar dados". A exibição de dados com gráficos bonitos e *dashboards* interativos pode ser uma armadilha para a exibição de dados meramente decorativos. Recursos visuais trazem a clareza necessária das informações que desejamos comunicar. Contudo, é preciso utilizar os elementos visuais corretos e uma boa narrativa para comunicar insights extremamente valiosos.

Fatos trazem veracidade e credibilidade à informação transmitida, mas apenas boas histórias geram conexões a ponto de fazer com que as ideias, além de informadas, também sejam sentidas, favorecendo uma conexão profunda com o receptor. Histórias funcionam como uma ponte entre lógica e emoção. A menos que você esteja se comunicando com robôs, esse é o comportamento esperado daquele que recebe a informação, seja ele um cliente ou o presidente de uma grande companhia.

De uma maneira muito simples e didática, Brent Dykes detalha a ciência por trás do storytelling e nos ensina como criar uma narrativa de impacto baseada em três pilares: dados, elementos visuais e narrativas. Combinados, esses elementos têm o potencial de transformar dados em insights valiosos e persuasivos, influenciando pessoas em relação à tomada de melhores decisões e à sua capacidade de ação efetiva. Esta é uma obra estruturada a partir de bases teóricas robustas, ainda que o texto seja leve, direcionado a profissionais de todos os níveis de negócios que lidam com dados e apresentações.

Números são essenciais para uma boa análise de dados, e elementos visuais trazem clareza sobre o que desejamos comunicar. Porém, é ao combinar corretamente dados, elementos visuais e uma boa narrativa que conseguiremos sair do "posto da neutralidade", de quem apenas informa, para assumirmos o protagonismo da narrativa. O resultado dessa combinação irá gerar insights capazes de engajar a audiência, despertando nela o senso de urgência necessário à tomada de ações para que as mudanças aconteçam.

Dominar a arte de comunicar dados de forma efetiva com storytelling extrapola sua capacidade de fazer apresentações de impacto. Colocar em prática essa mentalidade diferenciada no modo de apresentar insights poderá elevar você ao "posto de protagonista", figura responsável por direcionar e engajar profundas mudanças estratégicas dentro das organizações, não importando o tamanho delas e o cargo que você ocupe.

Este livro abriu a minha mente, facilitando meu acesso a uma poderosa ferramenta de comunicação e influência. Tendo como diferencial o conteúdo bem-ilustrado por exemplos, figuras, gráficos, entre outros, você vai encontrar um material bem detalhado, instrutivo e direcionado à prática do storytelling de impacto.

Nas próximas páginas, você encontrará os conhecimentos necessários para comunicar seus insights de forma convincente através de histórias memoráveis.

Boa leitura!
Ronny Saran

Sumário

Prólogo V
Prefácio VII
Prefácio à edição brasileira IX

1 | Introdução: como gerar mudanças através do insight 1

Por que a mudança é importante 3
Qualquer um se torna analista de dados 4
A alfabetização em dados é essencial na economia de dados de hoje em dia 7
O que é um insight? 8
A comunicação eficaz transforma insights em ações 10
A mudança baseada em dados não é fácil 12
Esforce-se para comunicar, e não apenas para informar 13
Contando a história dos seus dados 15
Referências 18

2 | Por que contar histórias com dados? 19

Os seres humanos são criaturas que contam histórias 22
As histórias vencem as estatísticas 25
Os três elementos essenciais das histórias de dados 28
Gerando ações com as histórias de dados 32
Por que os seus insights precisam da narrativa e dos recursos visuais 36
Referências 42

3 | A psicologia do storytelling com dados 45

A maioria das decisões não se baseia na lógica 50
Como reagimos aos fatos 57
Como reagimos às histórias 62
As histórias de dados são a ponte entre a lógica e a emoção 67
O que Semmelweis poderia ter feito de diferente? 70
Referências 75

4 | A anatomia de uma história de dados 78

Os seis elementos essenciais de uma história de dados 83
    Primeiro elemento: fundamento dos dados 85

　　　　Segundo elemento: ponto principal 85
　　　　Terceiro elemento: foco explicativo 87
　　　　Quarto elemento: sequência linear 87
　　　　Quinto elemento: elementos dramáticos... 88
　　　　Sexto elemento: âncoras visuais.. 90
　　As histórias de dados vêm em todos os formatos e tamanhos 92
　　Toda história de dados precisa de um contador de histórias 95
　　Conheça o seu público antes de contar a história...................................... 106
　　Quando faz sentido elaborar histórias de dados e quando não faz sentido..... 111
　　Referências 115

5 | Dados: a base da sua história de dados 117

　　Examine os blocos de construção das suas histórias de dados 119
　　　　Relevância.. 120
　　　　Confiabilidade... 121
　　Toda história de dados precisa de um insight central............................... 122
　　Você tem um insight exequível? 128
　　　　Por que o seu público deveria se importar?.. 129
　　　　O que o público deve fazer a respeito disso? 129
　　　　Qual é o impacto potencial nos negócios?... 130
　　O processo de análise: da exploração à explicação 131
　　　　Dados forjados n. 1: o corte de dados... 134
　　　　Dados forjados n. 2: a participação especial de dados....................... 135
　　　　Dados forjados n. 3: os dados decorativos 136
　　A análise e a comunicação de dados exigem disciplina.............................. 137
　　　　Viés de confirmação.. 138
　　　　Viés de sobrevivência... 138
　　　　Maldição do conhecimento 140
　　　　Falácia da correlação.. 141
　　　　Falácia do atirador de elite do Texas 142
　　　　Falácia da generalização precipitada... 143
　　Quando uma quantidade muito grande de uma coisa boa é ruim 145
　　Referências 151

6 | Narrativa: a estrutura da sua história de dados................. 153

　　Definindo o modelo narrativo das histórias de dados 155
　　Revelando a sua narrativa com os pontos da história 163
　　Como fazer o roteiro da sua história de dados 166
　　　　Etapa 1: identifique o seu Momento "Eureka!"................................. 167
　　　　Etapa 2: encontre o seu começo (o Gancho e a Configuração do Caso)...... 169
　　　　Etapa 3: selecione os seus Insights em Gestação................................. 172
　　　　Etapa 4: capacite seu público para agir... 174

Quando o público quer apenas os fatos 176
Desvendando os heróis na sua história de dados 178
Como o conflito amplifica o impacto do storytelling com dados 183
Torne as suas ideias mais digeríveis com analogias 186
Referências 189

7 | Recursos visuais (parte 1): como configurar as cenas da sua história de dados 191

A percepção humana e as nossas habilidades inatas para buscar padrões ... 194
Facilitando comparações significativas com recursos visuais 199
Princípio n. 1: visualize os dados corretos 203
Princípio n. 2: escolha as visualizações certas 208
    Familiaridade *versus* novidade 213
Princípio n. 3: calibre os recursos visuais da sua mensagem 215
Fim da parte 1: as cenas estão configuradas 221
Referências 222

8 | Recursos visuais (parte 2): como polir as cenas da sua história de dados 223

Princípio n. 4: remova o ruído desnecessário 225
Princípio n. 5: concentre o foco da atenção no que é importante 231
    Contraste de cores 232
    Texto 236
    Tipografia 238
    Estratificação 239
Princípio n. 6: torne os seus dados acessíveis e envolventes 241
    Rotulagem 242
    Linhas de referência 243
    Formatação 244
    Adesão às convenções 246
    Imagens 248
    Exemplos do mundo real 249
Princípio n. 7: instile confiança nos seus números 250
Uma abordagem baseada em princípios para o storytelling com recursos visuais 253
Referências 256

9 | Como elaborar a sua própria história de dados 257

Aprendendo com um mestre contador de histórias de dados 259
    0min34 – Principais táticas: rotulagem, anotação e escalas dos eixos 260

XIII

  1 min – Principais táticas: período de tempo, tamanho do rótulo, categorias, elementos do gráfico (tamanho das bolhas) 261
  1min18 – Principais táticas: linha de referência, rotulagem seletiva, destaque 261
  1min30 – Principais táticas: animação, contexto complementar 262
  2min22 – Principais táticas: personalização, rotulagem seletiva, destaque 263
  3min30 – Principais táticas: zoom, rotulagem seletiva, detalhamento, comparações explícitas 264
  4min00 – Principais táticas: resumo de animação, linha de tendência 264
Desconstruindo a história de dados 268
  Primeiro ato: a Configuração do Caso 269
  Segundo ato: a construção 270
  Terceiro ato: a solução 274
  Os bastidores da história de dados da NCLB 277
  Revisão do primeiro ato 278
  Revisão do segundo ato 279
  Revisão do terceiro ato 281
As histórias de dados do dia a dia vêm em todas as formas, tamanhos e sabores 283
  História baseada em fatos reais n. 1: a editora que precisava reter a redatora habilidosa 284
  História baseada em fatos reais n. 2: a necessidade de uma nova estratégia de preços para um fabricante de embalagens 285
O contador de histórias de dados: guia e agente de mudança 289
Referências 294

Sobre o autor 295

Agradecimentos 296

Sobre o site 297

1
Introdução: como gerar mudanças através do insight

> *Toda grande ideia é absolutamente fascinante e absolutamente inútil até que se decida usá-la.*
>
> RICHARD BACH, autor

UMA EXPERIÊNCIA LIGEIRAMENTE TRAUMÁTICA ME ENSINOU uma das minhas primeiras lições sobre como contar histórias de dados. No início da minha carreira, depois de completar o primeiro ano do MBA, consegui um estágio em um conhecido varejista multicanais com sede no Meio-Oeste dos Estados Unidos. Na época, a economia estava em forte recessão, e muitas empresas americanas não estavam interessadas em contratar estudantes internacionais, como eu, que incorreriam em custos adicionais para serem financiados. Felizmente, a minha experiência em marketing on-line no Canadá atraiu esse varejista, e a empresa me ofereceu uma posição de estagiário em seu aclamado departamento de e-commerce.

Como um dos vários estagiários de MBA de olho na vaga fixa oferecida no final do verão, no meio do caminho eu teria uma importante apresentação com o vice-presidente sênior (SVP) de e-commerce. Isso me proporcionava a oportunidade crucial para ter certeza de que o meu projeto estava seguindo na direção certa antes da minha apresentação final. Com a esposa grávida e dois filhos pequenos contando que eu garantisse o emprego em tempo integral, sentia uma pressão substancial para causar uma boa impressão nesse influente executivo.

O SVP em questão não era um líder empresarial típico. Ele era um capitão militar reformado, ex-piloto de helicóptero das forças especiais. Como se sua atitude austera já não fosse suficientemente intimidante, ele também era extremamente esperto, formado em uma escola de negócios de primeira linha. Ao longo dos anos, muitos estagiários de MBA viram suas apresentações cuidadosamente elaboradas serem escrutinadas em sessões de revisão com esse executivo sênior. Não era incomum ver rostos em estado de choque e lágrimas derramadas depois de reuniões com ele.

Não pretendendo me tornar uma de suas muitas vítimas, trabalhei diligentemente para preparar a minha apresentação intermediária. Fiquei satisfeito com o progresso que fiz em meu projeto e confiava em minha capacidade de apresentar o que havia conquistado até então. Porém, no curso do projeto, tropecei num ponto interessante dos dados, enquanto revisava as respostas das pesquisas dos clientes: esses dados indicavam que uma prática comum relacionada ao envio dos pedidos não era tão importante para os clientes quanto a equipe de e-commerce supunha. Embora tal insight não fosse central para o meu projeto, decidi que valia a pena compartilhá-lo, pois, se os dados fossem verdadeiros, poderiam ter um impacto significativo na abordagem da equipe de e-commerce.

Quando chegou o dia da minha apresentação, tudo correu bem, até eu chegar ao slide com o insight das pesquisas com os clientes. Isso gerou uma reação do SVP, mas não a que eu esperava... Ele se inclinou para a frente e esbravejou: "Bobagem". Não sussurrou, e sim exclamou com toda força, para que todos na sala ouvissem. A resposta enfática garantia que ninguém na sala contestasse sua opinião abalizada sobre o assunto, inclusive eu. Parecia que eu tinha acabado de pisar em uma mina terrestre, uma do tipo cultural. Uma sensação de pânico paralisante tomou conta de mim quando percebi quão despreparado e exposto eu estava naquele exato momento. Felizmente, um mentor ousado saltou para me fornecer o fogo de cobertura necessário para que eu me recuperasse e prosseguisse, ainda que cambaleante, pelos slides restantes. Embora o meu ego estivesse um pouco abalado, sobrevivi à reunião, e deixei a sala com um valioso insight de mim mesmo.

Quando refleti sobre a experiência, percebi que tinha cometido um sério erro de cálculo. Na minha ingênua empolgação para agregar valor e contribuir com um insight potencialmente significativo, presumi que o *mérito* potencial do insight garantiria sua aceitação e posterior investigação. Infelizmente, o mérito por si só não foi suficiente para salvaguardar sua adoção. E, assim como incontáveis outras descobertas promissoras nunca viram a luz do dia, o meu insight foi rejeitado. Ele morreu na sala de reuniões naquele dia. Apesar de o meu insight ser nobre e arrojado, a meritocracia em que eu acreditava era uma ilusão. Pessoas e organizações nem sempre estão abertas a novas descobertas – seja essa postura deliberada ou não – que possam melhorar seu desempenho ou posição.

Muitos fatores contribuíram para o fracasso do meu insight: a minha divulgação insatisfatória, a mente fechada do executivo e a inércia cultural. Porém, um fator-chave que contribuiu para selar o destino do insight foi o nível de mudança que ele provocaria. Insights e mudanças andam de mãos dadas. Sempre que descobrimos um insight, ele inevitavelmente leva a mudanças, se os dados forem considerados.

Frequentemente, o valor potencial de uma descoberta é diretamente proporcional ao nível de resistência que ela enfrentará. Embora muitas vezes acreditemos que os insights são intuições inofensivas, eles têm repercussões – desde sutis até significativas – que podem ser difíceis para as pessoas aceitarem. Geralmente, quanto maior o insight, mais perturbador ele será para o status quo. As pessoas têm dificuldade em desistir do que é rotineiro e familiar. Quando o novo insight não é bem compreendido e não parece convincente, não terá chance de superar a resistência à mudança. Depois dessa experiência, descobri que, se você quiser ser perspicaz e introduzir mudanças, não pode simplesmente *informar* o seu público: você precisa *engajá-lo*.

Por que a mudança é importante

> *Não posso dizer que as coisas vão melhorar se mudarmos. O que posso afirmar é que elas precisam mudar para melhorar.*
> GEORG C. LICHTENBERG, cientista

O filósofo Heráclito – da Grécia Antiga – via a mudança como algo central para o universo. A ele é atribuído o dito "a mudança é a única constante na vida". Vivemos em um mundo em constante evolução que é mais aleatório, barulhento e imprevisível do que queremos admitir. É importante que os indivíduos e as organizações sejam partidários da adaptação a ambientes em constante mudança. Como disse Jack Welch, ex-CEO da General Electric, "Mude antes que seja preciso fazer isso". Em vez de ficar estagnados, ou de nos contentar com pouco, frequentemente buscamos novas maneiras de melhorar a nós mesmos e ao mundo ao nosso redor.

Ao longo do tempo, as inovações da humanidade foram geradas por pessoas que buscaram *tornar as coisas melhores*: mais rápidas, mais baratas, mais seguras, mais eficientes, mais produtivas, e assim por diante. Inovações revolucionárias, como impressoras, telefones, automóveis, computadores e internet, introduziram mudanças significativas. Essas descobertas científicas exigiram a demolição de crenças, conjuntos de habilidades estabelecidos e sistemas para substituí-los. A mudança se torna um subproduto inevitável do progresso. Se você deseja avançar e melhorar, deve buscar novos insights e implementar novas ideias, que inevitavelmente introduzirão mudanças.

Nem todas as mudanças precisam ser maciçamente desagregadoras. Os industriais japoneses do pós-guerra desenvolveram a filosofia *kaizen* ("mudar para melhorar"), em que os funcionários eram incentivados a introduzir continuamente pequenas melhorias incrementais nas fábricas. Por fim, o acúmulo desses pequenos refinamentos de processos ajudou empresas japonesas como a Toyota e a Sony a obterem grandes vantagens competitivas em termos de qualidade nos produtos e eficácia na fabricação. Hoje em dia, a maioria das startups inovadoras – e até mesmo grandes empresas – adota alguma metodologia *lean* ("enxuta") similar, que envolve experimentação incremental e desenvolvimento ágil.

A base subjacente essencial das metodologias *kaizen* e *lean* são os dados. Sem os dados, as empresas que usam essas abordagens simplesmente não saberiam o que melhorar, nem se as suas mudanças incrementais foram bem-sucedidas. Os dados fornecem a clareza e a especificidade que quase sempre são necessárias para gerar mudanças *positivas*. A importância de ter linhas de base, parâmetros e metas não se limita aos negócios: ela pode transcender tudo, desde desenvolvimento pessoal até causas sociais. O insight certo pode instigar tanto a coragem como a confiança que forjam a nova direção, transformando um salto de fé numa aventura: uma expedição consciente, bem informada e com um bom alicerce.

Qualquer um se torna analista de dados

Os dados ajudam a resolver problemas.
ANNE WOJCICKI, empreendedora

Durante a maior parte dos últimos 50 anos, os dados foram confiados principalmente a apenas dois grupos privilegiados dentro da maioria das organizações empresariais: os *executivos*, que precisavam de dados para gerir os negócios; ou os *especialistas em dados* – algum analista de negócios, estatístico, economista ou contador –, que reuniam, analisavam e relatavam os números para a gerência. Para os demais, a exposição aos dados era bastante limitada, indireta ou intermitente.

Na era digital da atualidade, os dados se tornaram mais pervasivos, e expõem pessoas a fatos e números numa proporção inédita. A previsão é que o volume de dados cresça 61% ao ano, devendo chegar a 175 zetabytes até 2025 (1 zetabyte é 1 trilhão de gigabytes) (Patrizio, 2018). Muito desse crescimento explosivo pode ser atribuído ao mundo cada vez mais conectado em que vivemos e aos dados adicionais que estão sendo criados pelas máquinas, e não apenas por seres humanos ou entidades de negócios humanas.

Os dados rapidamente se tornaram um ativo estratégico importante, deixando de ser algo "bom de se ter" para se tornar essenciais na maioria das organizações. Por exemplo, para gigantes da tecnologia como Amazon, Google, Facebook e Netflix, os dados se tornaram um fundamento integral para o sucesso de seus negócios, tanto em termos de como impulsionam suas operações quanto pelo imenso valor estratégico que oferecem. Dos motores de recomendação alimentados por dados da Amazon e Netflix às redes de anúncios ricas em dados do Google e Facebook, essas empresas experientes em dados conquistaram vantagens competitivas formidáveis por meio de dados e tecnologias. Porém, a inteligência baseada em dados não é mais dominada apenas pelos líderes do setor: empresas inovadoras de todos os tamanhos estão colhendo seus benefícios. Por exemplo, eu conheci um pequeno empreiteiro da construção civil no Oregon que conseguiu ganhar uma transparência de dados inigualável em todos os seus processos de aprovação e revisão, obtendo uma vantagem diferencial sobre os concorrentes locais que sofriam com processos ineficientes baseados em papel.

No ambiente de negócios dinâmico e acelerado de hoje, limitar as informações a um conjunto restrito de executivos e especialistas em dados não faz mais sentido. As organizações com visão de futuro procuram capacitar mais funcionários com dados, para que eles possam tomar decisões mais bem informadas e responder mais rapidamente às oportunidades e desafios do mercado. Para democratizar os dados e fomentar culturas baseadas em dados, as empresas podem contar com várias tecnologias de análise para tudo, desde as onipresentes planilhas às avançadas ferramentas de descoberta de dados.

Você não precisa mais ter as palavras "analista" ou "dados" no título do cargo para ficar imerso em números, e para poder usá-los regularmente. Agora os dados são responsabilidade de todos. De fato, o calcanhar de Aquiles de qualquer analista de dados é a falta de contexto, algo que a maioria dos usuários de negócios tem de sobra. Um analista rigoroso pode deixar de perceber algo nos dados que é facilmente detectado pelos olhos experientes de um usuário empresarial, que talvez conte com anos de experiência no assunto específico. Os dados não se importam com quem você é, ou qual é o nível da sua habilidade analítica: eles anseiam fornecer insights para quem for diligente e curioso em encontrá-los. Maior acesso aos dados significa que insights valiosos podem ser descobertos por pessoas de todas as origens, e não apenas pelos técnicos.

Fora do ambiente de trabalho, você talvez não perceba quantas análises realiza em seu "tempo livre", pois os dados estão cada vez mais integrados em vários aspectos de nossas vidas. Por exemplo, quando você planeja férias ou avalia diferentes produtos on-line, as suas decisões provavelmente serão informadas por um certo tipo de dados: as recomendações e avaliações de pessoas completamente estranhas. Na verdade, 89% dos consumidores indicaram que as avaliações on-line influenciaram suas decisões de compra (PowerReviews, 2018). Se você é um ávido fã de esportes, passará toda a temporada consumindo regularmente estatísticas sobre o desempenho do seu time favorito (ou, em alguns casos, sobre o fraco desempenho dele). Além disso, você pode estar entre os quase 60 milhões de pessoas nos Estados Unidos e Canadá que gostam de competir em esportes de fantasia, que são inteiramente movidos por dados.

Mais perto de casa, a minha esposa jamais imaginou que tocaria no mundo da análise e dos dados, até começar a correr maratonas e competir em triatlos. Agora, ela está constantemente analisando seu nível de condicionamento físico e o desempenho no treinamento com seu confiável relógio Garmin GPS. Por meio de trabalho árduo, determinação e dados, ela atingiu seus objetivos de aptidão física, inclusive a realização de uma prova completa de Ironman e a conhecida Maratona de Boston. Quer estejamos buscando metas de aptidão pessoal ou de negócios, a recente onda de dados digitais – junto com sua crescente utilidade e importância – está levando todos a se tornarem mais experientes em dados.

A alfabetização em dados é essencial na economia de dados de hoje em dia

> *A capacidade de se obter dados – e de entendê-los, de processá-los, de extrair valor deles, de visualizá-los, de comunicá-los – se tornará uma habilidade extremamente importante nas próximas décadas.*
> HAL VARIAN, economista-chefe do Google

Apesar de os dados estarem sendo enviados a mais pessoas, isso não significa que todos estejam preparados para consumi-los e usá-los de maneira eficaz. À medida que aumenta a nossa dependência de dados para orientação e insights, também cresce a necessidade de maior alfabetização em dados. Ao passo que a alfabetização é definida como a capacidade de *ler e escrever*, a alfabetização em dados pode ser definida como a capacidade de *compreender e comunicar dados*. As avançadas ferramentas de dados de hoje em dia podem oferecer insights incríveis, mas exigem operadores capacitados em compreender e interpretar os dados. Assim como uma biblioteca composta das melhores obras literárias do mundo será relativamente inútil para quem não sabe ler, um rico repositório de dados não terá serventia nas mãos de alguém que não sabe usá-lo.

Felizmente, você não precisa de um diploma avançado para ser alfabetizado. Da mesma forma, para ser versado em dados, você não precisa ter conhecimentos estatísticos avançados, nem habilidades de programação em Python ou R. Porém, precisará de algumas habilidades básicas de aritmética, como ser capaz de compreender, processar e interpretar um gráfico ou uma tabela de dados padrão. Pelo fato de estar lendo este livro, vou presumir que você já possui as habilidades matemáticas necessárias para descobrir insights. Seja pela educação, experiência de trabalho, atividades extracurriculares, ou por uma curiosidade inata, você foi capaz de desenvolver essa habilidade. Agora, está procurando melhorar a outra metade da alfabetização em dados: *a capacidade de comunicar ou compartilhar dados de forma eficaz.*

Como enfatizou Hal Varian, o economista-chefe do Google, a capacidade de encontrar um insight valioso e, em seguida, de compartilhá-lo com eficácia se tornará uma "habilidade extremamente importante nas próximas décadas" (McKinsey & Company, 2009). Em outras palavras, muito do valor que será gerado a partir dos dados dependerá dessas habilidades essenciais. O valor potencial oculto em seus dados permanecerá latente se você não conseguir entender e interpretar o que os números significam. Se você conseguir encontrar um insight valioso, mas não for capaz de comunicá-lo com eficácia, também existe a possibilidade de que ele não entregue seu potencial. Como o inventor Thomas A. Edison destacou, "o valor de uma ideia está em usá-la". Se a sua descoberta surpreendente for confusa ou não for atraente para os outros, eles não ficarão motivados a agir de acordo com ela. Quanto mais pessoas forem capazes de direcionar ações a partir de seus insights, mais valores e mudanças positivas veremos a partir dos dados. Sem ações, os insights são apenas números vazios.

O que é um insight?

A intuição é o uso de padrões já aprendidos, enquanto o insight é a descoberta de novos padrões.
GARY KLEIN, psicólogo

Ao longo deste livro, usarei repetidamente o termo "insight", por isso é importante esclarecermos seu significado. Começando pela origem da palavra, *insight* vem do inglês medieval para *inner sight* ("visão interior"), ou *sight with the "eyes" of the mind* ("visão com os "olhos" da mente") (Online Etymology Dictionary, 2019). O psicólogo Gary Klein definiu o insight como "uma mudança inesperada na maneira como entendemos as coisas" (Gregoire, 2013). Essas "mudanças inesperadas" em nosso conhecimento podem ocorrer ao analisarmos e examinarmos dados. Por exemplo, podemos descobrir nos dados um novo relacionamento, um novo padrão, uma nova tendência ou uma nova anomalia que remodele a forma como vemos as coisas. Embora a maioria dos insights seja interessante, nem todos são valiosos. Este livro se centrará em insights significativos que ofereçam alguma promessa tangível de valor: aumento de receitas, economia de custos, redução de riscos, e assim por diante.

O empresário Rama Ramakrishnan compartilhou um exemplo simples de um insight que sua equipe de informática descobriu em um grande varejista business-to-consumer (B2C). Quando analisava os dados do cliente do varejista por quantidades de transações, o pessoal previa encontrar uma distribuição típica de curva em forma de sino, mas encontrou um segundo pico imprevisto no histograma (veja a Figura 1.1). O histograma de pico duplo destacava uma curiosidade interessante – uma observação apenas – que rapidamente colocou a equipe no caminho da descoberta de um insight.

Figura 1.1 Histograma de quantidade de transações de um varejista B2C

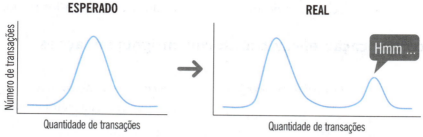

A equipe de informática (ciência de dados) esperava que as transações fossem normalmente distribuídas (esquerda), mas, para sua surpresa, havia um pico duplo inesperado no histograma.

Quando investigaram o segundo pico (que Ramakrishnan chamou de "Hmm"), eles descobriram que era composto principalmente por revendedores internacionais, e não pela clientela típica do varejista, formada por mães jovens que compravam itens para os filhos. Como esse varejista não tinha presença física ou digital fora da América do Norte, esses revendedores "viajavam do exterior para os EUA uma vez por ano, entravam em uma loja, compravam muitos itens, que levavam de volta para seus países, e os vendiam em suas próprias lojas" (Ramakrishnan, 2017). Essa simples mudança no entendimento da base de clientes estimulou uma série de perguntas adicionais para o varejista B2C:

- Que tipos de produtos esses revendedores compravam?
- Em quais lojas eles compravam?
- Como as campanhas promocionais poderiam atingir melhor esses indivíduos?
- Como os dados dessas transações poderiam informar planos de expansão global?

Como mostra esse exemplo, um único insight pode desbloquear uma infinidade de novas oportunidades (ou desafios), impactando uma ampla variedade de atividades. Idealmente, os insights não mudam apenas os nossos pensamentos, mas nos inspiram a fazer as coisas de maneira diferente. Eles convertem dados em direções que nos levam a lugares novos e imprevistos. Para o varejista B2C, a descoberta do segmento oculto de revendedores globais o fez reexaminar como comercializaria, direcionaria e se expandiria internacionalmente dali para a frente. Insights importantes como esse podem mudar o jogo, mas apenas se soubermos como compartilhá-los de forma eficaz com as pessoas que decidirão o destino deles e que ajudarão a torná-los realidade.

A comunicação eficaz transforma insights em ações

O objetivo é fornecer informações inspiradoras que instiguem as pessoas a agir.
GUY KAWASAKI, autor e investidor

Quando se está analisando dados para o seu trabalho específico, ou por questões pessoais (orçamento ou dieta), você é o público da sua análise. Você conhece intimamente os dados e provavelmente está em posição de agir com base em quaisquer insights que descobrir, visto que eles afetam apenas você. Em um ambiente organizacional, porém, os insights que você descobre podem ter um impacto muito mais amplo, não se restringindo a você individualmente. Eles podem afetar as pessoas ao seu redor nos mais diferentes aspectos, como aquilo em que elas acreditam, o modo como trabalham e o que priorizam. Você também pode precisar do envolvimento e do apoio delas para implementar quaisquer mudanças que cada insight evoque. Essa dinâmica das pessoas também é moldada pela maneira como a sua posição é percebida dentro do grupo, como sendo alguém de dentro (*insider*) ou de fora (*outsider*) (veja a Tabela 1.1).

Tabela 1.1 O seu relacionamento com o insight

Pessoal	Quando você analisa dados por motivos pessoais, não precisa se preocupar em comunicar o seu insight a ninguém. Você é ao mesmo tempo o analista e o público.	
Insider	Quando compartilha um insight com a sua equipe, você tem a vantagem do contexto agregado, e de um conhecimento mais íntimo do público. Como também é impactado pelo insight, você tem grande interesse em garantir que ele seja compreendido e adotado. Autoridade, poder e posição também podem determinar a influência que o seu insight terá no grupo. Por exemplo, um executivo é mais influente do que um estagiário.	

Outsider Quando compartilha um insight com outra equipe, você pode ser visto como mais objetivo se não tiver nada a ganhar com sua adoção. Além disso, o grupo pode apreciar uma perspectiva externa nova. Porém, como outsider, você poderá ter desvantagem por ter um contexto e relacionamento com o público reduzidos.

Por exemplo, você pode precisar da aprovação do seu gestor para gastar dinheiro, tempo e esforços a fim de resolver um problema que identificou. Ou então, para resolver o problema, você talvez precise do apoio de colegas e companheiros de trabalho, que podem ter agendas diferentes e prioridades conflitantes. Além disso, você poderá ter de adotar funcionários para implementar as mudanças introduzidas pelo seu insight. Se você espera que essas pessoas aceitem o insight, elas precisarão entendê-lo suficientemente e se convencer de sua importância. A comunicação eficaz se torna o veículo para a explicação do seu insight, de modo que os outros o entendam e sejam compelidos a agir de acordo com ele.

Frequentemente, a comunicação é uma reflexão tardia, e não uma etapa crítica do processo analítico. Embora eu me esforçasse para comunicar os meus insights de maneira eficaz como analista, subestimei demais o papel central que a comunicação desempenha na derivação de valor dos dados. Durante os meus muitos anos de experiência em análise, observei cinco principais etapas para gerar valor a partir da análise: *dados*, *informações*, *insight*, *decisão* e *ação*. Como uma fileira de dominós, cada etapa desempenha um papel na geração do valor (veja a Figura 1.2), que começa com a coleta de *dados brutos*, que servem de base, ou fundamento, para a obtenção de conhecimentos sobre um assunto.

Figura 1.2 Análise do caminho do valor

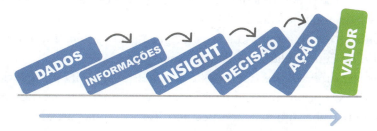

Para se criar valor com análises, como numa fileira de dominós, uma série sequencial de etapas deve ocorrer (e se repetir ao longo do tempo).

Os dados são organizados e resumidos em relatórios, transformando os dados brutos em *informações*, que são mais fáceis de serem consumidas por mais pessoas. Quando examinam e analisam esses relatórios, as pessoas descobrem *insights* significativos, que informam *decisões*, e geram *ações* que criam *valores*.

Embora superficialmente essas etapas façam sentido, o diagrama simplificou demais o salto entre encontrar um insight e influenciar uma decisão. Os fatos por si só não influenciam as decisões. Como eu aprendi pela minha experiência em e-commerce há muitos anos, outros fatores, como cultura e tradição, desempenham um papel influente na tomada de decisões. É somente através da comunicação hábil que um insight terá alguma chance de persuadir alguém a reavaliar suas opiniões e crenças. De alguma forma, você precisa descobrir como os seus insights podem romper as barreiras cognitivas, sociais e organizacionais para gerar melhores decisões.

A mudança baseada em dados não é fácil

> *O nosso dilema é que amamos e detestamos as mudanças, ao mesmo tempo. O que realmente queremos é que as coisas permaneçam iguais, mas melhorem.*
> SYDNEY J. HARRIS, jornalista e autor

Mudar costuma ser difícil, tanto para aqueles de quem se espera que adotem a mudança quanto para aqueles que a defendem. A tendência natural da maioria das pessoas é resistir a algo novo ou diferente, porque parece arriscado, incerto ou ameaçador. Muitos indivíduos serão complacentes com as coisas como elas são. Mesmo quando o status quo é considerado insatisfatório, ele ainda representa "o diabo conhecido". As suas descobertas também podem encontrar resistência se jogarem luz sobre as falhas de alguém. Ninguém gosta de ver o seu fraco desempenho, a sua negligência ou as suas decisões ruins expostas para todos como exemplo em casos de estudo. Mesmo quando o seu público gosta de algum dos seus insights, pode entendê-lo como pouco prioritário ou demasiadamente demandante.

Navegar por essas preocupações e questões acrescenta complexidade ao trabalho de compartilhar insights. Às vezes, você pode até questionar se vale a pena compartilhar um insight específico. Talvez tenha passado por uma experiência semelhante à que eu compartilhei no início deste capítulo. Nessas situações, você tem uma escolha a fazer: manter o insight para si mesmo ou aceitar quaisquer desafios de comunicação que o insight acarrete, sabendo que o insight será mais benéfico se for compartilhado. Essa decisão vai depender do quanto você acredita na análise ou na pesquisa. Se tiver alguma dúvida sobre a validade ou utilidade do insight, não compartilhá-lo pode ser a opção certa até que você consiga fortalecer a sua posição. Porém, se estiver confiante quanto à qualidade da análise, e convencido de seu valor, você vai querer aproveitar a oportunidade para compartilhar a sua descoberta com outras pessoas. Ainda que você não vá enfrentar o mesmo tipo de perigo que delatores enfrentam quando relatam irregularidades, coragem e determinação podem ser necessárias para compartilhar insights que talvez sejam vistos como perturbadores ou não convencionais.

Esforce-se para comunicar, e não apenas para informar

O quanto nós nos comunicamos bem não é determinado pelo quão bem dizemos as coisas, mas pelo quão bem somos compreendidos.
ANDREW GROVE, ex-CEO da Intel e autor do livro *Gestão de Alta Performance*

Se está determinado a ter os seus insights compreendidos e postos em prática, você deve mudar a sua abordagem e deixar de simplesmente *informar* e passar a *comunicar*. O jornalista americano Sydney J. Harris disse que "essas duas palavras, *informação* e *comunicação*, frequentemente são usadas de forma intercambiável, mas significam coisas bem diferentes. A informação é o que está sendo divulgado, a comunicação é o que está sendo passado". Ambas as abordagens envolvem um emissor (o analista) e um receptor (o público). Porém, existe uma diferença fundamental entre informar e comunicar. Enquanto o objetivo de informar é garantir que as informações sejam recebidas, o objetivo da comunicação é garantir que o público entenda o significado dos dados (veja a Figura 1.3), o que muitas vezes pode envolver comunicação bidirecional entre o emissor e o receptor para esclarecer a mensagem.

Quando você informa alguém, está simplesmente disseminando dados de maneira passiva, clínica: você espera que o público interprete e compreenda os dados por conta própria. Nenhuma mensagem aberta ou interpretação dos dados é passada ao receptor, apenas os fatos. Por outro lado, comunicar é esclarecer o que os dados significam. Quando comunica, você se torna um participante ativo e perceptível da divulgação da informação, em vez de ser um participante neutro e distante, como quando simplesmente informa. Quando a sua meta é "passar" algo para o público, você precisa envolvê-lo, comunicando-se de forma a guiá-lo através dos números, e motivá-lo a agir.

Figura 1.3 Informar e comunicar são coisas diferentes

Quando você informa alguém sobre algo, está apenas repassando informações. Porém, quando comunica algo a alguém, você garante que essa pessoa também compreenda.

Contar histórias é fundamental para uma comunicação eficaz. Por exemplo, se você fizesse a comparação entre *informar* e *contar* a alguém sobre as últimas férias que tirou, veria a diferença sutil das duas abordagens. Quando informa, você apenas se limita a fatos do tipo "para onde foi", "com quem foi", "por quanto tempo esteve fora" e "o que fez". Porém, quando conta (ou comunica), você cobre esses mesmos detalhes, mas também explica "por que resolveu tirar férias", "o que mais gostou" e "como se sentiu fazendo isso". Você pode até motivar mais alguém a tirar férias semelhantes com base nas suas experiências. Enquanto a informação se esforça para se conectar apenas com o intelecto, a comunicação busca tocar a mente e o coração.

Se você estiver simplesmente repassando informações, e não se esforçando para mostrar um ponto específico, a abordagem neutra e passiva é adequada. Porém, se o seu objetivo for compartilhar um insight em particular, então apenas informar o seu público não será uma estratégia eficaz. O foco do ato de informar não está na preparação do seu público para interpretar e compreender o significado e a importância de suas relevantes descobertas. Um insight deve ser transmitido ao receptor de maneira a despertar a atenção deste, esclarecer o que os dados significam e persuadi-lo a agir. Para transmitir de maneira eficaz os seus insights, de modo a influenciar decisões e gerar ações, você deve adotar a abordagem familiar e ainda assim poderosa de *contar histórias*.

Contando a história dos seus dados

Os números têm uma história importante para contar. Eles confiam em você para lhes dar uma voz clara e convincente.

STEPHEN FEW, especialista em visualização de dados

No início deste capítulo, contei como compartilhei com um executivo sênior o que considerava ser um insight valioso. Quando tentei informá-lo a respeito da maneira diferente como os clientes se sentiam em relação a uma das principais políticas da equipe de e-commerce relacionada ao envio, ele abruptamente rejeitou os dados com uma exclamação rude. Em retrospectiva, eu não fiz justiça ao meu insight porque não consegui comunicá-lo adequadamente: ele merecia mais atenção – em uma apresentação separada e mais direcionada – e eu precisava ter contado a história desses números. Simplesmente apresentar algumas informações e esperar que elas automaticamente repercutissem no público foi muita ingenuidade da minha parte. Infelizmente, não creio que eu tenha sido o único que tropeçou num insight interessante e que em seguida teve que lutar para transmiti-lo de maneira significativa aos outros.

Para John Kotter, especialista em mudanças, a primeira etapa em qualquer processo de mudança é criar um *senso de urgência* que ajude as pessoas a entenderem por que uma mudança é necessária (Kotter, 2013). Quando você tem uma opinião, ou sente que alguma coisa deve mudar, pode ser difícil incutir o senso de urgência se não possuir informações de apoio suficientes. Porém, se descobriu ou foi informado sobre um insight, você já deve ter todas as matérias-primas – os dados – necessárias para esclarecer por que tal mudança deve ser feita e quais serão as repercussões potenciais se ela não for feita. Contar a história pode ampliar ainda mais o poder dos seus números, proporcionando uma narrativa envolvente que conecte os pontos para o público e o obrigue a agir. Ao elaborar o seu insight de dados como uma história de dados, você tem um veículo poderoso para transmitir o significado, envolver o seu público e gerar as mudanças (veja a Figura 1.4).

O objetivo deste livro é ajudá-lo a unir a *ciência dos dados* com *a arte de contar histórias*. Eu tentarei transmitir um sólido entendimento da razão por que as habilidades de storytelling com dados são essenciais para qualquer pessoa que deseje compartilhar insights de maneira mais eficaz com outras pessoas. Você aprenderá as principais características da história de dados, e será apresentado aos três principais pilares do storytelling com dados: os *dados*, a *narrativa* e os

Figura 1.4 Análise do caminho do valor (com a história dos dados)

Quando você apresenta os seus insights como histórias de dados, é mais provável que influencie decisões e gere ações que levem à criação de valor.

recursos visuais. Para prepará-lo para a sua jornada para ser um contador de histórias de dados e um agente de mudança mais eficaz, aqui está uma visão geral dos capítulos deste livro:

Capítulo 2 – Por que contar histórias com o uso de dados? – Talvez você não perceba o papel influente e integral que as histórias desempenham na sua vida. Este capítulo explora o poder oculto das histórias e apresenta uma estrutura para o aproveitamento do poder do storytelling com dados. O capítulo também examina os quatro principais objetivos de comunicação aos quais você deve dedicar os seus esforços quando estiver compartilhando dados. Este capítulo explora diferentes estudos empíricos que revelam as vantagens exclusivas que a narrativa e os recursos visuais oferecem em termos de persuasão e memorização.

Capítulo 3 – A psicologia do storytelling com dados – Você deve esperar que os fatos desempenhem um papel significativo na tomada de decisões. Porém, pesquisas em psicologia e neurociência revelam que a emoção desempenha um papel mais poderoso do que a lógica e a razão na tomada de decisões. Neste capítulo, você aprenderá mais a respeito de como a mente humana processa estatísticas e histórias. Ele explora as várias maneiras pelas quais as histórias mantêm uma vantagem inesperada sobre os fatos.

Capítulo 4 – A anatomia de uma história de dados – O storytelling com dados está associado a muitas coisas diferentes, desde visualizações de dados até apresentações de dados, e até mesmo campanhas de marketing. Neste capítulo, você obterá um entendimento mais claro do que é uma história de dados e dos seis elementos essenciais que a compõem. Também examinará o seu papel crítico como contador de histórias de dados e a importância de entender o seu público.

Capítulo 5 – Dados: a base da sua história de dados – Os dados constituem os primeiros tijolos das suas histórias de dados. Embora este capítulo não se concentre em como realizar análises, ele define os seis atributos de um insight exequível, um ingrediente crucial de qualquer história de dados. O capítulo examina as etapas exploratórias e explicativas do processo de análise, que moldam a forma das histórias. Também discute a disciplina necessária para desenvolver insights sólidos, sem sobrecarregar o público com muitas informações.

Capítulo 6 – Narrativa: a estrutura da sua história de dados – Se os especialistas em dados têm dificuldade em uma área, é a que diz respeito a criar narrativas para os insights. Este capítulo começa examinando os diferentes modelos de narrativa disponíveis para nós e, em seguida, mostra como trabalhar um Arco de Contação da História de Dados baseado no familiar arco dramático apresentado por Gustav Freytag. O capítulo então explora como usar o roteiro da história – o *storyboard* – para organizar os pontos cruciais dessa estrutura narrativa. Também revela como inserir personagens e analogias na história de dados para trazê-la à vida.

Capítulo 7 – Recursos visuais (parte 1): como configurar as cenas da sua história de dados – Este capítulo explora o poder da visualização de dados em relação à narrativa. Examina diferentes teorias de percepção visual para entender melhor como os seres humanos interpretam as informações gráficas. Também enfoca a importância de facilitar comparações para o público. Você aprenderá os três primeiros princípios cruciais da contação com recursos visuais e como eles ajudam a estabelecer as cenas visuais da sua história de dados.

Capítulo 8 – Recursos visuais (parte 2): como polir as cenas da sua história de dados – Configuradas as cenas iniciais da sua história de dados, este capítulo apresenta os quatro próximos princípios cruciais do storytelling com recursos visuais, que ajudam a refinar e aumentar o poder visual das histórias de dados. O capítulo analisa várias táticas para remover ruídos desnecessários, chamar a atenção para os principais pontos de dados, tornar o conteúdo mais acessível e incutir confiança nos números.

Capítulo 9 – Como elaborar a sua própria história de dados – Neste capítulo final, você verá, em exemplos do mundo real, como todos os elementos do storytelling com dados se juntam. O capítulo o guiará pelas diferentes etapas e estratégias necessárias para a elaboração de uma história de dados atraente. A partir desses cenários do mundo real, você obterá uma apreciação mais profunda de como os conceitos e princípios deste livro podem ser aplicados aos seus próprios insights, para que possa construir narrativas atraentes que sejam baseadas em fatos e visualmente impactantes.

Como todo mundo continua a ser inundado com dados, você encontrará cada vez mais insights que precisarão de histórias únicas para serem contados. A responsabilidade pelo quanto eles serão bem compreendidos pelos outros, e se vão gerar ações, recai sobre cada um de nós. Maya Angelou, a poetisa americana ativista dos direitos civis, disse certa vez: "Não existe maior agonia do que carregar dentro de você uma história não contada". Da mesma forma, pode ser pesado levar em si um insight crítico, e ocultar a história dele de outras pessoas quando ele merece ser compartilhado. Através da leitura deste livro, você estará equipado com todas as habilidades e conhecimentos do storytelling com dados de que precisa para ter os seus insights compreendidos, aceitos e adotados. Nenhum dos seus insights precisa ser deixado para trás novamente, e o mundo ficará mais rico com isso.

Referências

Gregoire, C. 2013. How to train your brain to see what others don't. *Huffington Post*, 25 de agosto. https://www.huffpost.com/entry/insights-brain_n_3795229.

Kotter, J. 2013. Leading change: establish a sense of urgency. *YouTube*, 15 de agosto. https://www.youtube.com/watch?v=2Yfrj2Y9IlI.

McKinsey & Company. 2009. Hal Varian on how the Web challenges managers. Janeiro. https://www.mckinsey.com/industries/high-tech/our-insights/hal-varian-on-how-the-web-challenges-managers.

Online Etymology Dictionary. 2019. Insight (n.). https://www.etymonline.com/word/insight (acessado em 26 de maio de 2019).

Patrizio, A. 2018. IDC: Expect 175 zettabytes of data worldwide by 2025. *Network World*, 3 de dezembro. https://www.networkworld.com/article/3325397/idc-expect-175-zettabytesof-data-worldwide-by-2025.html.

PowerReviews. 2018. The growing power of reviews: Understanding consumer purchase behaviors. https://www.powerreviews.com/insights/growing-power-of-reviews/.

Ramakrishnan, R. 2017. I have data, I need insights. Where do I start? *Towards Data Science*, 2 de julho. https://towardsdatascience.com/i-havedata-i-need-insights-where-do-i-start-7ddc935ab365.

2
Por que contar histórias com dados?

Às vezes, a realidade é muito complexa. As histórias lhe dão forma.
JEAN-LUC GODARD, cineasta

ANTES DE 1996, STEVE DENNING seria cético com relação à eficácia e importância de contar histórias. Como muitos outros executivos experientes, ele geralmente considerava o que era analítico como *bom* e o que era anedótico como *ruim*. Na época em que esteve no Banco Mundial, uma instituição internacional de empréstimos que fornece fundos para projetos de infraestrutura em países em desenvolvimento, Denning teve que subir vários degraus na hierarquia corporativa até se tornar diretor regional de África, responsável por mais de mil funcionários, que operavam em 43 países. Porém, em fevereiro de 1996, logo depois da aposentadoria de seu chefe, ele foi inesperadamente afastado do cargo e posto de lado, como uma infeliz vítima de manobras políticas, uma situação muito comum em grandes organizações.

Enquanto discutia opções de carreira com um superior pouco interessado, ficou claro para Denning que o novo regime dentro da organização não tinha planos para ele, apesar de suas contribuições passadas. Quando pressionou esse líder por uma atribuição significativa, foi-lhe dito que ele poderia tentar concentrar o foco nas "informações". Nesse ponto, Denning percebeu que estava sendo completamente marginalizado. Em vez de desistir e reiniciar sua carreira em outro lugar, a curiosidade intelectual levou-o a olhar para o tópico da gestão do conhecimento. Embora o Banco Mundial tivesse especialistas em desenvolvimento em uma variedade de campos – agricultura, saúde, educação, transporte, e assim por diante –, era extremamente difícil explorar esse conhecimento diversificado de maneira consistente e eficaz. Porém, com os avanços recentes na tecnologia da informação, Denning descobriu que o banco teria uma enorme oportunidade de melhor consolidar, compartilhar e alavancar sua riqueza de informações, tanto interna quanto externamente (Denning, 2000).

O desafio que ele então enfrentou foi o de convencer uma organização de crédito resistente a mudanças de que ela precisava direcionar o foco para o compartilhamento de informações. Quando decidiu se envolver com a gestão do conhecimento, Denning basicamente começou do nada: a instituição financeira não tinha estratégia, orçamento nem tecnologia para apoiar a nova atribuição dele. Durante semanas, Denning tentou gerar interesse por seus planos dentro da organização, mas não conseguiu fazer muito progresso.

> Usei os métodos tradicionais de comunicação, sem sucesso. Dei às pessoas motivos pelos quais a ideia seria importante, mas elas não me ouviram. Mostrei gráficos e as pessoas pareciam simplesmente atordoadas. Em meu desespero, estava disposto a tentar qualquer coisa, até que – por fim – tropecei no poder de uma história. (Denning, 2000)

A descoberta inesperada aconteceu durante uma apresentação de dez minutos para um grupo sênior de gestores céticos. Denning começou sua apresentação encobrindo os problemas que a organização enfrentava na gestão do conhecimento. Em seguida, ele compartilhou uma breve anedota de Zâmbia para acrescentar um colorido a uma possível visão de futuro. Essa história de Zâmbia era sobre um trabalhador de saúde de uma aldeia remota no interior de Zâmbia – um dos países mais pobres do mundo – que, em 1995, encontrou informações sobre como tratar malária no site do Centro de Controle e Prevenção de Doenças (CDC). Isso não foi pouca coisa, considerando que a internet era relativamente nova. O Banco Mundial tinha um know-how igualmente útil em uma variedade de tópicos relacionados à pobreza, mas esses conhecimentos estavam dispersos e eram quase sempre inacessíveis, inclusive dentro da organização.

A curta anedota de Zâmbia acendeu a imaginação do público de Denning para as novas possibilidades empolgantes no Banco Mundial em termos de um compartilhamento mais eficaz de suas informações. Através do processo de contar histórias, a ideia *de Denning* passou a ser *deles*. Após a apresentação, os gestores seniores correram até ele para entenderem melhor como poderiam ajudar a levar adiante a iniciativa. Pouco tempo depois, ele foi convidado a fazer uma apresentação a toda a equipe sênior de gestão. Mais tarde naquele mesmo ano, a revisão de seu afastamento tornou-se prioridade corporativa, sancionada pelo presidente da organização. Inicialmente, Denning achou que os executivos seniores apenas tinham mudado de posição devido a uma boa ideia; mas então começou a reconhecer o efeito influente das histórias.

Embora Denning tenha conseguido o apoio de vários gestores seniores do Banco Mundial com a história de Zâmbia, a mudança continuava difícil. Suas ideias ainda enfrentavam forte resistência na coalizão de administradores que originalmente tinham banido Denning ao que supunham ser uma missão infrutífera e inconsequente. Embora, sozinha, a história de Zâmbia não sustentasse todos os seus esforços de mudança, começou a abrir os olhos de Denning para o poder do storytelling. Em 1998, dois anos depois do pontapé na iniciativa em gestão do conhecimento, seus oponentes orquestraram uma reunião de revisão do programa com a equipe sênior de gestão, na esperança de que o apoio àquele programa pudesse ser redirecionado a outras áreas. Denning, porém, percebendo as intenções deles, se preparou com outra história impactante, desta vez do Paquistão.

A nova história se concentrava num pedido recente feito ao escritório de campo do Banco Mundial pelo governo do Paquistão, que estava tendo problemas generalizados com suas rodovias. A autoridade rodoviária paquistanesa, que investigava uma nova tecnologia de pavimentação, buscava um aconselhamento rápido, em poucos dias, sobre a melhor maneira de proceder. Tradicionalmente, o Banco Mundial não seria capaz de responder em um espaço de tempo tão curto, uma vez que levaria meses para pesquisar e montar um relatório formal. Em vez disso, o escritório de campo do Paquistão recorreu à comunidade de especialistas em rodovias – internos e externos – do Banco Mundial. Em menos de 48 horas, os paquistaneses receberam orientações sobre a nova tecnologia de pavimentação de especialistas da Jordânia, Argentina, África do Sul e Nova Zelândia, inclusive insights do diretor de outra autoridade rodoviária e de um pesquisador que tinha escrito um livro sobre tecnologias de pavimentação (Denning, 2001).

A história do Paquistão calou fundo na equipe da alta administração, que reconheceu o tremendo potencial do banco de responder rapidamente a solicitações operacionais em cantos remotos. A equipe de liderança estava determinada a replicar e estender o que tinha sido feito pela comunidade rodoviária para o restante das áreas especializadas do banco. Para desgosto dos detratores de Denning (que esperavam uma audiência com ares de corte marcial), a história do Paquistão galvanizou ainda mais o desejo do banco de se tornar uma organização ágil de compartilhamento de conhecimento. Logo Denning começou a ouvir a história do Paquistão sendo repetida apaixonadamente por outras pessoas em reuniões, inclusive pelo presidente do Banco Mundial.

Denning conseguiu levar o Banco Mundial, que, em 1996, não tinha orçamento, estratégia nem tecnologia para gestão do conhecimento, a ser reconhecido como líder mundial em compartilhamento de informações no ano 2000, com mais de uma centena de comunidades de práticas. Ele atribuiu grande parte de seu sucesso ao fato de tropeçar no poder de contar histórias. Denning afirmou: "Quando se trata de inspirar as pessoas a abraçar uma nova e estranha mudança de comportamento, contar histórias não é apenas melhor do que as outras ferramentas. É a única que funciona" (Denning, 2012). Esse insight inspirou-o a deixar a instituição financeira internacional em 2000, para que pudesse evangelizar o que tinha aprendido sobre o storytelling como consultor e autor de livros sobre a temática da liderança.

Se eu pedisse para você parar de ler e refletir sobre o que leu até agora, do que se lembraria? Você se lembra por quantos países Denning era responsável quando era o diretor regional de África? Provavelmente não. Porém, estou bastante confiante de que poderia recontar a história de Zâmbia, ou a história do Paquistão, para um amigo ou colega. Isso é apenas uma pequena amostra do poder das histórias. Quando reconhecemos como o storytelling fez a nossa civilização humana avançar, e como ele continua a nos influenciar diariamente, começamos a compreender a imensa utilidade que ela nos oferece quando buscamos comunicar insights importantes.

Os seres humanos são criaturas que contam histórias

> *Depois de alimentação, abrigo e companheirismo, as histórias são aquilo de que mais precisamos no mundo.*
> Philip Pullman, autor

Por milhares de anos, contar histórias tem sido parte integrante da nossa humanidade. Quando os seres humanos dominaram o fogo, há mais de 400 mil anos, as fogueiras logo se tornaram o ponto focal das primeiras histórias. Um estudo da década de 1970 sobre o povo Ju/'hoan da Namíbia e Botswana – uma das últimas sociedades remanescentes de caçadores-coletores – descobriu que 81% de suas conversas à luz do fogo giravam em torno de contar histórias (Balter, 2014). Embora o storytelling seja comumente associado ao entretenimento, as histórias serviram a um propósito mais fundamental para a sociedade humana: o *aprendizado*. Contar histórias tornou-se uma forma eficaz de transmitir conhecimentos que salvam vidas, reforçam padrões culturais, incutem valores morais e constroem laços sociais – tópicos essenciais para a vida em comunidade.

Os métodos de contar histórias evoluíram significativamente ao longo dos milênios, embora tenham começado apenas como palavras faladas compartilhadas ao redor de uma fogueira. Há mais de 30 mil anos, os caçadores pré-históricos pintaram imagens lindamente detalhadas de vários animais, como bisões e veados, nas paredes da caverna Chauvet, no sul da França. Isso representou um marco significativo, já que as histórias orais podiam ser aprimoradas com imagens visuais. Outro marco importante ocorreu quando os antigos sumérios no sul da Mesopotâmia introduziram a primeira língua escrita, o cuneiforme, entre 3500 e 3000 a.C. Histórias orais, como *A epopeia de Gilgamesh* – a mais antiga obra da literatura –, puderam ser registradas e compartilhadas de maneira consistente, alcançando um público muito maior do que era possível atingir anteriormente.

Hoje em dia, em nossa era digital, as histórias continuam a nos atrair tanto quanto atraíram os nossos ancestrais. As histórias desempenham um papel vibrante em nossa vida diária, mas podemos não perceber o quanto. Um estudo de 2017 estimou que os adultos norte-americanos gastam mais de 12 horas por dia consumindo a grande mídia (eMarketer, 2017). As histórias formam a espinha dorsal das notícias, dos livros, dos programas de televisão e dos filmes que consumimos. Com o crescimento das mídias sociais, todos nós nos tornamos contadores de histórias, compartilhando com amigos e familiares as nossas lutas e as nossas vitórias. Um dos recursos mais populares no Instagram e no Snapchat é o *stories* (histórias), que permite aos usuários postarem fotos ou vídeos por 24 horas. O Instagram Stories teve o mérito de angariar para a plataforma 200 milhões de usuários em seu primeiro ano, um crescimento de 160% (Kastrenakes, 2017).

Também vimos o rápido aumento do fenômeno global do TED Talks. Grande parte do sucesso do TED Talks pode ser atribuída a uma contação de histórias para a nova era, isto é, gratuita e facilmente acessível on-line. A análise das 500 apresentações mais populares do TED Talks revelou que as histórias representavam pelo menos 65% do conteúdo delas (Gallo, 2014). O storytelling moderno também está prestes a ser transformado à medida que a realidade virtual se torna dominante, com as pessoas sendo capazes de mergulhar totalmente na narrativa como participantes plenos.

Além de nosso consumo de mídia, nossas interações diárias com colegas de trabalho, companheiros de classe, amigos e familiares são fortemente centradas em histórias. Ao longo do seu dia de trabalho, durante e entre reuniões, você pode relatar para colegas de trabalho diferentes experiências que teve. Curiosamente, 65% das nossas conversas diárias são compostas de tópicos sociais ou fofocas, que são basicamente histórias sobre pessoas (Dunbar, 2004). Quando volta para casa do trabalho, o storytelling continua na interação com seu cônjuge, seus filhos e seus amigos. Por exemplo, como pai, para consolar uma criança que está passando por dificuldades na escola, você pode compartilhar alguma experiência semelhante que teve quando tinha a idade dela.

Depois de um longo dia contando e ouvindo histórias, a fome de narrativas do seu cérebro ainda não está completamente satisfeita. Quando nos deitamos para descansar todas as noites, nosso cérebro evoca novas aventuras para alimentar nossa necessidade de narrativas, na forma de sonhos: pelo menos quatro a seis vezes por noite (Schneider e Domhoff, 2019). Mesmo quando estamos acordados no dia seguinte (ou meio acordados, se passamos a noite anterior assistindo a uma nova série de TV), constantemente sonhamos acordados, basicamente fantasiando sobre os assuntos mundanos e importantes. Por exemplo, em seu trajeto para o trabalho, você pode se perguntar como seria ter um carro de luxo como o do sujeito à sua frente; ou, na primeira reunião do dia, como seria enfrentar um colega de trabalho beligerante. Estima-se que gastamos cerca de 14 segundos por devaneio, e geramos cerca de 2 mil devaneios todos os dias, quase um terço de cada dia (Gottschall, 2012).

Como seres humanos, os nossos cérebros são inevitavelmente programados para as histórias. A menos que você esteja apresentando os seus insights para chefes ou supervisores robotizados – esperemos que não –, o seu público humano será inatamente receptivo ao storytelling. Se você deseja transmitir os insights de forma mais eficaz, é essencial que aprenda a explorar o poder do storytelling.

As histórias vencem as estatísticas

> *Contar histórias é a maneira mais poderosa de plantar ideias no mundo hoje em dia.*
> ROBERT MCKEE, autor e especialista em roteiros

Apesar de nossa inclinação natural para as histórias, os indivíduos e as organizações com mentalidade analítica às vezes têm dificuldade para entender que as histórias podem ser mais poderosas do que as estatísticas. Enquanto os fatos são vistos como duros e objetivos, as histórias frequentemente são vistas como suaves e subjetivas. Pessoas com o hemisfério esquerdo do cérebro dominante podem inadvertidamente desprezar o storytelling tomando-o como um exercício criativo que é reservado a seus colegas com o hemisfério direito do cérebro dominante. Como resultado, podemos subestimar o poder que as histórias exercem sobre nós e que os números por si só não podem igualar. De fato, quando as estatísticas são confrontadas com as histórias, a disputa não chega nem a ser justa: as estatísticas nem sequer aguentam o primeiro minuto do round inicial.

Repetidas vezes, o storytelling provou ser um mecanismo poderoso de divulgação para o compartilhamento de insights e ideias, mais memorizável e persuasivo do que os fatos puros. Em um de seus cursos sobre comunicação, Chip Heath, professor de Stanford e coautor de *Ideias que colam: por que algumas ideias pegam e outras não*, costuma destacar a vantagem da memorização que as histórias possuem sobre as estatísticas. Em um exercício nesse curso, ele divide a classe em grupos de seis a oito alunos e fornece a eles vários dados sobre crimes. Então, pede aos alunos de cada grupo que façam um discurso persuasivo de um minuto para o próprio grupo explicando por que o crime não violento seria ou não um problema sério. Depois que cada aluno apresenta o seu argumento, os demais alunos avaliam o seu desempenho. Quando os alunos são convidados a assistir a um clipe de curta-metragem, pensam que a atividade em sala de aula terminou.

Em seguida, porém, o professor Heath abruptamente pede aos alunos que escrevam todas as ideias de que se lembrarem das falas dos colegas. Então, embora o tempo decorrido não seja maior do que 10 minutos, quase sempre os alunos lutam para se lembrar de uma ou duas ideias das falas que ouviram. E muitos não conseguem se lembrar de nada das falas que escutaram poucos momentos antes.

> *Na fala média de um minuto, um estudante comum usa 2,5 dados estatísticos. Apenas um aluno em cada dez conta uma história. São essas as estatísticas da fala. Por outro lado, as estatísticas de "lembranças" quase são uma imagem espelhada: quando os alunos são solicitados a relembrarem as falas, 63% lembram-se das histórias. Apenas 5% se lembram de alguma estatística individual. (Heath e Heath, 2008)*

Independentemente de alguns alunos terem sido altamente avaliados por seus colegas, as ideias dos oradores bem articulados não foram mais memorizáveis do que aquelas dos insatisfatoriamente avaliados. No momento da exposição, os outros alunos gostaram de seus argumentos eloquentes, mas, sem uma história para ancorá-las, suas ideias evaporaram e foram facilmente esquecidas. Embora as estatísticas sejam parte integrante das apresentações dos alunos, elas não são nem de longe tão memorizáveis quanto as histórias.

Também quando se trata de gerar certos comportamentos ou ações, as histórias provaram ser mais persuasivas do que as estatísticas. Em 2004, pesquisadores da Universidade Carnegie Mellon criaram um experimento no qual as pessoas recebiam 5 dólares para preencher uma pesquisa, além de um panfleto da Save the Children, uma instituição de caridade focada no bem-estar das crianças em todo o mundo. Os pesquisadores pediram aos participantes que lessem o panfleto e, se desejassem, oferecessem uma doação em um envelope que lhes foi fornecido. Existiam duas variações do panfleto de caridade. Uma versão vinha carregada de estatísticas sobre como as pessoas em diferentes países africanos estavam sendo afetadas pela escassez de alimentos e pelas secas; por exemplo, o panfleto destacava que severos déficits de chuvas na Zâmbia resultaram numa queda de 42% na produção de milho, deixando 3 milhões de zambianos sem comida suficiente. A segunda versão do panfleto adotava uma abordagem baseada em histórias, focalizando as circunstâncias desafiadoras de uma menina de 7 anos chamada Rokia, do Mali, em África, cuja família era extremamente pobre e enfrentava a fome.

Em média, os participantes que receberam a versão com base em estatísticas doaram 1,14 dólar americano. Os indivíduos que receberam o panfleto da Rokia contribuíram com 2,38 dólares americanos, ou seja, mais do que o dobro das doações geradas pelo panfleto baseado em números. Os pesquisadores descobriram que as pessoas respondiam melhor a vítimas identificáveis do que a estatísticas. A história de uma menina do Mali, representativa mas fictícia, provou ser mais identificável e pessoal do que as estatísticas sem rosto sobre milhões de pessoas sofrendo na África. Esse estudo mostrou como uma história simples pode se conectar emocionalmente com um público e ser muito mais persuasiva do que qualquer ladainha de estatísticas (Heath e Heath, 2008).

Embora as histórias dominem claramente as estatísticas, tanto do ponto de vista da memorização quanto da persuasão, raramente ocorre uma batalha entre fatos e anedotas, ou mesmo entre fatos e outros fatos. O verdadeiro embate é, na verdade, *entre as histórias*: a história estabelecida, prevalente, e uma nova história, a desafiante. Como criaturas contadoras de histórias, rotineiramente formamos narrativas que nos ajudam a compreender o mundo. Quando vivenciamos eventos diferentes ou deparamos com fatos diversos, a nossa mente procura dar sentido a eles, formando histórias que os abarquem. Por exemplo, se você teve algumas experiências ruins com os graduados de uma universidade em particular, pode criar em sua mente uma narrativa negativa sobre as pessoas que vão para aquela escola. De repente, você julga todos da universidade pelo que experimentou em algumas poucas ocasiões infelizes. Às vezes, essas narrativas internas que formamos não somente moldam as nossas crenças e as nossas opiniões como também se tornam profundamente enraizadas na nossa identidade. Por exemplo, as narrativas que você formou em torno do controle de armas, ou das mudanças climáticas, provavelmente estão alinhadas com a sua ideologia política, isto é, com quem você é como indivíduo.

Quando o seu insight encontra resistência, é porque a nova informação que você está compartilhando desafia ou perturba a história que prevalece na mente do público. Não é simples como substituir um fato desatualizado ou incorreto por um novo e melhor. Ao desalojar um fato crucial específico, você também pode desalojar ou romper a narrativa que o cerca e o engloba. Como disse Shawn Callahan, autor de *Putting Stories to Work*: "você não pode vencer uma história com fatos: só pode vencê-la com uma história melhor" (Callahan, 2016). No próximo capítulo, vou explorar com mais profundidade esse tópico; por enquanto, é importante perceber que, ao apresentar um novo conjunto de fatos, você também precisa considerar a nova narrativa que os acompanhará. A compreensão da narrativa existente do público-alvo sobre um determinado tópico serve para você saber como posicionar o seu novo insight. Annette Simmons, autora de *The Story Factor*, declarou: "a resistência tem sempre uma história; compreender a história única da resistência à sua nova ideia permite que você negocie com sucesso uma nova história que seja mais atraente do que a antiga" (Simmons, 2006).

Por exemplo, um novo executivo de negócios de uma empresa multinacional foi forçado a enfrentar uma narrativa enganosa que impedia o progresso de uma divisão japonesa de e-commerce. Ele tinha herdado um departamento em dificuldades, que experimentava uma queda na receita on-line ano a ano. Quando o novo líder se reuniu com a equipe existente, compreendeu que ela atribuía o desempenho decrescente da receita às flutuações da moeda entre o iene japonês e o dólar americano, algo que era incapaz de controlar. Com a ajuda de um analista experiente, o executivo foi capaz de confirmar que as diferenças cambiais quase não afetavam as vendas on-line em queda: *a história prevalente acabou se mostrando um mito.*

Armado com esse novo insight, ele começou a desmascarar a história da moeda inferior e apresentou uma narrativa *melhor*, segundo a qual a equipe de e-commerce não estava de modo algum desamparada, à mercê das flutuações da moeda, e que eles poderiam moldar o seu próprio destino. Pouco depois, a equipe revigorada foi capaz de identificar uma otimização em suas práticas de marketing por e-mail que gerou mais de 300 mil dólares americanos por semana apenas em receita incremental. Melhorias subsequentes no desempenho da receita jamais teriam sido possíveis sem o enquadramento das circunstâncias da equipe em uma narrativa melhor. Em vez de ver as histórias e as estatísticas como duas forças concorrentes, é melhor buscar a confluência entre ambas. Em última análise, quando os dados e as histórias trabalham juntos, os insights podem ajudar a formar uma narrativa melhor, que pode traçar uma nova direção.

Os três elementos essenciais das histórias de dados

Talvez as histórias sejam apenas dados com alma.
Brene Brown, autora e pesquisadora

O storytelling com dados envolve a combinação habilidosa de três elementos cruciais: os *dados*, a *narrativa* e os *recursos visuais*. Os dados são o principal bloco de construção de cada história de dados. Pode parecer simples, mas uma história de dados deve sempre encontrar a sua origem nos dados (veja mais sobre isso no Capítulo 4). Os dados devem servir como base para a narrativa e os elementos visuais da sua história. A Figura 2.1 destaca a relação complementar única entre esses três elementos, pois eles contribuem de maneiras distintas para a contação de uma história de dados.

Figura 2.1 Os três elementos da história de dados complementam uns aos outros

No storytelling com dados, todos os diferentes elementos – os dados, a narrativa e os recursos visuais – se complementam de maneiras diferentes.

Explicam. Quando a narrativa é combinada com dados, ela ajuda a *explicar* ao seu público o que está acontecendo nos dados e por que um insight específico é importante. Muitas vezes, são necessários contextos e comentários amplos para apreciar completamente a descoberta de uma análise. O elemento narrativo acrescenta estrutura aos dados e ajuda a guiar o público através do significado do que está sendo compartilhado.

Esclarecem. Quando os recursos visuais são aplicados aos dados, eles podem *esclarecer* o público com insights que não seriam vistos sem tabelas ou gráficos. Sem a ajuda das visualizações de dados, muitos padrões e valores atípicos interessantes nos dados permaneceriam ocultos nas linhas e colunas das tabelas de dados. Os recursos visuais se conectam com a nossa natureza visual de seres humanos e transmitem conhecimentos que não poderiam ser obtidos tão facilmente com o uso de abordagens que envolvam apenas palavras ou números.

Engajam. Finalmente, quando a narrativa e os recursos visuais são mesclados, eles podem *engajar*, ou até mesmo entreter o público. Desde tenra idade, muito do nosso aprendizado e do nosso entretenimento se baseia na combinação da narrativa com os recursos visuais, no formato de livros de histórias ilustrados e de programas de televisão animados. Mesmo quando adultos, gastamos coletivamente bilhões de dólares todos os anos no cinema, para nos imergirmos continuamente em diferentes vidas, mundos e aventuras. Embora os efeitos especiais com tecnologias de ponta capturem o nosso interesse, é uma boa história o que prende a nossa atenção e nos transporta para outros lugares e outras perspectivas.

Quer você esteja trabalhando com dados, com narrativas, ou com recursos visuais, cada elemento individualmente pode ser poderoso. Talvez você até alcance algum nível de sucesso com uma estatística instigante, uma narrativa convincente ou uma visualização de dados impressionante, porém, em uma história de dados, é a combinação habilidosa dos dados, da narrativa e dos recursos visuais que consegue aproveitar as contribuições exclusivas de todos os três elementos. Quando combina os recursos visuais e a narrativa *certos* com os dados *certos*, você tem uma história de dados que pode influenciar e gerar *mudanças* (veja a Figura 2.2).

Figura 2.2 Histórias de dados eficazes podem gerar mudanças

Quando combina os dados certos com a narrativa e os recursos visuais certos, você tem uma história de dados que pode gerar mudanças.

Basicamente, o storytelling com dados é uma forma de persuasão. Ele emprega dados, narrativas e recursos visuais para ajudar o público a ver algo sob uma nova luz, e para convencê-lo a agir. Em sua *Retórica*, o filósofo Aristóteles, da Grécia Antiga, delineou três modos cruciais de persuasão – *ethos*, *logos* e *pathos* –, que são conhecidos como o triângulo retórico. Porém, ele também mencionou duas outras formas de persuasão das quais você deve estar ciente:

- *ethos* é o apelo à credibilidade;
- *logos* é o apelo à lógica, ou à razão;
- *pathos* é o apelo à emoção;
- *telos* é o apelo ao propósito;
- *kairos* é o apelo à oportunidade (ao momento oportuno).

Embora algumas formas de comunicação possam contar apenas com alguns desses apelos persuasivos, a história de dados depende de todos os cinco. Como mostra a Figura 2.3, uma história de dados se alinha intimamente a cada um dos apelos de Aristóteles, tornando-a uma das formas de comunicação mais poderosas à nossa disposição.

Figura 2.3 O triângulo retórico de Aristóteles

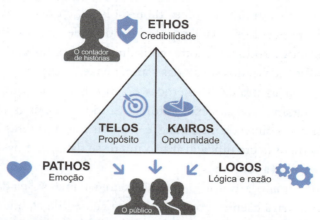

Se expandirmos o triângulo retórico tradicional com a inclusão de *telos* e *kairos*, podemos ver como todos esses apelos persuasivos se reúnem numa história de dados, começando no topo, com os apelos ao *ethos* do falante, e descendo para o apelo ao *pathos* (a narrativa) e ao *logos* (os dados) do público.

Em primeiro lugar, a partir de uma perspectiva do *ethos*, o sucesso da sua história de dados será moldado pela sua própria credibilidade e pela confiabilidade dos seus dados. Em segundo lugar, como a sua história de dados é baseada em fatos e números, o apelo do *logos* será parte integrante da sua mensagem. Em terceiro lugar, à medida que você mistura os dados em uma narrativa convincente, o *pathos* ou apelo emocional torna a sua mensagem mais engajadora. Em quarto lugar, ter um insight visualizado no âmago da sua mensagem acrescenta o apelo do *telos*, uma vez que aguça o foco e o propósito da sua comunicação. Em quinto lugar, quando você compartilha uma história de dados relevante com o público certo *no momento certo* (*kairos*), a sua mensagem pode ser um poderoso catalisador de mudança. Acredito que Aristóteles teria ficado impressionado com a capacidade de persuasão do storytelling com dados.

Gerando ações com as histórias de dados

> *Se você deseja influenciar um indivíduo ou um grupo a adotar um determinado valor em sua vida diária, conte-lhe uma história convincente.*
> ANNETTE SIMMONS, autora e contadora de histórias

Há vários anos, quando trabalhei com o departamento de marketing business-to-business de uma grande empresa de tecnologia, eu tive uma experiência inesperada do poder do storytelling com dados e de seu potencial para influenciar mudanças. Todo mês, como consultor externo, eu preparava e divulgava uma análise mensal dos sites e das campanhas de marketing on-line deles. Depois de revisar as principais métricas do mês anterior, compartilhava os resultados de algumas análises exploratórias. Como eu nunca tinha conhecido pessoalmente essa equipe de marketing, e como as nossas interações se limitavam à ligação mensal, era difícil avaliar o interesse da equipe nas descobertas que eu compartilhava todo mês.

Em uma determinada avaliação mensal, examinei uma página da web no site deles que direcionava clientes potenciais para a central de atendimento telefônico ou para o preenchimento de um formulário de contato on-line. Sempre que a central de atendimento estava fechada, o conteúdo da página direcionava as pessoas apenas para o formulário on-line. Ao analisar o tráfego dessa página de hora em hora, percebi que um número razoável de visitantes únicos visitava a página inicial antes e depois do horário de expediente da central de atendimento (veja a Figura 2.4). Com base em uma história de dados simples, recomendei a expansão do horário da central a fim de captar um número maior desses potenciais clientes com um representante de vendas ao vivo.

Depois que compartilhei esse insight, não obtive nenhuma reação do cliente. Porém, em uma ligação subsequente, algumas semanas depois, a diretora de marketing mencionou de passagem, no final da ligação, que eles tinham testado a minha teoria sobre a extensão do horário da central de atendimento. Ela disse que eles realizaram um breve teste com o horário estendido, mas que isso não gerou nenhum retorno significativo; então, decidiram manter o horário de atendimento preexistente.

Depois que a ligação terminou, fiquei pasmo por eles terem implementado a minha sugestão. Como um *outsider* dessa organização, não foi pouca coisa eu ter persuadido uma grande empresa de tecnologia a mudar algo. Embora o meu insight não tenha revelado uma grande quantidade de potenciais clientes

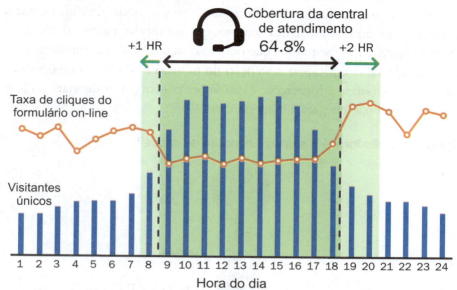

Figura 2.4 Exemplo da tecnologia da central de atendimento telefônico

Um gráfico de dados semelhante a esse revelou a oportunidade para a empresa de tecnologia estender o horário da central de atendimento para captar mais potenciais clientes com seus agentes de vendas por telefone.

ou receitas incrementais, desencadeou a decisão de testar a minha ideia. Incorrer nos custos de testar tal ideia na central de atendimento deles não era insignificante. Embora eu desejasse contar que a minha recomendação gerou um retorno positivo significativo para essa empresa, o que ela gerou foi uma mudança, mesmo que tenha sido apenas uma avaliação temporária. Tudo o que um insight pode oferecer é um valor potencial. Não existe garantia de que um insight cumprirá a sua promessa quando for implementado. Porém, fazer com que uma organização experimente e explore o potencial de um insight é uma grande conquista. Mesmo quando um insight não atinge o seu potencial máximo, você ainda ganha conhecimento adicional ao agir, o que pode eventualmente levar a uma melhoria correlata no futuro.

Quando descobre um novo insight que deseja compartilhar com outras pessoas, você tem quatro objetivos principais para a sua comunicação. No jogo do martelo de força, você prova a sua força batendo numa alavanca com um grande martelo, tentando fazer soar um sino suspenso no topo de uma torre. Da mesma forma, a força da sua mensagem é avaliada pela quantidade de níveis de comunicação que ela pode alcançar (Figura 2.5). No primeiro nível, básico, você deseja que o seu insight capte e prenda a *atenção* do público. No ambiente de trabalho acelerado de hoje em dia, pode ser difícil catalisar interesse para um novo insight e garantir que ele receba a atenção adequada. Existem sempre muitos ruídos, que podem obscurecer sinais importantes. Se o seu insight falha em captar a atenção do público nessa janela de oportunidade limitada, outras informações e distrações concorrentes desviarão o foco, e o seu insight não chegará a lugar nenhum.

Figura 2.5 Quão forte é a sua comunicação de dados?

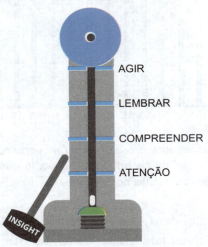

A força da comunicação de um insight pode ser medida pelo efeito que ele tem sobre o público. Gerar ações é o objetivo final, quando então o insight terá o potencial de criar valores.

Depois de conseguir atenção, você deseja que o público *entenda* o seu insight. O fato de as pessoas lhe darem atenção não significa necessariamente que elas entendem totalmente o que o insight significa. Se elas interpretarem mal o que você está compartilhando, podem ocorrer decisões e resultados errados. Quando a sua ideia é concreta e está clara na mente dos membros do seu público, você tem uma compreensão compartilhada sobre a qual pode construir algo, concordem eles ou não com as suas descobertas.

No terceiro nível, você gostaria que o seu público se *lembrasse* do seu insight. A maioria das informações que recebemos é compreensível, mas também transitória e descartável. Pode ser chocante saber que uma quantidade enorme de informações não é retida senão por breves momentos antes de ser descartada. Você deseja que o seu insight repercuta o suficiente para ser relembrado pelo público. Se o seu público passa a compartilhar o seu insight com outros, é a prova de que o insight ficou retido na memória dele. A narrativa será crítica para garantir que os seus insights criem raízes na mente do público e não sejam facilmente esquecidos e perdidos.

O sino no topo dessa escala representa o nível mais alto que pode ser alcançado: fazer o público *agir* de acordo com o seu insight. Embora seja bom ter um insight compreendido e relembrado, ele não gera nenhum valor se nunca leva a alguma forma de ação. A sua comunicação de dados deve ser persuasiva para inspirar ou motivar as pessoas a agirem. Ela exigirá uma combinação habilidosa de narrativa com recursos visuais para impulsionar o seu insight até o nível final. Uma história de dados eficaz passará por todos os quatro degraus, atingindo o sino da ação. Tentativas menos eficazes de comunicação podem subir até um certo nível, mas não conseguem fazer soar esse sino essencial. A narrativa torna facilmente memorizáveis e persuasivos fatos que de outra forma não o seriam. Assim, mesclar evidências à narrativa parece ser uma atitude *lógica*.

O ato de combinar a narrativa com dados nem sempre é tão direto quanto parece. No estudo da Carnegie Mellon, no qual o panfleto da história superou a versão estatística, os pesquisadores também testaram o que aconteceria se os participantes recebessem *ambos* os panfletos. Eles estavam curiosos para ver se a combinação de uma história emocional com as evidências racionais produziria resultados ainda melhores graças à riqueza das informações compartilhadas. Embora esse experimento mesclado tenha superado o desempenho da versão estatística (US$ 1,43 contra US$ 1,14), não chegou nem perto de desafiar a abordagem baseada em histórias puras (US$ 2,38).

Com base nesse resultado, alguém pode questionar a necessidade de elaborar histórias de dados quando a narrativa por si só parece funcionar melhor. Porém, em vez de apenas anexar uma história a um monte de estatísticas, o maior sucesso virá da *combinação de ambos os elementos em uma história de dados coesa*. A mera presença da narrativa terá o efeito de um halo positivo sobre os seus insights. Porém, quanto mais integrados eles forem, mais potentes serão. No Capítulo 6, você aprenderá a construir estruturas narrativas em torno dos seus principais insights, para que possa acertar o sino da ação do seu público.

Por que os seus insights precisam da narrativa e dos recursos visuais

As histórias mudam as pessoas, ao passo que as estatísticas lhes dão algo para discutir.
BERNIE SIEGEL, autor e cirurgião

O fato certo no momento certo pode chamar a sua atenção, mas talvez não fale tanto para as outras pessoas quanto para você. Por si só, os dados muitas vezes não possuem a força inerente necessária para serem mais do que apenas ruído, e muito menos para gerarem ações. Sem o contexto e a explicação corretos, eles podem facilmente ser mal interpretados, esquecidos ou descartados. Felizmente, os dados não precisam funcionar sozinhos. Eles podem se apoiar nas habilidades complementares da narrativa e dos recursos visuais para transmitirem sua mensagem de maneira memorizável e persuasiva.

A combinação da narrativa com os dados pode ajudar a gravar fatos na memória do seu público e incentivá-lo a agir de acordo com suas ideias. Em 1969, pesquisadores da Universidade de Stanford realizaram um experimento para testar a influência da narrativa na memória. No ensaio, dois grupos de alunos foram convidados a estudar e lembrar palavras de 12 conjuntos de palavras, cada um contendo 10 substantivos aleatórios. O grupo de controle estudou as palavras usando aprendizado e treinamento de rotina. Enquanto isso, o restante dos alunos foi instruído a construir uma história significativa em torno das palavras de cada lista. Quando os alunos foram solicitados a lembrar as palavras de cada uma das 12 listas, o grupo narrativo foi capaz de lembrar de 6 a 7 vezes mais do que o grupo de controle (Bower e Clark, 1969). Os professores de Stanford acreditavam que a organização temática da narrativa auxiliava a memória das palavras dos alunos. Embora esse estudo tenha concentrado o foco em listas de palavras, um efeito semelhante pode acontecer com as estatísticas cruciais em uma história de dados bem construída.

Frequentemente, os advogados enfrentam o difícil desafio de montarem uma história, ou narrativa, a partir de um conjunto de fatos. No final da década de 1980, pesquisadores da Universidade do Colorado queriam explorar como o storytelling influenciava a forma como os júris percebiam as evidências apresentadas. O foco do estudo foi um caso criminoso real de 1983 envolvendo uma briga em um bar de Boston e que resultou em morte por esfaqueamento. Houve algum debate sobre se o homem de menor tamanho estava simplesmente se defendendo de um valentão muito maior e agressivo ou se tinha sido homicídio. Quando os participantes do estudo ouviram as evidências de ambos os lados conforme apresentadas no julgamento real do assassinato, 63% concordaram que era assassinato. Quando as mesmas evidências foram apresentadas pelos promotores em formato de história, 78% ficaram convencidos da culpa. Já quando os advogados de defesa compartilharam as evidências em formato de história, apenas 31% sentiram que o homem era culpado de assassinato (veja a Figura 2.6) (Pennington e Hastie, 1988). Esse julgamento simulado mostrou como a combinação de dados e a história pode ter um poderoso efeito persuasivo, fortalecendo o argumento a favor ou contra o réu. No final das contas, você quer a narrativa do lado do seu insight.

Figura 2.6 O formato da história influencia a tomada de decisões

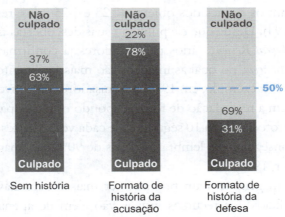

Quando os advogados de acusação ou defesa usaram o formato de história para apresentar suas evidências, obtiveram um efeito significativo de influência sobre a decisão do julgamento simulado.

Embora estejamos apenas começando a ver os dados serem combinados mais regularmente com a narrativa, não é incomum vermos os dados acompanhados por imagens. Os dados podem ser complexos de processar e difíceis de compartilhar. Porém, as representações visuais dos dados na forma de gráficos e diagramas podem ser usadas para transmitir a essência ou o significado de um insight de uma maneira mais eficaz do que seria possível apenas com textos ou falas. Ao acrescentar recursos visuais relevantes a uma história de dados, você acessa o método mais eficaz para transmitir informações a outros seres humanos. O professor Robert E. Horn, de Stanford, observou que, quando os elementos visuais estão intimamente ligados às palavras, oferecem "o potencial para ampliação da 'largura de banda' humana, ou da capacidade dos seres humanos de captarem, compreenderem e sintetizarem de maneira mais eficaz grandes quantidades de novas informações" (Horn, 2001). Por esse motivo, as visualizações de dados desempenham um papel integral no compartilhamento de insights de dados e na formação das histórias de dados.

O sentido mais dominante que temos como seres humanos é a visão. Estima-se que mais de 50% do cérebro esteja focado no processamento de estímulos visuais, ultrapassando o processamento gasto em nossos outros quatro sentidos combinados (Hagen, 2012). Já em 1894, o professor E. A. Kirkpatrick compartilhou um estudo em que os alunos tiveram um índice de recordação acima de 10 objetos comuns (pássaro, porta, lápis) três dias após os objetos terem sido mostrados (6,35 itens) em comparação com quando eles apenas leram ou ouviram os nomes dos objetos (2,23 e 1,25 itens, respectivamente) (Kirkpatrick, 1894). Desde que ele publicou suas descobertas no primeiro volume da *Psychological Review*, vários pesquisadores já confirmaram o *Efeito de Superioridade da Imagem*, no qual as imagens são mais facilmente lembradas do que as palavras. Por exemplo, em 1970, pesquisadores da Universidade de Rochester estudaram a recordação de fotos, expondo os participantes do estudo a mais de 2.500 fotos, por 5 a 10 segundos de cada vez. Até três dias depois, os participantes conseguiam se lembrar de mais de 90% das imagens (Standing, Conezio e Haber, 1970).

Embora as imagens tenham provado ser mais memorizáveis do que os textos, os benefícios dos recursos visuais vão além de apenas lembrança e reconhecimento. Em 1996, pesquisadores da Universidade Estadual do Michigan examinaram os efeitos das imagens nas comunicações relacionadas à saúde. Nesse experimento, os pesquisadores deram instruções em texto completo ou instruções ilustradas sobre o tratamento de feridas para 400 pacientes que visitaram um pronto-socorro devido a lacerações. Eles descobriram que as instruções ilustradas superavam as instruções baseadas em texto de várias maneiras. Como a Figura 2.7 mostra, os pacientes que receberam as instruções ilustradas foram mais propensos à leitura das instruções (98% *versus* 79%), à compreensão do conteúdo (46% *versus* 6%) e a agirem de acordo com o aconselhamento de cuidados com os ferimentos (77% *versus* 54%). Além disso, os pacientes com educação secundária (24%) mostraram uma diferença positiva ainda maior entre os dois formatos em termos de compreensão e conformidade (Delp e Jones, 1996).

Figura 2.7 As informações ilustradas superam as informações compostas apenas de texto

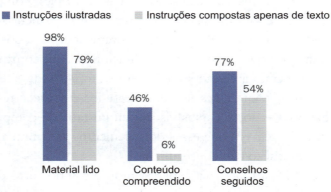

Em cada área crucial de foco, as instruções ilustradas superaram as instruções baseadas apenas em texto.

Além de chamarem a atenção e auxiliarem na compreensão e na recordação, os recursos visuais podem ser persuasivos. Embora as pesquisas sobre o poder de persuasão das visualizações de dados sejam limitadas, dois estudos recentes lançaram alguma luz sobre a influência potencial delas. Em 2014, pesquisadores da Universidade de Nova York realizaram um experimento no qual avaliaram as atitudes das pessoas em um de três tópicos: encarceramento, imposto de renda corporativo e videogame. Usando uma escala Likert, eles determinaram o quanto cada indivíduo concordava com uma determinada postura sobre o assunto antes e depois de serem expostos a informações adicionais por meio de tabelas ou gráficos de dados. Então, descobriram que os gráficos de dados eram persuasivos quando um indivíduo ainda não possuía uma opinião fortemente oposta. Por exemplo, se teve uma posição neutra ou fraca sobre se o encarceramento reduz os índices de criminalidade, você provavelmente será mais persuadido por gráficos que mostram que o encarceramento em massa não diminui o crime do que alguém que já tenha uma opinião contrária forte. O estudo mostrou que os gráficos de dados tiveram um efeito persuasivo modesto, mas consistente (aumento de 8%) quando comparados com as tabelas de dados (Pandey, Manivannan, Nov, Satterthwaite e Bertini, 2014).

Em outro estudo de 2014, pesquisadores da Universidade Cornell testaram a influência de gráficos triviais na capacidade de persuasão das informações. Em um dos experimentos, eles testaram a aceitação da afirmação científica segundo a qual um medicamento inventado poderia melhorar a função imunológica e reduzir significativamente as chances de alguém pegar um resfriado. Em uma versão da afirmação, foi usado apenas texto para compartilhar as informações; outra versão incluía o texto e um gráfico. A inclusão da visualização dos dados teve um efeito persuasivo dramático: 97% dos que viram o gráfico acreditaram que o medicamento funcionaria, em comparação com 68% dos que receberam a versão somente em texto (43% de diferença) (Tal e Wansink, 2016). Embora esses diferentes estudos empíricos realcem a influência da narrativa e dos recursos visuais, eu gostaria de compartilhar um exemplo do mundo real em que esses dois elementos ajudaram a gerar ação quando os fatos por si só não conseguiram.

No final de 2014, a Califórnia experimentou um sério surto de sarampo que foi rastreado até pessoas que visitaram o parque temático da Disney durante quatro dias em dezembro. A exposição ao sarampo na Disney levou a 125 casos de sarampo, 110 dos quais na Califórnia. Dos 49 indivíduos da Califórnia que não foram vacinados, 28 estavam desprotegidos devido às suas crenças pessoais contra a vacinação (CDC, 2015). O vírus do sarampo é tão contagioso que, se alguém infectado com sarampo entrasse em uma sala cheia com 10 pessoas não vacinadas, 9 delas contrairiam imediatamente o vírus. Qualquer pessoa que entrasse na mesma sala nas duas horas seguintes também poderia se infectar (University of Pittsburgh, 2015). Felizmente, a vacina contra sarampo, caxumba e rubéola (MMR ou vacina tríplice viral) é muito eficaz na prevenção da infecção, mas ela só impedirá a propagação das doenças para pessoas desprotegidas, como bebês e outros, ou com sistemas imunológicos comprometidos se houver uma alta concentração de pessoas imunes.

Quando o pediatra e senador estadual Richard Pan apresentou o Projeto de Lei 277 ao Senado em 2015, ele precisava de uma maneira para convencer os colegas legisladores da necessidade das vacinações obrigatórias. Enquanto estudava medicina na Universidade de Pittsburgh, Pan ganhou experiência em primeira mão com os efeitos devastadores de um surto de sarampo na Filadélfia em 1991, que fez 900 pessoas adoecerem e matou 9 crianças (Bay Area News Group, 2017). Ele enfrentava dois desafios significativos. Em primeiro lugar, para muitas pessoas é difícil compreender totalmente os conceitos abstratos de imunidade de rebanho e crescimento exponencial. Em segundo lugar, alguns de seus colegas políticos estavam preocupados que tornar a vacinação um pré-requisito para a frequência a uma escola pública limitasse o acesso à educação. Permitir que algumas pessoas optassem por não receber a vacinação com base em informações pessoais ou em crenças religiosas era algo frequentemente visto como inconsequente, e uma concessão menor aos direitos individuais.

Em sua pesquisa para ajudar a demonstrar o perigo potencial de não se obter a imunidade coletiva (índice de vacinação de aproximadamente 92% a 95% para o sarampo), o senador Pan descobriu um simulador de surto chamado FRED Measles. Essa ferramenta, desenvolvida na *alma mater* de Pan, a Universidade de Pittsburgh, tinha sido projetada para representar visualmente a propagação do contágio caso ocorresse um surto. Com essa nova ferramenta de modelagem, ele poderia mostrar visualmente aos outros senadores como uma epidemia poderia explodir rapidamente em seus respectivos condados caso 20% das crianças em idade escolar não fossem vacinadas (veja a Figura 2.8). O ex-senador estadual Marty Block foi inicialmente cético em relação ao projeto, mas, depois de assistir à simulação de um surto de sarampo em seu eleitorado, ele reconheceu que o projeto era importante para proteger a saúde pública de seu estado. Então, o ex-senador afirmou:

> Se as pessoas decidem se colocar em perigo como uma decisão consciente, isso ainda me incomoda, mas pode ser que tenham direito. Quando eu vi a simulação, ficou claro que elas colocavam outras pessoas no caminho do perigo. Foi então, para mim, que isso passou a ser uma coisa muito importante para o governo legislar. (Hare, 2017)

Figura 2.8 Surto de sarampo na Califórnia

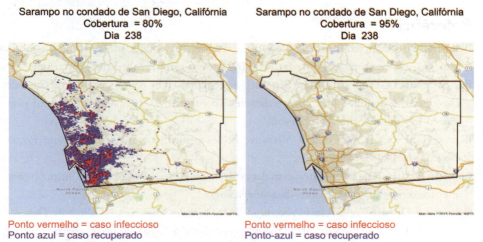

Fonte: Public Health Dynamics Laboratory, University of Pittsburgh.

A ferramenta FRED Measles mostra como um surto de sarampo se expandirá exponencialmente dentro de um condado se houver um índice de vacinação de apenas 80%.

Apesar das evidências convincentes que apoiavam a necessidade das vacinações obrigatórias, o projeto enfrentou forte oposição dos defensores antivacinas, resultando até mesmo em ameaças de morte a Pan e ao seu coautor, o senador Ben Allen. Porém, em junho de 2015, o Projeto de Lei n. 277, proposto por Pan ao Senado, foi sancionado com sucesso, e o índice de vacinação nos jardins de infância da Califórnia subiu para 96% em 2016, o índice mais alto desde 2001. Com a ajuda da ferramenta FRED Measles, Pan e outros defensores pró-vacina conseguiram construir uma história de dados sobre a importância das vacinações MMR e o que poderia acontecer sem a imunidade de rebanho (ou coletiva).

Como mostraram os diferentes estudos empíricos e este exemplo da vida real, tanto a narrativa quanto os recursos visuais podem fazer contribuições valiosas para a eficácia das suas comunicações relacionadas ao insight. Sim, pode ser necessário algum esforço para transformar um insight em uma história de dados; porém, o retorno potencial valerá o investimento. De fato, esse pode ser o único meio eficaz de transmitir o seu insight a um público que tende a ser cético quanto aos fatos e números que você apresenta. O storytelling com dados oferece a melhor oportunidade para o seu insight chamar *atenção*, ser *compreendido*, ser *relembrado* e *gerar ação*. Uma história de dados eficaz ajuda o insight a atingir todo o seu potencial, inspira outras pessoas a agirem e gera mudanças. Isso é tudo o que qualquer pessoa que tenha descoberto um insight significativo pode desejar, especialmente quando se trata de salvar vidas.

Referências

Balter, M. 2014. Ancient campfires led to the rise of storytelling. *Science*, 14 de setembro. http://www.sciencemag.org/news/2014/09/ancient-campfires-led-rise-storytelling.

Bay Area News Group. 2017. State Sen. Richard Pan praised by colleagues over vaccine bill. *Daily News*, 4 de julho. http://www.dailynews.com/2015/07/04/state-sen-richard-pan-raised-by-colleaguesover-vaccine-bill/.

Bower, G. H. e Clark, M. C. 1969. Narrative stories as mediators for serial learning. *Psychonomic Science* 14:181-182.

Callahan, S. 2016. The role of stories in data storytelling. *Anecdote*, 4 de agosto. http://www.anecdote.com/2016/08/stories-data-storytelling/.

Centers for Disease Control and Prevention. 2015. Measles Outbreak – California, Dezembro de 2014 – Fevereiro de 2015. *Morbidity and Mortality Report*, 20 de fevereiro. https://www.cdc.gov/mmwr/preview/mmwrhtml/mm6406a5.htm.

Delp, C. e Jones, J. 1996. Communicating information to patients: The use of cartoon illustrations to improve comprehension of instructions. *Academic Emergency Medicine* 3:264-270.

Denning, S. 2000. The Springboard: How Storytelling Ignites Action in Knowledge-Era Organizations. New York, NY: Butterworth-Heinemann.

Denning, S. 2001. Storytelling to ignite change: Steve Denning – The Pakistan story. http://www.creatingthe21stcentury.org/Steve6-Pakistan.html.

Denning, S. 2007. *The Secret Language of Leadership: How Leaders Inspire Action Through Narrative*. San Francisco, CA: John Wiley & Sons.

Denning, S. 2012. The science of storytelling. https://www.forbes.com/sites/stevedenning/2012/03/09/the-science-of-storytelling/#3be796732d8a.

Dunbar, R. I. M. 2004. Gossip in evolutionary perspective. *Review of General Psychology* 8(2):100-110.

eMarketer. 2017. US adults now spend 12 hours 7 minutes a day consuming media. *eMarketer*, 1º de maio. https://www.emarketer.com/Article/US-Adults-Now-Spend-12-ours-7--Minutes-Day-Consuming-Media/1015775.

Gallo, C. 2014. How Sheryl Sandberg's last-minute addition to her TED talk sparked a movement. *Forbes*, 28 de fevereiro. https://www.forbes.com/sites/carminegallo/2014/02/28/how-sheryl-sandbergslast-minute-addition-to-her-ted-talk-sparked-a-movement/#3871d1a365c2.

Gottschall, J. 2012. The Storytelling Animal: How Stories Make Us Human. Boston, MA: Mariner Books.

Hagen, S. 2012. The mind's eye. *Rochester Review* 74 (4). http://www.rochester.edu/pr/Review/V74N4/0402_brainscience.html.

Hare, E. 2017. Facts alone won't convince people to vaccinate their kids. *FiveThirtyEight*, 12 de junho. https://fivethirtyeight.com/features/facts-alone-wont-convince-people-to--vaccinate-their-kids/.

Heath, C. e Heath, D. 2008. *Made to Stick: Why Some Ideas Survive and Others Die*. New York, NY: Random House.

Horn, R. 2001. Visual language and converging technologies in the next 10-15 years (and beyond). National Science Foundation Conference on Converging Technologies (Nano-Bio-Info-Cogno) for Improving Human Performance (December 3-4, 2001).

Kastrenakes, J. 2017. Instagram added 200 million daily users a year after launching Stories. *The Verge*, 25 de setembro. https://www.theverge.com/2017/9/25/16361356/instagram-500-milliondaily-active-users.

Kirkpatrick, E. A. 1894. An Experimental Study of Memory. *Psychological Review* 1:602-609.

Pandey, A., Manivannan, A., Nov, O., Satterthwaite, M. e Bertini, E. 2014. The persuasive power of data visualization. *Visualization and Computer Graphics, IEEE Transactions* 20(12):2.211-2.220.

Pennington, N. e Hastie, R. 1988. Explanation-based decision-making: Effects of memory structure on judgment. *Journal of Experimental Psychology: Learning, Memory & Cognition* 14(3):521-533.

Schneider, A. e Domhoff, G. W. 2019. The quantitative study of dreams. http://www.dreamresearch.net/ (acessado em 14 de maio de 2019).

Simmons, A. 2006. *The Story Factor: Secrets of Influence from the Art of Storytelling*. New York, NY: Basic Books.

Standing, L., Conezio, J. e Haber, R. N. 1970. Perception and memory for pictures: Single-trial learning of 2500 visual stimuli. *Psychonomic Science* 19(2):73-74. https://doi.org/10.3758/BF03337426.

Tal, A. e Wansink, B. 2016. Blinded with science: Trivial graphs and formulas increase ad persuasiveness and belief in product efficacy. *Public Understanding of Science* 25(1):117-125.

University of Pittsburgh. 2015. Simulation brings facts to measles outbreak and vaccination debate. *Globe Newswire*, 17 de fevereiro. https://globenewswire.com/news-release/2015/02/17/707021/10120524/en/Simulation-Brings-Facts-to-Measles-Outbreak-and-Vaccination-Debate.html.

3
A psicologia do storytelling com dados

As histórias não nos fornecem apenas uma prática muito necessária para descobrirmos o que motiva as pessoas. Elas também nos dão insights de como nós funcionamos.
LISA CRON, analista de histórias e autora

QUANDO VOCÊ TRABALHA REGULARMENTE COM DADOS, pode ser difícil entender por que evidências sólidas nem sempre são convincentes por si mesmas, sem o complemento do storytelling. Quando estamos convencidos da força das nossas descobertas, dizemos que "os fatos falam por si". Em outras palavras, se as pessoas forem simplesmente expostas aos mesmos números que nós, elas serão igualmente esclarecidas. Nessas situações, esperamos que os seres humanos racionais apreciem a solidez dos nossos insights bem fundamentados, para chegarem às mesmas conclusões e ficarem igualmente motivados a seguir um curso lógico de ação. Porém, muitas vezes descobrimos – *para nossa decepção* – que os fatos não se sustentam por si próprios. Na tentativa de transmitir as descobertas, algo se perde na tradução. Quando o público não entende o significado das nossas descobertas, ficamos nos perguntando como isso pôde acontecer, já que os números nos falavam de forma tão clara e contundente.

O médico húngaro chamado Ignaz Semmelweis (1818-1865) se viu nessa situação depois de fazer uma importante descoberta que salvava vidas no campo da obstetrícia. Em 1846, Semmelweis foi nomeado primeiro assistente do professor de obstetrícia em uma grande maternidade em Viena, que tinha duas clínicas para o treinamento de médicos e parteiras. Como acontecia em outros hospitais ao redor do mundo na época, muitas pacientes da maternidade morriam de uma doença misteriosa chamada febre puerperal ou febre materna. Mulheres saudáveis e grávidas adoeciam repentinamente e morriam pouco depois – um ou dois dias – de darem seus filhos à luz.

Figura 3.1 Ignaz Semmelweis (1818-1865)

Fonte: https://commons.wikimedia.org/wiki/file:Ignaz_Semmelweis_1860.jpg. Domínio público.

Empregando treinamento estatístico (veja a Figura 3.2), Semmelweis fez uma descoberta alarmante: a clínica dos médicos residentes no hospital tinha um índice de mortalidade médio de 9,9%, significativamente maior do que a clínica das parteiras (3,9%). Ele ficou curioso para saber por que havia uma diferença notável entre as duas clínicas e determinado a identificar a causa. Na época, a noção de germes ou infecções não existia; e, assim, a equipe do hospital considerou várias causas potenciais, como ar ruim (miasmas), superlotação, baixa temperatura e métodos de divulgação, todas em vão.

A alto índice de mortalidade na primeira clínica pesou muito na mente de Semmelweis quando uma descoberta inesperada surgiu de um trágico acidente. Um professor amigo, que Semmelweis admirava, estava realizando uma autópsia quando foi inadvertidamente cutucado pelo bisturi de um aluno. O professor morreu logo depois de receber esse ferimento leve. Enquanto realizava o difícil exame post mortem, Semmelweis percebeu uma forte semelhança na patologia da doença de seu amigo e na das mulheres que morriam de febre puerperal. A partir dessa observação inesperada, Semmelweis começou a formar uma hipótese interessante.

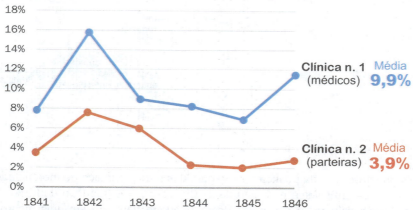

Figura 3.2 Índices de mortalidade pela febre puerperal por clínica

De 1841 a 1846, Ignaz Semmelweis descobriu que a maternidade do hospital atendida pelos médicos residentes (Clínica n. 1) tinha um índice de mortalidade por febre puerperal que era mais do que o dobro da clínica das parteiras (Clínica n. 2).

No hospital de Viena, era comum os médicos residentes fazerem autópsias pela manhã e depois passarem o resto do dia atendendo as pacientes da primeira clínica, sem nunca desinfetarem as mãos de maneira adequada. Ao contrário dos médicos, as parteiras não realizavam nenhum trabalho de autópsia, e não estavam em contato rotineiro com nenhum cadáver. Semmelweis levantou a hipótese de que algum tipo de partícula venenosa estava sendo transferida, pelos médicos, dos cadáveres para as pacientes da primeira clínica da maternidade. Ele descobriu que uma solução de cal clorada era suficientemente forte para remover o cheiro pútrido do tecido da autópsia das mãos dos médicos e determinou que isso seria o ideal para remover os contaminantes mortais.

Dois meses depois da morte de seu amigo, Semmelweis introduziu uma nova política de lavagem das mãos para os médicos, com o uso da solução de cal clorada depois das autópsias. Quando ele lançou a nova política, o índice de mortalidade mensal era de 12,2% na clínica médica (veja a Figura 3.3). A nova política teve impacto imediato, e o índice de mortalidade foi reduzido para 2,2% (redução de 82%). Depois de vários meses de índices de mortalidade significativamente mais baixos, Semmelweis observou que ainda havia médicos residentes que não seguiam sua política. Após introduzir controles mais rígidos sobre os médicos negligentes, conseguiu reduzir ainda mais o índice de mortalidade, a ponto de em dois meses nenhuma mãe morrer de febre puerperal.

Figura 3.3 Índices de mortalidade por febre puerperal na Clínica n. 1

Depois da introdução da política de lavagem das mãos, o índice de mortalidade por febre puerperal da Clínica n. 1 caiu de 12,2% para 2,2% (redução de 82%). Semmelweis conseguiu reduzir o índice de mortalidade para 0% em dois meses não subsequentes (março de 1848 e agosto de 1848), antes de sua infeliz demissão, em março de 1849.

Semmelweis não conseguiu provar cientificamente por que sua política de lavagem das mãos funcionava; isso não aconteceria até que o químico francês Louis Pasteur (1822-1895) descobrisse a teoria da doença dos germes, em meados da década de 1860. O que o médico tinha eram mais de 18 meses de dados estatísticos mostrando que a abordagem de lavagem das mãos funcionava e que tal prática poderia salvar a vida de milhares de grávidas. Ele tinha descoberto uma verdade importante sobre a febre puerperal. Será que bastou?

Semmelweis acreditava ter feito um grande avanço para a obstetrícia e "esperava que a verdade e a importância de seu trabalho levassem à sua aceitação final sem maiores esforços de sua parte" (Semmelweis, 1861). Basicamente, ele sentiu que os fatos deveriam falar por si mesmos e deixou para seus alunos e colegas de medicina a tarefa de compartilharem esse novo conhecimento. Porém, em vez de elogiar a valiosa descoberta de Semmelweis e adotar seus métodos, a comunidade médica estabelecida criticou, ridicularizou e resistiu às suas ideias. Nenhum médico concordava com a ideia de que Semmelweis havia descoberto a fonte única da febre puerperal. Para eles, a descoberta dele era apenas uma das 30 possíveis causas da doença. Mais importante, aqueles colegas médicos não podiam aceitar que suas mãos eram os principais arautos dessas mortes e que melhorar a higiene poderia salvar vidas.

Certa vez, o famoso filósofo francês Voltaire disse: "É perigoso estar certo em questões em que as autoridades estabelecidas estão erradas". Semmelweis pagou caro por suas ideias não tradicionais sobre lavar as mãos. Em 1849, ele não conseguiu prorrogar seu contrato na maternidade e foi impedido de obter cargos semelhantes em Viena. Frustrado e desmoralizado, Semmelweis voltou para Budapeste. Depois de esperar mais de dez anos para que suas práticas de lavagem das mãos pegassem, em 1861 ele finalmente publicou o trabalho de sua vida, intitulado *The Etiology, Concept, and Prophylaxis of Childbed Fever*. Metade desse extenso livro de 500 páginas foi dedicado à pesquisa sobre a febre puerperal, e a outra metade focava os raivosos argumentos contestadores feitos por muitos críticos. Infelizmente, o livro acabou sendo refutado e abertamente atacado em salas de aula de medicina e em publicações médicas de toda a Europa. Em resposta às críticas desfavoráveis, Semmelweis escreveu cartas cada vez mais iradas a obstetras europeus proeminentes, denunciando-os como assassinos irresponsáveis e ignorantes. A rejeição de seus insights salvadores de vidas afetou-o tanto que ele acabou tendo algum tipo de colapso mental e sendo internado em uma instituição psiquiátrica em 1865. Duas semanas depois, morreu aos 47 anos de idade, sucumbindo a uma ferida infectada infligida pelos guardas do asilo.

Os dados de Semmelweis atendiam a três critérios principais: seu insight era *verdadeiro*, *valioso* e *exequível*. Do ponto de vista da *verdade*, embora não tenha descoberto os micróbios que infectavam as mulheres com a febre puerperal, ele introduziu uma solução preventiva com dados confiáveis que apoiavam sua eficácia. Do ponto de vista do *valor*, se as práticas de lavagem das mãos fossem amplamente adotadas, poderiam salvar a vida de inúmeras mulheres que morriam desnecessariamente nas mãos contaminadas de seus obstetras, não apenas na Áustria, mas em toda a Europa e no mundo. Por fim, do ponto de vista da *ação*, os hospitais apenas teriam que implementar um procedimento simples e de baixo custo para debelar a maldição mortal da febre puerperal.

Apesar de um forte apelo ao *logos* (pelo modelo de Aristóteles do capítulo anterior), as descobertas de Semmelweis não se sustentaram por si mesmas. Elas não bastaram para persuadir uma comunidade médica teimosa a mudar seus hábitos ou a admitir qualquer falha. Ele declarou: "Eu acreditava que poderia deixar a cargo do tempo o estabelecimento de um caminho para a verdade". Mas o tempo também não foi suficiente. Infelizmente, o médico húngaro não viu em vida suas práticas de lavagem das mãos serem adotadas. Seduzido por suas próprias estatísticas, Semmelweis teve dificuldade quando foi preciso fazer a comunicação do seu insight salvador. Se avaliasse melhor como as pessoas processam fatos e dados, ele poderia ter adotado uma abordagem diferente ao compartilhar seu insight. Hoje em dia, seria lembrado pelo que realizou e não pelo que poderia ter realizado.

Ainda que essa tragédia de dados tenha ocorrido há mais de 150 anos, os mesmos desafios que Semmelweis enfrentou com a natureza humana persistem até hoje. Este capítulo propiciará a você uma avaliação mais clara de como o storytelling com dados pode ajudar os seus insights a navegarem na mente humana.

A maioria das decisões não se baseia na lógica

> *Já foi dito que o homem é um animal racional. Toda a minha vida tenho procurado evidências que possam apoiar isso.*
> BERTRAND RUSSELL, filósofo

Uma das armadilhas em que as pessoas analíticas caem é a suposição de que as decisões são moldadas principalmente pela lógica e pela razão. Como alguém que trabalha com dados há mais de 20 anos, estou familiarizado com essa armadilha. Cometi o erro de presumir que, ao simplesmente fornecer a alguém os dados ou fatos críticos que estavam faltando, essa pessoa seria capaz de formular uma decisão lógica. A minha visão refletia um equívoco comum conhecido como *modelo de déficit de informação*, no qual o público simplesmente não tem as informações de que precisa para entender totalmente o problema. Ignaz Semmelweis foi vítima dessa mesma falsa esperança. Ele imaginava que seus colegas na comunidade médica – a maioria dos quais era culto e cientificamente consciente – aceitariam os resultados promissores que ele gerou com suas práticas não convencionais de lavagem das mãos; e ficou chocado quando eles não o fizeram. Nessas situações, o que realmente importa é menos *o que* as pessoas pensam e mais *como* elas pensam. Mesmo o público analítico ainda está sujeito a outra força poderosa que pode levar a resultados inesperados: a emoção.

Quando se trata de tomar decisões, em geral desprezamos as emoções. Nós as vemos como algo que pode turvar o juízo e nos levar a tomar decisões precipitadas ou imprudentes. Quando compartilhamos as nossas descobertas, não queremos que elas sejam contaminadas por quaisquer armadilhas emocionais. O resultado é que muitas vezes adotamos uma abordagem clínica, imparcial, quando compartilhamos os nossos insights tentando "apenas nos ater aos fatos". De muitas maneiras, acabamos compartilhando os nossos insights como o sr. Spock, da popular série de ficção científica da TV e franquia de filmes *Jornada nas estrelas*. Se você não está familiarizado com o universo de *Jornada nas estrelas*, Spock é o diretor científico e o imediato no comando da nave *USS Enterprise*. Sendo meio vulcano, ele se esforça para suprimir suas emoções e viver de acordo com o estrito código de lógica e razão de seu povo.

Sempre que a tripulação da nave estelar enfrenta alguma nova ameaça ou crise, Spock fornece a seu oficial comandante, o capitão James T. Kirk, uma avaliação fria, analítica de cada situação e as opções táticas da tripulação. Embora o capitão Kirk valorize os fatos e as probabilidades de Spock, também busca a opinião mais emocional de seu feroz oficial médico-chefe, o dr. Leonard McCoy (também conhecido como Bones). Inevitavelmente, ao tomar decisões, o capitão confia numa síntese baseada na intuição das duas perspectivas (veja a Figura 3.4). Mesmo que as pessoas analíticas gostem de fingir que a emoção pode ser controlada ou removida da tomada de decisões, ela está sempre presente, e é um aspecto altamente influente do processo.

Figura 3.4 Dois fatores cruciais na tomada de decisões

Como o sr. Spock de *Jornada nas estrelas*, podemos gostar de acreditar que as decisões devem ser baseadas apenas na lógica e na razão. Porém, a emoção tem uma influência bem maior na tomada de decisões do que gostaríamos de admitir.

O professor e neurocientista António Damásio, da USC, fez uma descoberta inovadora do papel crítico da emoção na tomada de decisões. Quando trabalhava com pacientes com traumatismo cranioencefálico numa área que processa as emoções (o córtex pré-frontal), Damásio descobriu que muitos indivíduos aparentemente normais lutavam para tomar decisões básicas na hora de escolher entre um conjunto de alternativas. Decidir onde comer ou quando agendar uma consulta transformava-se em longos debates de custo-benefício para esses indivíduos sem emoção. Em suma, eles se assemelhavam a "Spocks" da vida real.

Por exemplo, ao escolher a qual restaurante iria, um de seus pacientes refletiu sobre vários fatores, como as opções do menu, o tempo de espera, a disponibilidade de estacionamento, a qualidade do atendimento, e assim por diante. Uma decisão simples sobre onde almoçar podia demorar 30 minutos ou mais para esses indivíduos (Damásio, 2009). Damásio descobriu que a emoção na verdade auxilia o processo de raciocínio e desempenha um papel essencial em ajudar nosso cérebro a navegar por alternativas e a chegar a decisões oportunas. Ele fez a seguinte observação sobre a emoção e a tomada de decisões: "Continuo fascinado pelo fato de os sentimentos não serem apenas o lado oculto da razão, mas também por nos ajudarem a tomar decisões" (Damásio, 2009).

A ciência dos dados (a informática) não foi a primeira disciplina analítica a subestimar o papel que as emoções têm no processo de tomada de decisões. Séculos de teoria econômica têm se baseado no princípio de que um indivíduo toma uma decisão racional com base no que gera maior utilidade ou benefício pessoal. Só no final da década de 1960, psicólogos como Daniel Kahneman e Amos Tversky começaram a questionar se as pessoas sempre fazem escolhas racionais. As pesquisas deles deram origem ao campo da economia comportamental, que destaca como a tomada de decisões é influenciada por vieses heurísticos – atalhos mentais – e cognitivos, que levam indivíduos falíveis a nem sempre se comportarem racionalmente ou de acordo com seus próprios interesses.

Em seu best-seller vencedor do Prêmio Nobel, *Rápido e devagar: duas formas de pensar*, Kahneman (2011) compartilha os resultados de como o cérebro humano processa informações. Ele popularizou a teoria de que a mente humana é composta de dois subsistemas cognitivos (veja a Figura 3.5). O Sistema 1 é rápido, intuitivo, emocional, automático e subconsciente. Ele atua como uma espécie de *piloto automático*, que usa vieses heurísticos, ou atalhos mentais, para fazer interpretações rápidas, às vezes grosseiras, que são passadas para o sistema seguinte. O Sistema 2 é lento, analítico, lógico, esforçado e consciente. Ele atua como um *piloto* que monitora e avalia a qualidade das informações provenientes do Sistema 1 e, quando necessário, as avalia de forma mais aprofundada. Embora o Sistema 2 seja frequentemente percebido como o piloto do programa, ele é, na verdade, um controlador preguiçoso. O Sistema 2 não gosta de fazer muito esforço e depende do Sistema 1 para fornecer sentimentos e impressões, que se tornam as fontes de suas crenças e escolhas explícitas. No final, Kahneman vê o Sistema 1 – o sistema mais emocional e intuitivo – como a verdadeira estrela do show cognitivo.

Figura 3.5 Dois sistemas de tomada de decisões

Daniel Kahneman popularizou a noção de que a mente humana tem dois subsistemas que trabalham juntos para processarem informações.

Com o Sistema 1 servindo como a nossa intuição, muitas vezes subestimamos a sua influência sobre a tomada de decisões. Kahneman desenvolveu um quebra-cabeça simples, de bastão e bola, para ilustrar o efeito desse Sistema 1 sobre a maneira como a nossa mente processa as informações. Em vez de tentar resolver o quebra-cabeça a seguir, ouça o que a sua intuição lhe diz:

> Um taco e uma bola custam US$ 1,10.
> O taco custa 1 dólar a mais do que a bola.
> Quanto custa a bola?

A maioria das pessoas presumirá automaticamente que a bola custa US$ 0,10. Embora essa resposta venha facilmente à nossa mente, ela está errada. Se a bola custa $ 0,10, e o taco vale 1 dólar a mais (US$ 1,10), o custo total é de US$ 1,20, e não de US$ 1,10. Se você foi capaz de identificar o custo correto como sendo de US$ 0,05, então pertence à minoria capaz de resistir à resposta intuitiva sugerida pelo Sistema 1. Quando apresentou o quebra-cabeça do bastão e da bola a estudantes universitários em Harvard, no MIT, e em Princeton, Kahneman descobriu que mais de 50% deles achavam que a bola custaria US$ 0,10. Em outras universidades de menor prestígio, ele descobriu que mais de 80% dos alunos chegavam à mesma conclusão incorreta (Kahneman, 2011). Esse quebra-cabeça simples destaca como erros sistemáticos podem ser introduzidos em nossos processos de pensamento com base em nossa confiança no Sistema 1. Embora imperfeito, e podendo eventualmente introduzir vieses cognitivos, esse sistema é essencial para a nossa capacidade de processarmos grandes quantidades de informações muito rapidamente.

Um dos talentos únicos do Sistema 1 é sua habilidade de entrelaçar fragmentos dispersos de informações em histórias para ajudar a dar-lhes significado. Para ilustrar a rapidez com que a sua mente gera narrativas com uma quantidade limitada de informações, reserve um momento para considerar cada uma das linhas a seguir individualmente:

1. À venda: sapatos de bebê, nunca usados.
2. O nosso quarto. Duas vozes. Eu bato na porta.
3. Os paramédicos terminaram o texto dela: "... amo vocês".

Cada uma dessas frases curtas é um exemplo de uma "história de seis palavras". A lenda urbana é que alguém desafiou o famoso novelista americano Ernest Hemingway a contar uma história em seis palavras. Ele, então, escreveu o primeiro exemplo (o que não é verdade). O interessante é que cada conjunto de seis palavras não é realmente uma história. As frases curtas são transformadas em narrativas pelo nosso cérebro, que preenche automaticamente as peças que faltam. A partir de apenas seis palavras, emerge em nossa mente uma narrativa grosseira, com pano de fundo, cenário, enredo e personagens. Todo esse processamento acontece sem nenhum esforço consciente da nossa parte.

Da mesma forma, em situações cotidianas, o Sistema 1 busca causalidades para explicar o que está acontecendo em nosso ambiente, mesmo quando não existe nenhuma. A principal preocupação da mente intuitiva é reunir as diferentes partes de dados que recebe em histórias coerentes e unificadas. Kahneman observou através de sua pesquisa que:

> *A medida de sucesso do Sistema 1 é a coerência da história que ele consegue criar. A quantidade e a qualidade dos dados nos quais a história se baseia são amplamente irrelevantes. Quando as informações são escassas, o que é uma ocorrência comum, o Sistema 1 opera como uma máquina de tirar conclusões precipitadas. (Kahneman, 2011)*

Em seu estudo histórico de 1944, os psicólogos Fritz Heider e Marianne Simmel demonstraram o nosso desejo obstinado de formar narrativas coerentes (Heider e Simmel, 1944). Eles pediram a 34 alunos que observassem um pequeno filme de animação (veja a Figura 3.6) e então descrevessem o que aconteceu. O filme consistia em três formas geométricas – um triângulo grande, um triângulo pequeno e um círculo pequeno – que se moviam em várias velocidades e em diferentes direções por um retângulo. Todos os participantes, exceto um, acabaram descrevendo a cena que se desenrolou como uma história envolvendo personagens animados, e não simplesmente formas geométricas. Eles atribuíram emoções, personalidades e motivações humanas aos objetos do filme para explicar os movimentos, como o triângulo grande intimidando e perseguindo as outras formas. Na tentativa de compreender um conjunto diversificado de eventos, o Sistema 1 tenta conectar tudo em narrativas organizadas e plausíveis.

Figura 3.6 Formas geométricas do curta-metragem de Heider e Simmel

As três cenas são representativas de diferentes momentos do filme de animação de 1944 de Heider e Simmel. Todas as pessoas, exceto um dos participantes, compuseram uma narrativa para descrever os movimentos dos três objetos depois de assistirem ao curta-metragem.

Informações incorretas ou ausentes não impedem as tentativas do nosso cérebro de tirar conclusões precipitadas e de montar narrativas coerentes. Em 1994, os psicólogos Hollyn Johnson e Colleen Seifert realizaram um experimento no qual os participantes recebiam uma série de mensagens que descreviam um incêndio em um armazém (Johnson e Seifert, 1994). Em determinado ponto, os participantes foram informados de que um curto-circuito tinha ocorrido perto de um armário que supostamente continha materiais voláteis, como latas de tinta e cilindros de gás pressurizado. Depois, foram informados de que havia ocorrido um erro e que o armário estava vazio. Quando esses indivíduos foram questionados com uma série de perguntas sobre o incêndio, a maioria inferiu que os proprietários do armazém foram negligentes devido aos materiais voláteis, embora houvesse sido esclarecido que esses materiais nunca existiram (veja a Figura 3.7). Sem explicação melhor, os indivíduos inadvertidamente confiaram na desinformação para formarem uma narrativa para explicar o que aconteceu.

Figura 3.7 Cenário n. 1 de incêndio no armazém (com informações erradas)

Mesmo depois de terem sido informados de que o armário não continha materiais voláteis, os indivíduos se valeram dessa desinformação para construírem uma narrativa que explicasse o incêndio no armazém.

Em um segundo experimento de Johnson e Seifert, depois de serem alertados do erro, os participantes foram informados de que trapos encharcados de gás tinham sido encontrados num local suspeito. Neste segundo grupo, os indivíduos – quando questionados sobre o incêndio – já não se apegaram à desinformação sobre os materiais voláteis (veja a Figura 3.8). Eles tinham uma alternativa causal para formarem uma nova narrativa – seria um incêndio criminoso, em vez de negligência –, e a desinformação foi descartada. O estudo mostra que, mais do que simplesmente tentar esclarecer os fatos, devemos ajudar o público a montar uma história plausível com os novos dados. Quando informações cruciais são desconsideradas ou refutadas, as pessoas voltarão à narrativa original se ela lhes oferecer maior coerência.

Figura 3.8 Cenário n. 2 de incêndio no armazém (com informações erradas e causa alternativa)

Quando uma causa alternativa foi apresentada (materiais suspeitos), os indivíduos conseguiram abrir mão da desinformação relacionada aos materiais voláteis.

A necessidade de causalidade está profundamente enraizada em nosso DNA. Pesquisadores descobriram que somos capazes de ver uma sequência de eventos como um cenário de causa e efeito já aos 6 meses de idade (Leslie e Keeble, 1987). Resistir a essa tendência emocional de interpretação narrativa é lutar contra a natureza humana. As emoções são uma parte inata e inescapável da tomada de decisões e que, assim, não pode ser ignorada ou minimizada. Em vez de tentar mover ou marginalizar as emoções, devemos reconhecer sua presença e usá-las para nos conectarmos melhor com os outros. Voltando à analogia de *Jornada nas estrelas*, com o tempo o sr. Spock finalmente aprendeu a equilibrar a lógica e a emoção; e nós devemos fazer o mesmo com as nossas comunicações.

Como reagimos aos fatos

> *Não existem fatos, apenas interpretações.*
> FRIEDRICH NIETZSCHE, filósofo

Dependendo dos nossos conhecimentos e das nossas crenças existentes, tendemos a reagir de maneira diferente a novas informações. Quando recebemos novas evidências que se alinham com nosso ponto de vista atual, somos menos céticos e aceitamos melhor isso. Na verdade, podemos até experimentar uma onda de dopamina – um neurotransmissor associado ao nosso sistema de recompensa e ao prazer – quando encontramos dados confirmadores. Porém, quando encontramos fatos que desafiam as nossas crenças ou os nossos conhecimentos atuais, o nosso Sistema 2 se aciona e nos tornamos mais críticos e desconfiados dos novos dados. O psicólogo Daniel Gilbert usou um exemplo ilustrativo de como respondemos de maneira diferente aos dados dependendo de nossa concordância ou discordância com o que está sendo compartilhado.

> *Quando a nossa balança de banheiro nos dá más notícias, descemos dela e nos pesamos novamente, só para termos certeza de que não interpretamos mal o resultado, ou colocamos muita pressão em um pé. Quando a nossa balança traz boas notícias, sorrimos e vamos para o chuveiro. Aceitando acriticamente as evidências que nos agradam e relutando quando não agradam, inclinamos sutilmente a balança em nosso favor. (Gilbert, 2006)*

Em 1992, os psicólogos Peter Ditto e David Lopez estudaram esse comportamento com um experimento em que os alunos eram informados que seriam testados sobre a presença de uma enzima na saliva que, caso presente, transformaria um pedaço de papel amarelo em verde (Ditto e Lopez, 1992).

Metade dos participantes foi informada de que a ocorrência da enzima significava dez vezes *menos probabilidade* de desenvolver doenças pancreáticas; e a outra metade foi informada de que significava dez vezes *mais probabilidade* de ter distúrbios pancreáticos durante a vida. Os indivíduos que receberam o diagnóstico desfavorável eram mais propensos a questionar a precisão do teste e sugeriam que irregularidades como dieta, estresse ou problemas no padrão de sono poderiam ter afetado o resultado. O estudo mostrou que somos menos céticos quando as informações dão apoio a uma conclusão preferível, como sermos saudáveis em vez de potencialmente não sermos saudáveis. Só questionamos a precisão ou exigimos mais dados quando os fatos são inconsistentes com os nossos juízos preferidos.

Agora, nem todas as nossas crenças são igualmente importantes para nós. Em algumas situações, nos abrimos para novas informações caso reconheçamos que o nosso conhecimento está incorreto ou desatualizado. Por exemplo: há muito tempo se acredita que Napoleão Bonaparte, o líder militar francês do século XIX, era de estatura baixa. Depois que ele morreu, os médicos relataram que a altura dele era de 5 pés e 2 polegadas (1,70 metro). Porém, essa medição foi feita em unidades francesas, e não em unidades inglesas, menores. A altura dele seria de cerca de 5 pés e 7 polegadas em unidades inglesas ou imperiais, o que o tornaria um pouco mais alto do que o francês médio da época (5 pés e 5 polegadas, ou 1,65 metro) (Rodenberg, 2013). O mito da baixa estatura de Napoleão foi uma das primeiras formas de trollagem dos cartunistas políticos na Inglaterra, que gostavam de retratá-lo como uma criança birrenta, para grande aborrecimento do líder francês (Figura 3.9). Esse mal-entendido simples persiste há mais de 200 anos.

Para a maioria de nós, é fácil ajustar a nossa percepção da altura de Napoleão assim que somos apresentados a novos dados. Ninguém está muito emocionalmente ligado à altura do general francês. Porém, o mesmo não pode ser dito sobre dados que entram em conflito com a nossa visão de mundo, ou com as nossas crenças centrais, que muitas vezes são moldadas por visões culturais, religiosas ou políticas fortemente arraigadas. Na verdade, os pesquisadores descobriram que, nesses casos, podemos enxergar os dados discordantes como ameaças à nossa segurança física (Kaplan, Gimbel e Harris, 2016).

Figura 3.9 Caricatura de Napoleão à mesa com o primeiro-ministro britânico William Pitt

Fonte: https://commons.wikimedia.org/wiki/file:Caricature_gillray_plumpudding.jpg. Domínio público.

Essa ilustração do caricaturista inglês James Gillray (1756-1815) mostra que, para seu desgosto, Napoleão era retratado de maneira nada lisonjeira: baixinho e infantil.

Assim como o nosso Sistema 1 nos alerta para um perigo potencial quando percebemos um possível intruso em casa, ou quando encontramos um animal na selva, o nosso cérebro pode enxergar as evidências contrárias como uma ameaça igualmente imponente. Nesses casos, a nossa mente está preparada para se defender de informações conflitantes que possam perturbar ou prejudicar o nosso sistema de crenças.

Em 2004, o psicólogo Drew Westen realizou um estudo interessante com 30 indivíduos que se identificaram como republicanos ou democratas leais (Westen, Blagov, Harenski, Kilts e Hamann, 2007). Enquanto a atividade cerebral deles era escaneada com o uso de um equipamento de imagem de ressonância magnética funcional (fMrI), os participantes recebiam uma série de declarações contraditórias feitas por líderes políticos de cada partido. Os indivíduos conseguiam localizar facilmente as contradições na mensagem do candidato adversário, mas não percebiam inconsistências parecidas nas mensagens de seus próprios candidatos. Por exemplo, um apoiador democrata poderia ver claramente a contradição em um comentário conflitante feito pelo presidente republicano George W. Bush, mas não conseguia ver nada de incongruente nas observações inconsistentes feitas pelo senador democrata John Kerry. Embora a reação partidária dos participantes possa não ter sido muito surpreendente, o que as varreduras neurais revelaram sobre o processo de raciocínio deles foi de fato muito surpreendente.

Depois de inicialmente sentir alguma angústia devido aos dados conflitantes, sua mente rapidamente buscava racionalizar as novas informações e regular o fluxo de emoções negativas. Nenhuma das áreas associadas ao raciocínio consciente foi ativada (Sistema 2); e tudo ocorreu nos centros emocionais inconscientes (Sistema 1). O cérebro deles não apenas suprimia o fluxo de emoções negativas como também acionava os circuitos de recompensa, para reforçar positivamente as suas conclusões falsas e enviesadas. Esse processo é conhecido como *raciocínio motivado*. No ambiente político polarizado da atualidade, está se tornando cada vez mais difícil para as pessoas aceitarem fatos que não se alinhem com suas crenças pessoais, seus valores morais, ou sua identidade de grupo. O raciocínio motivado alimenta as teorias da conspiração e leva ao surgimento de "fatos alternativos" para apoiar conclusões duvidosas. Isso também explica o infeliz aumento do clamor das *fake news* quando os fatos objetivos são difíceis de engolir.

Nessas situações, a nossa tendência é lançar mais fatos e evidências contra pessoas que tenham pontos de vista e crenças fortemente opostos. Porém, em vez de enfraquecer a posição deles, podemos inadvertidamente reforçá-la com as nossas evidências conflitantes. Os psicólogos rotularam esse fenômeno como *efeito de tiro pela culatra*. Em um estudo de 2010, os cientistas políticos Brendan Nyhan e Jason Reifler apresentaram a diferentes indivíduos as falsas alegações de que armas de destruição em massa (ADM) foram encontradas no Iraque e que os cortes de impostos da era do presidente Bush levaram ao aumento das receitas do erário. Os participantes foram então expostos a informações corretivas, como a de que ADM nunca foram encontradas no Iraque e a de que as receitas fiscais nominais na verdade diminuíram drasticamente em proporção ao PIB nacional depois dos cortes de impostos de Bush. Dependendo da inclinação política dos participantes, eles concordavam ou discordavam das declarações enganosas e corretivas de acordo com a linha partidária. Curiosamente, o tiro pela culatra se deu quando os conservadores ficaram ainda mais convencidos de que os equívocos originais eram verdadeiros (Nyhan e Reifler, 2010).

Embora o conceito de efeito de tiro pela culatra de Nyhan e Reifler tenha ganhado popularidade, outros pesquisadores descobriram que esse viés cognitivo pode ser uma ocorrência mais rara do que comum (Wood e Porter, 2017). Independentemente disso, o *efeito de tiro pela culatra* representa apenas uma das muitas minas terrestres das quais você deve desviar quando tenta corrigir informações incorretas que possam estar conectadas à identidade ou às crenças essenciais de alguém.

Em outra pesquisa, Nyhan e Reifler descobriram uma estratégia capaz de reduzir consistentemente mal-entendidos errôneos: *o uso de tabelas ou gráficos* (Nyhan e Reifler, 2018). Em três experimentos, eles identificaram situações em que os indivíduos podem "não estar dispostos a reconhecer informações factuais que contradigam suas crenças preexistentes". Em dois estudos, gráficos de dados foram criados para destacar possíveis mal-entendidos relacionados a ações tomadas pelos presidentes dos EUA George W. Bush (aumento de tropas no Iraque em 2006) e Barack Obama (criação de empregos em 2010). Na comparação com os grupos de controle, os gráficos tiveram um impacto significativo na correção de pontos de vista mal informados. Por exemplo, para os desaprovadores de Obama no grupo de controle, mais de 80% acreditavam que Obama não conseguiu criar empregos em 2010. Porém, menos de 30% dos desaprovadores de Obama que viram o gráfico de dados se sentiram da mesma forma.

Em um terceiro experimento, os cientistas políticos quiseram comparar a eficácia da apresentação de dados graficamente e textualmente. Quando compartilharam um gráfico mostrando a mudança nas temperaturas médias globais e um parágrafo descrevendo a mesma variação de temperaturas, apenas o gráfico de dados foi capaz de diminuir as crenças falsas ou sem apoio em evidências.

Embora a visualização dos seus dados não vá corrigir as falsas crenças de todos, ela pode ser eficaz na redução de alguns déficits de informação. Embora as visualizações de dados possam ser úteis para a sua mensagem, é importante reconhecer que nem todos os gráficos são igualmente eficazes. Nos Capítulos 7 e 8, exploraremos com mais detalhes como criar recursos visuais que transmitam os pontos cruciais e venham a repercutir no público. Agora que você entende melhor como o público reage instintivamente aos dados, vamos examinar como ele responde à narrativa.

Como reagimos às histórias

A mente humana é um processador de histórias, não um processador lógico.
JONATHAN HAIDT, psicólogo social

Algo extraordinário acontece conosco quando ouvimos as simples palavras "era uma vez". Quando alguém compartilha uma história conosco, o nosso cérebro reage de maneira diferente do que faz diante de fatos. Se você recebesse um conjunto de informações factuais, uma varredura em seu cérebro revelaria atividade em duas áreas principais: as áreas de Broca e de Wernicke. Ambas as regiões do cérebro trabalham juntas para produzir e processar a linguagem. O nosso cérebro recebe os fatos como palavras e números, que são decodificados em significados, e nada mais. Uma história, porém, tem o poder de ativar mais do que apenas essas duas regiões do cérebro. Vários estudos descobriram que, para além dos centros de processamento da linguagem, a narrativa envolve outras regiões cerebrais, como aquelas associadas ao olfato, ao tato e ao movimento (veja a Figura 3.10). Por exemplo, palavras como "café" ou "perfume" ativam o seu córtex olfativo. Frases como "ele tinha mãos grossas como couro" despertam a região sensorial do seu cérebro. Frases como "Maria chutou a bola" envolvem partes do seu córtex motor ligadas aos movimentos das pernas (Paul, 2012). Basicamente: *ouvimos* estatísticas, mas *sentimos* histórias. A narrativa lhe oferece a oportunidade de envolver a mente de seu público em um nível mais profundo e abrangente do que os fatos jamais conseguiriam.

Figura 3.10 Formatos de comunicação e ativação do cérebro

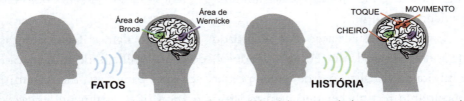

Os fatos ativam somente as áreas de Broca e Wernicke, associadas ao processamento da linguagem. Uma história, porém, pode despertar várias áreas sensoriais do cérebro.

Quando uma história é compartilhada, um padrão interessante surge no cérebro do contador de histórias e dos ouvintes: *eles sincronizam*. O neurocientista Uri Hasson realizou um experimento com 12 indivíduos conectados a equipamentos fMrI enquanto ouviam a história de 15 minutos de uma mulher sobre o desastre do baile de formatura de seu colégio, a qual envolvia namorados ciumentos, uma briga de socos e um acidente de carro. Hasson descobriu que o contador de histórias e os ouvintes compartilhavam atividades cerebrais muito semelhantes, embora a mulher estivesse produzindo a linguagem e os ouvintes a estivessem processando. Ele descreveu esse fenômeno como acoplamento neural, no qual as mentes do contador de histórias e de seu público se alinham ou se fundem (veja a Figura 3.11). Hasson descobriu que, quanto mais forte for o acoplamento entre as duas partes, melhor será a comunicação e mais profundo será o entendimento do público (Stephens, Silbert e Hasson, 2010). O estabelecimento de um terreno comum é importante para que o acoplamento ocorra, pois diferenças contextuais podem interferir na transmissão efetiva de ideias por meio da narrativa (Hasson, 2016). Porém, quando você consegue se conectar com o seu público por meio de histórias, abre caminho para a compreensão compartilhada.

Figura 3.11 O acoplamento neural sincroniza o ouvinte com o contador de histórias

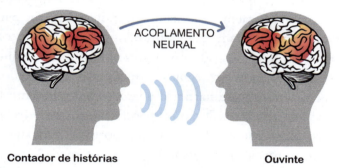

Uri Hasson descobriu que, quando compartilhamos histórias com outras pessoas, ocorre um acoplamento neural no qual a atividade cerebral do ouvinte reflete a do contador de histórias. O storytelling nos permite a conexão com o público e a transmissão de ideias com o público de maneira mais eficaz.

As histórias também têm o poder de mudar a química do cérebro. O neuroeconomista Paul Zak realizou uma pesquisa sobre o que acontece com as moléculas no cérebro quando escutamos uma história (Zak, 2012). Usando exames de sangue e imagens de ressonância magnética, ele analisou como os participantes de seus estudos reagiam a um curta-metragem sobre um menino de dois anos chamado Ben e seu pai. Ben é retratado como uma criança feliz e brincalhona; entretanto, nós vemos o pai de Ben lutando com o fato de saber que um tumor no cérebro está para tirar a vida de seu filho em questão de meses. Zak descobriu que, enquanto assistiam ao filme, o cérebro dos participantes produzia dois produtos químicos: *cortisol* e *oxitocina*. O cortisol tem sido referido como o "hormônio do estresse", por ser liberado quando sentimos angústia. Fluindo com a tensão em uma história, ele desempenha o valioso papel de focar e manter a atenção do público. A oxitocina é um hormônio associado à empatia e à confiança. Com níveis mais altos de oxitocina, o seu público se torna mais empático e conectado – a você e às suas ideias. Com 80% de precisão, Zak poderia, com base nos níveis de oxitocina, prever quem faria uma doação para uma instituição de caridade no final do estudo. O hormônio é fundamental para motivar as pessoas a trabalharem em conjunto e a agirem.

Sob a influência desses dois poderosos hormônios, o público pode entrar em um estado psicológico no qual é "transportado", ficando imerso na narrativa e menos conectado à realidade. No ano 2000, uma pesquisa dos psicólogos Melanie Green e Timothy Brock mostrou que, quanto mais os indivíduos eram transportados ou absorvidos por uma história, mais as suas crenças se alinhavam com aquelas expressas na história, independentemente de quais fossem anteriormente. Eles também observaram que participantes altamente transportados eram menos propensos a ver na história "notas falsas" – fatos contraditórios ou imprecisões. Mais do que criticar os detalhes, eles se empenharam em seguir o protagonista e o enredo da narrativa. Além disso, o transporte narrativo apareceu independentemente de a história ser classificada como ficção ou não ficção (Green e Brock, 2000). Outros pesquisadores descobriram que o transporte narrativo tem um efeito adormecido: ele se torna mais persuasivo com o tempo, à medida que as ideias e os fatos da história são integrados aos conhecimentos de trabalho e aos sistemas de crenças das pessoas (Appel e Richter, 2007). Claramente as histórias podem navegar pelo cérebro humano de modo a fazer com que fatos tropecem e caiam. Elas oferecem uma abordagem de encaminhamento potente e persuasiva, projetada para envolver mentes já preparadas para buscar e responder às narrativas.

As histórias também podem ajudar o público a entender uma lógica difícil de seguir ou compreender. Em 1966, o psicólogo inglês Peter Wason desenvolveu uma tarefa de seleção de quatro cartas que testava as habilidades de raciocínio dedutivo das pessoas. Uma variação das instruções da tarefa é a seguinte:

Um conjunto de quatro cartas é colocado sobre uma mesa (veja a Figura 3.12). Cada carta tem um número de um lado e uma cor do outro lado. Qual(is) carta(s) você precisa virar para verificar a seguinte proposição: se uma carta mostra um número par de um lado, então o lado oposto é vermelho?

Figura 3.12 Tarefa de Seleção de Wason

A maioria das pessoas não sabe qual(is) carta(s) precisam virar nesse exemplo da Tarefa de Seleção de Wason.

Wason descobriu que apenas 10% dos participantes conseguiam verificar as cartas corretas a serem viradas. Embora virar a carta "8" seja bastante óbvio para provar a proposição, virar a carta "azul" não é tão intuitivo, embora a existência de um número par no lado oposto refutasse a proposição efetuada. Porém, quando o Teste de Seleção de Wason foi colocado no contexto de uma narrativa relevante, de 65% a 75% dos participantes foram capazes de apontar as cartas certas a virar (Badcock, 2012). Por exemplo, no caso abaixo, a maioria dos participantes foi capaz de identificar as duas cartas que definitivamente precisavam ser viradas para garantir que apenas pessoas com mais de 21 anos estariam bebendo álcool num bar (neste caso, 16, cerveja).

Como bartender, você deve cumprir a regra de que, se alguém estiver bebendo cerveja, deve ter pelo menos 21 anos de idade. Cada uma das quatro cartas representa uma pessoa sentada à mesa. Cada carta mostra a idade e a bebida que eles estão bebendo (veja a Figura 3.13). Qual(is) carta(s) você precisa virar para verificar se a regra está sendo violada?

Figura 3.13 Tarefa de Seleção de Wason em forma de história

A Tarefa de Seleção de Wason se tornou mais fácil para as pessoas compreenderem quando foi estruturada como uma história relevante.

Colocar conceitos complexos ou difíceis em formato de história pode ajudar as pessoas a compreenderem mais facilmente o significado deles e a entenderem melhor os números. Embora contar histórias possa facilitar um melhor raciocínio, não basta simplesmente acrescentar uma história qualquer. A história deve ser relevante para o tópico; os pesquisadores descobriram que uma narrativa irrelevante e sem sentido não ajudou os participantes a terem sucesso no Teste de Seleção de Wason. Quando usadas com sabedoria, as histórias podem ajudar insights abstratos ou complexos a parecerem mais concretos e acessíveis para o público.

Tabela 3.1 Resumo: como reagimos a fatos *versus* histórias

	Reação aos fatos
1	**Nós examinamos principalmente fatos dos quais não gostamos.** Quando os fatos se alinham ao ponto de vista atual do público, este fica menos cético e aceita mais os dados.
2	**Podemos combater fatos conflitantes como uma ameaça física.** Os dados que desafiam as visões de mundo do público são frequentemente tratados pelo cérebro deste como uma ameaça à segurança física.
3	**O nosso cérebro pode distorcer ou negar fatos para apoiar os nossos vieses já existentes.** O raciocínio motivado leva o cérebro a reforçar positivamente conclusões falsas e enviesadas.
4	**Fatos corretivos podem potencialmente fortalecer nossa posição mal informada.** O efeito de tiro pela culatra pode ocorrer quando as informações corretivas reforçam, em vez de enfraquecer, as crenças mal informadas de um indivíduo.
5	**Quando os fatos são visualizados, é mais difícil para nós rejeitá-los.** As visualizações de dados são eficazes na redução dos déficits de informação para algumas pessoas.

	Reação às histórias
1	**As histórias engajam mais o nosso cérebro.** As histórias engajam mais áreas sensoriais do cérebro, além das duas associadas à produção e ao processamento da linguagem (as de Broca e de Wernicke).
2	**As histórias formam uma conexão única entre o contador de histórias e o ouvinte.** O acoplamento neural pode ocorrer quando a mente do contador de histórias e a do público refletem uma atividade cerebral semelhante.
3	**As histórias aumentam a nossa atenção e a nossa empatia.** As histórias fazem com que o cérebro dos membros do público libere dois hormônios – cortisol e oxitocina –, que aumentam a atenção, a empatia e o desejo de agir.
4	**As histórias nos tornam menos céticos e mais abertos a mudanças.** O transporte narrativo leva a menos críticas aos detalhes da história e modifica as crenças de modo que se alinhem com as da história.
5	**As histórias aumentam a nossa compreensão.** As histórias podem ajudar o público a compreender melhor conceitos difíceis ou complexos.

As histórias de dados são a ponte entre a lógica e a emoção

Uma história é um fato envolto em uma emoção que nos obriga a uma ação que transforma o mundo.
RICHARD MAXWELL, roteirista/produtor de TV,
e ROBERT DICKMAN, coach de executivos

Quando encontra e compartilha insights importantes, você deseja que eles sejam compreendidos e adotados pelo público-alvo. Porém, não importa quão fortes ou confiáveis sejam os seus dados, não há garantia de que repercutirão na mente das pessoas. Quando você compartilha novos fatos com um público, os dados devem atravessar os dois sistemas do cérebro. Você não estará envolvido apenas com o lado racional do cérebro (Sistema 2), mas também com o lado emocional (Sistema 1). É possível que as suas descobertas sejam rejeitadas inconscientemente pelo Sistema 1, emocional e intuitivo. Alternativamente, elas podem ser passadas ao Sistema 2, cético, para serem analisadas separadamente e para serem rejeitadas categoricamente. Quando tem uma apreciação mais profunda de como o cérebro processa os fatos e as histórias, você começa a ver como a combinação de ambos pode impactar positivamente o modo como os seus insights serão ouvidos, compreendidos e adotados.

O storytelling com dados fornece uma ponte entre os mundos da lógica e da emoção. A história de dados oferece uma passagem segura para os seus insights viajarem em meio a armadilhas emocionais e à resistência analítica que normalmente embaraça os fatos. Mais do que trabalharem *contra* o Sistema 1, as histórias trabalham *com* o lado emocional e intuitivo do cérebro, ajudando o Sistema 2 a considerar novos insights. Jonathan Gottschall, autor de *The Storytelling Animal*, ressaltou a influência única que as histórias têm sobre nós com a seguinte afirmação:

> Quando lemos argumentos factuais áridos, lemos com os punhos erguidos. Nós somos críticos e céticos. Mas, quando estamos absortos em uma história, baixamos a nossa guarda intelectual. Nós somos movidos emocionalmente, e isso parece nos deixar indefesos. (Gottschall, 2012)

Para reformular o que Gottschall observou, quando as pessoas são abordadas com fatos, elas reagem levantando seus escudos para proteger seus pontos de vista e não ser enganadas. Porém, a presença de uma história faz com que elas abaixem reflexivamente esses escudos e não assumam posturas defensivas que possam dificultar a transmissão de novas informações. Algumas pessoas compararam o poder persuasivo oculto das histórias (o apelo ao *pathos*) com um cavalo de Troia (Guber, 2013). Embora a história possa atuar como um poderoso agente condutor no compartilhamento de fatos, *a intenção do storytelling com dados nunca deve ser a de enganar o público*. Assim como forjar dados é inaceitável, usar a narrativa de maneira manipulativa é irresponsável. Em vez disso, o storytelling com dados deve ser visto como um meio de tornar os insights mais compatíveis com a mente humana e mais conducentes à compreensão e retenção.

Mais do que comparar o storytelling com um conto grego de mentiras e decepção, eu prefiro relacioná-lo a uma via para veículos com alta ocupação (VAO) de uma grande cidade. Se fosse o responsável pelo transporte de mercadorias em uma cidade agitada e congestionada, você aproveitaria a chance de usar as faixas expressas tanto quanto possível, para evitar congestionamento e lentidão nas estradas. Não apenas os tempos das viagens seriam reduzidos como as viagens seriam muito menos estressantes. O cérebro humano é semelhante a uma grande cidade, com uma rede de vias interconectadas, que controlam um fluxo pesado e constante de sinais que se movem entre diferentes sistemas. Como as pessoas são naturalmente condicionadas a responder às histórias, existem caminhos especialmente disponíveis para as histórias os quais facilitam o transporte do conhecimento. Quando tem insights importantes para compartilhar, você deseja acessar essas vias expressas cognitivas e para tanto, conta uma história com os seus dados (veja a Figura 3.14). Sem o storytelling com dados, os seus insights são deixados aos caprichos do processamento rotineiro de informações desconhecidas pelos Sistemas 1 e 2, o que pode levar a atrasos, desvios e bloqueios de rotas indesejados para as suas ideias.

Em 2011, John Cook, do site Skeptical Science, e o psicólogo Stephan Lewandowsky publicaram um curto e prático guia sobre como combater a desinformação e o *efeito de tiro pela culatra*, chamado The Debunker's Handbook (Cook e Lewandowsky, 2011). No guia, eles exploram por que as pessoas nem sempre processam informações de maneira racional, e por que pode ser difícil para elas modificarem seus conhecimentos existentes. Embora a intenção original do livro fosse ajudar a lidar com a negação das mudanças climáticas, seus conceitos podem ser aplicados a uma série de mitos ou de ideias equivocadas.

Figura 3.14 A história de dados se aproveita da via expressa do cérebro para narrativas

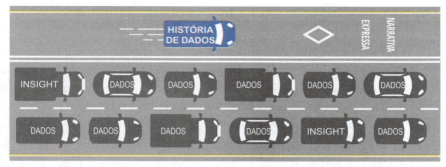

Quando compartilha insights com histórias de dados, você é capaz de tirar proveito da via expressa especial que o cérebro reserva para a narrativa.

Duas ferramentas principais nesse manual ressaltam a importância do storytelling com dados. Primeiro, ao procurar corrigir um mito ou uma ideia equivocada, você deve tentar ativamente criar uma narrativa alternativa dos seus novos fatos (veja a Figura 3.15). Caso contrário, o público ficará com um vão em seu modelo mental no lugar em que o mito foi desmascarado, porém sem nada para preenchê-lo. Como o público prefere um modelo incorreto a um incompleto, o storytelling com dados pode ajudar organizando os novos fatos em uma narrativa plausível para preencher a lacuna cognitiva do raciocínio. Nesse caso, a expressão "cuidado com o vão entre o trem e a plataforma" não se aplica apenas ao metrô: ela também vale para o compartilhamento de novos insights.

Figura 3.15 Os fatos devem ser acompanhados por uma narrativa de apoio

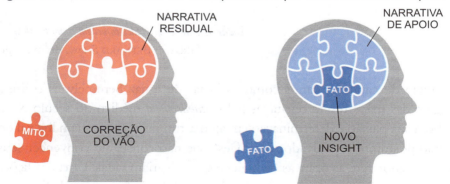

Quando você corrige e desaloja um mito, a narrativa residual pode continuar sendo problemática. Portanto, você também precisa fornecer uma nova narrativa de apoio que contenha o seu novo insight.

Em segundo lugar, Cook e Lewandowsky destacaram o importante papel que os gráficos desempenham em desfazer desinformação em relação a outras abordagens, como o texto ou a fala. Em seu manual, eles afirmam:

> Quando as pessoas leem uma refutação que entra em conflito com suas crenças, elas se agarram às ambiguidades para construírem uma interpretação alternativa. Os gráficos fornecem mais clareza e menos oportunidade para interpretações equivocadas. (Cook e Lewandowsky, 2011)

Quando você usa recursos visuais para contar a sua história de dados, os seus insights se tornam mais claros e mais concretos para o público. Embora os indivíduos possam tentar interpretar os dados visualizados de várias maneiras, geralmente há menos espaço para que tirem conclusões equivocadas. Por exemplo, em um estudo de Lewandowsky, ele descobriu que, quando os dados de temperatura da superfície foram visualizados, os indivíduos julgaram corretamente uma tendência de aquecimento, independentemente de suas atitudes pessoais em relação ao aquecimento global (Lewandowsky, 2011). Ao aproveitar o poder do storytelling com dados lançando mão de dados, narrativas *e* recursos visuais, você oferece aos seus insights a melhor chance possível de superar resistências e gerar mudanças. A história de dados tem uma possibilidade maior de atingir o coração – e não apenas a mente – das pessoas, de estimulá-las a agir.

O que Semmelweis poderia ter feito de diferente?

Todas as grandes verdades começam como blasfêmias.
GEORGE BERNARD SHAW, dramaturgo

No início do capítulo, vimos como as ideias de Ignaz Semmelweis sobre a lavagem das mãos foram rejeitadas pelo *establishment* médico do século XIX. Embora sua paixão e determinação em ajudar futuras mães tenham lhe valido o título póstumo de "Salvador das Mães", ele não conseguiu convencer seus colegas a adotarem as práticas de higiene que salvariam vidas. Uma das lições que podemos aprender com o desafio de Semmelweis é a necessidade de comunicar de maneira eficaz os insights. Em retrospectiva, fica fácil criticar os erros que ele cometeu há mais de 150 anos – com o passar do tempo, certamente perdemos o contexto das lutas políticas e dos egos profissionais que o médico húngaro enfrentou na comunidade médica de Viena –, porém eu acredito que os princípios do storytelling com dados poderiam tê-lo ajudado em suas tentativas de mudar as práticas médicas perigosas que estavam custando a vida de tantas jovens mães.

Do ponto de vista da perspectiva da narrativa, Semmelweis poderia ter tentado humanizar os seus dados para o público, porque estatísticas perspicazes por si só não persuadem mentes céticas. O médico versado em dados perdeu a oportunidade de formular os resultados da lavagem de mãos na forma de uma história de dados convincente, que poderia se conectar com seus colegas médicos no nível emocional (apelando ao *pathos*). Ele poderia ter contado a história de Sophie, uma jovem mãe de dois filhos pequenos, pobre, mas saudável, que chegou ao hospital esperando o terceiro filho. Em vez de voltar para casa dois dias depois com sua linda menina recém-nascida, os corpos sem vida de Sophie e da filha se tornaram lembretes do sacrifício diário infligido pela febre puerperal. Sophie poderia ter sido uma paciente real que a equipe de médicos residentes de Semmelweis encontrou na maternidade de Viena ou uma personagem representativa que encarnasse as muitas mulheres que estavam perdendo desnecessariamente a vida devido a essa doença evitável.

Em vez de ver a morte das mulheres como uma consequência infeliz, mas natural de seu trabalho, ele poderia ter advertido os colegas obstetras a se lembrarem das pobres mulheres por trás das estatísticas frias e sem rosto. Sophie não era apenas mais uma vítima de febre puerperal, mas também uma mãe, esposa e filha que tinha outras pessoas para cuidar e amar. A história de Sophie poderia tocar os médicos do sexo masculino caso eles contemplassem a ideia de perder inesperadamente a própria esposa, irmã ou filha para essa doença medonha. Com os dados sobre as mortes por febre puerperal (1841-1846), Semmelweis poderia ter extrapolado a quantidade de vidas que teriam sido salvas se a clínica dos médicos tivesse o mesmo índice de mortalidade que a clínica das parteiras (3,9% e não 9,9%), ou seja, mais de 1.200 mulheres! Só o médico mais frio e insensível não sentiria interesse em explorar as ideias de Semmelweis, com seu potencial para salvar a vida das mulheres. Algumas pessoas podem questionar o uso de uma abordagem narrativa com conteúdo mais técnico, como nas descobertas médicas. Porém, em um estudo de mais de 700 artigos de periódicos científicos, os pesquisadores descobriram que o estilo narrativo era mais influente (citado com mais frequência) do que uma abordagem expositiva mais tradicional (Hillier, Kelly e Klinger, 2016).

Do ponto de vista dos recursos visuais, Semmelweis perdeu a oportunidade de ajudar a dar vida aos seus insights por meio de visualizações de dados. Quando o médico húngaro publicou seu livro, ele incluiu mais de 60 tabelas de dados, *sem um único gráfico de dados*. Em vez de participar do que se convencionou considerar a "era de ouro" dos gráficos estatísticos modernos, em meados de 1800, Semmelweis se aferrou às tabelas de dados tradicionais para transmitir suas descobertas (Friendly, 2008). Embora tivesse matéria-prima para muitos recursos visuais poderosos, ele se contentou com o que era familiar e fácil de produzir. Falhou ao não perceber como um gráfico bem projetado poderia tornar os seus insights ainda mais salientes do que o que poderia alcançar com linhas e colunas de dados.

Por exemplo, Semmelweis usou uma tabela de dados detalhada para comparar os índices de mortalidade por febre puerperal da maternidade em Viena com uma similar em Dublin durante um período de 65 anos (veja a Figura 3.16). Ele queria destacar o impacto que a introdução da prática de autópsias patológicas em 1823 teve no aumento dos índices de mortalidade no hospital

Figura 3.16 Índices de mortalidade por febre puerperal: Viena *versus* Dublin (1784-1849)

	Dublin Maternity Hospital			Viennese Maternity Hospital		
	Births	Deaths	Rate	Births	Deaths	Rate
				BEFORE SEPARATION OF CLINICS Before Pathological Anatomy		
1784	1,261	11	0.87	284	6	2.11
1785	1,292	8	0.61	899	13	1.44
1786	1,351	8	0.59	1,151	5	0.43
1787	1,347	10	0.74	1,407	5	0.35
1788	1,469	23	1.56	1,425	5	0.35
1789	1,435	25	1.74	1,246	7	0.56
1790	1,546	12	0.77	1,326	10	0.75
1791	1,602	25	1.56	1,395	8	0.57
1792	1,631	10	0.61	1,579	14	0.88
1793	1,747	19	1.08	1,684	44	2.61
1794	1,543	20	1.29	1,768	7	0.39
1795	1,503	7	0.46	1,798	38	2.11
1796	1,621	10	0.61	1,904	22	1.15
1797	1,712	13	0.75	2,012	5	0.24
1798	1,604	8	0.49	2,046	5	0.24
1799	1,537	10	0.65	2,067	20	0.96
1800	1,837	18	0.97	2,070	41	1.98
1801	1,725	30	1.73	2,106	17	0.80
1802	1,985	26	1.30	2,346	9	0.38
1803	2,028	44	2.16	2,215	16	0.72
1804	1,915	16	0.83	2,022	8	0.39
1805	2,220	12	0.54	2,112	9	0.42
1806	2,406	23	0.95	1,875	13	0.69
1807	2,511	12	0.47	925	6	0.64
1808	2,665	13	0.48	855	7	0.81
1809	2,889	21	0.72	912	13	1.42
1810	2,854	29	1.01	744	6	0.80
1811	2,561	24	0.93	1,050	20	1.90
1812	2,676	43	1.60	1,419	9	0.63
1813	2,484	62	2.49	1,945	21	1.07
1814	2,508	25	0.99	2,062	66	3.20
1815	3,075	17	0.55	2,591	19	0.73
1816	3,314	18	0.54	2,410	12	0.49
1817	3,473	32	0.92	2,735	25	0.91
1818	3,539	56	1.58	2,568	56	2.18
1819	3,197	94	2.94	3,089	154	4.98
1820	2,458	70	2.84	2,998	75	2.50
1821	2,849	22	0.77	3,294	55	1.66
1822	2,675	12	0.44	3,066	26	0.84
				After Pathological Anatomy		
1823	2,584	59	2.28	2,872	214	7.45
1824	2,446	20	0.81	2,911	144	4.94
1825	2,740	26	0.94	2,594	229	8.82
1826	2,440	81	3.31	2,359	192	8.13
1827	2,550	33	1.29	2,367	51	2.15
1828	2,856	43	1.50	2,833	101	3.56
1829	2,141	34	1.58	3,012	140	4.64
1830	2,288	12	0.52	2,797	111	3.96
1831	2,176	12	0.55	3,353	222	6.62
1832	2,242	12	0.53	3,331	105	3.15
				AFTER SEPARATION OF CLINICS Males and Females in Both		
1833	2,138	12	0.56	3,737	197	5.27
1834	2,024	34	1.67	2,657	205	7.71
1835	1,902	34	1.78	2,573	143	5.55
1836	1,810	36	1.98	2,677	200	7.47
1837	1,833	24	1.30	2,765	251	9.07
1838	2,126	45	2.11	2,987	91	3.04
1839	1,951	25	1.28	2,781	151	5.42
1840	1,521	26	1.70	2,889	267	9.24
				Males in First Clinic Only		
1841	2,003	23	1.14	3,036	237	7.80
1842	2,171	21	0.96	3,287	518	15.75
1843	2,210	22	0.99	3,060	274	8.95
1844	2,288	14	0.61	3,157	260	8.23
1845	1,411	35	2.48	3,492	241	6.90
1846	2,025	17	0.83	4,010	459	11.44
				Chlorine Washings Used in Physcians' Clinic		
1847	1,703	47	2.75	3,490	176	5.04
1848	1,816	35	1.92	3,556	45	1.26
1849	2,063	38	1.84	3,858	103	2.66
Total	141,903	1,758		153,841	6,224	
Avg.			1.21			4.04

Fonte: adaptada de Semmelweis (1861).

Semmelweis confiou muito em tabelas de dados como essa para apoiar seus argumentos. Essa tabela de dados compara os índices de mortalidade da clínica da maternidade de Dublin (Dublin Maternity Hospital) com as da clínica da maternidade de Viena (Viennese Maternity Hospital) ao longo de um período de 65 anos.

de Viena. A maternidade de Dublin não seguia nenhuma prática de treinamento semelhante com seus obstetras, e seu índice de mortalidade ultrapassou 3% em apenas uma ocasião (1826). Embora a tabela de dados de Semmelweis mostre que o índice de mortalidade na maternidade de Viena chegou a 15,8% em 1842, a grande diferença entre os dois hospitais não é tão clara sem a ajuda do gráfico da série temporal (veja a Figura 3.17). Mesmo que a tabela de dados contenha todos os pontos de dados relevantes, a representação visual dos dados é o que ajuda a contar a história letal das práticas obstétricas anti-higiênicas. Na maioria das situações, os gráficos de dados devem ocupar o centro das histórias de dados, e as tabelas de dados complexas devem aparecer apenas nos apêndices para ser acessadas quando necessário.

Figura 3.17 Índices de mortalidade por febre puerperal: Viena *versus* Dublin

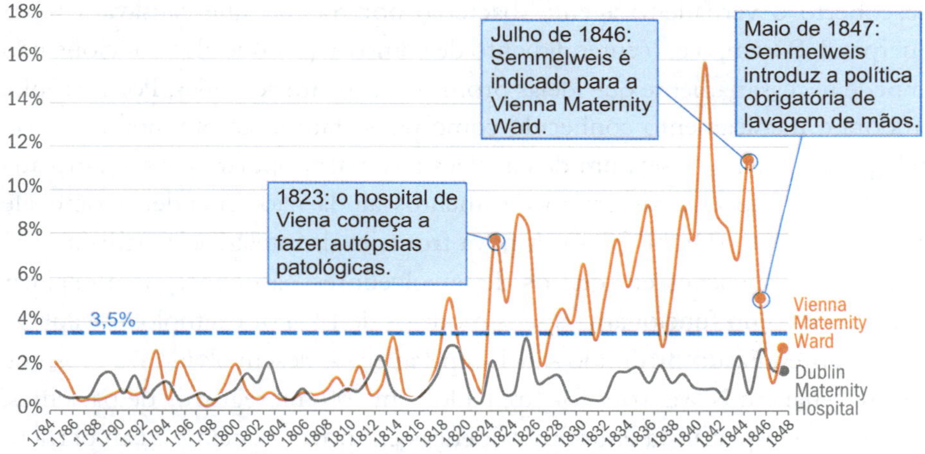

Até 1823, quando o hospital de Viena introduziu a prática das autópsias patológicas, os dois hospitais tinham índices de mortalidade por febre puerperal semelhantes. Quando comparada com a apresentação dos dados tabulados na Figura 3.16, essa representação visual dá mais sustentação à conclusão de Semmelweis de que o foco da universidade na autópsia era um fator que contribuía para as mortes por febre puerperal no hospital de Viena.

Semmelweis compilou uma série de evidências convincentes para dar sustentação ao seu argumento de que práticas adequadas de lavagem das mãos poderiam reduzir significativamente a ocorrência da febre puerperal. Infelizmente, seus esforços para persuadir uma comunidade médica cética foram ineficazes. Com poucos adeptos, Semmelweis foi amplamente ignorado e esquecido pelo campo da obstetrícia. Em contraste, foi o cirurgião britânico Joseph Lister (1827-1912) quem inaugurou a era da medicina antisséptica, no final da década de 1870. Inspiradas e amparadas pelas descobertas da teoria dos germes de Louis Pasteur, as ideias de antissepsia de Lister enfrentaram ceticismo e resistência semelhantes por parte da comunidade médica tradicional. Porém, elas começaram a ganhar aceitação quando outros cirurgiões, na Alemanha e na Dinamarca, perceberam resultados notáveis seguindo suas técnicas. Em Munique, um hospital conseguiu reduzir drasticamente o índice de infecção pós-operatória de 80% para quase zero (Schlich, 2013). Depois de direcionar suas ideias de forma paciente e consistente por mais de uma década, Lister foi capaz de testemunhar a ampla aceitação delas em vida, um resultado que infelizmente escapou a Semmelweis.

Algumas pessoas podem atribuir ao médico húngaro a falha de não ter descoberto o verdadeiro agente (bactéria) por trás do que causava a febre puerperal. Porém, o não entendimento de como ou por que algo funciona não impede necessariamente que ideias promissoras sejam adotadas. Por exemplo, embora o medicamento conhecido como paracetamol (acetaminofeno) – ou pela marca Tylenol – seja um dos analgésicos mais populares desde a década de 1950, os especialistas em medicamentos ainda não entendem como ele funciona de fato (Drahl, 2014). A nova fronteira da inteligência artificial (IA) já apresenta situações em que os desenvolvedores não conseguem explicar totalmente como funcionam os seus modelos de IA. Por exemplo, um aplicativo de aprendizado profundo – o Deep Patient – desenvolvido no Hospital Mount Sinai em Nova York foi "treinado" em 700 mil registros de pacientes, tornando-se especialista em prever doenças em novos pacientes. Em particular, seus criadores descobriram que ele poderia antecipar inexplicavelmente transtornos psiquiátricos como a esquizofrenia, que são "notoriamente difíceis de serem previstos pelos médicos" (Knight, 2017). Embora seja reconfortante entender completamente por que algo funciona, a importância dos resultados positivos é sempre maior.

Infelizmente, a comunicação ruim foi um dos principais motivos pelos quais as ideias de Semmelweis jamais foram adotadas. Apesar da força das evidências empíricas e dos resultados positivos de suas práticas de lavagem das mãos, ele não foi capaz de convencer os colegas obstetras a adotarem ou mesmo a testarem suas descobertas. Caso Semmelweis tivesse sido capaz de contar uma história mais persuasiva com seus números, quem sabe quantas vidas poderiam ter sido salvas, incluindo, talvez, a dele próprio?

Sempre que temos a sorte de encontrar um insight valioso, temos a responsabilidade, como administradores ou guardiões, de vê-lo realizar todo seu potencial. Todavia, um insight na mente de uma única pessoa pode realizar muito pouco: na maioria dos casos, ele precisa ser compartilhado com outras pessoas – e adotado por elas – para atingir seu pleno potencial. Ao combinar os dados com a narrativa e os recursos visuais, você prepara o seu insight para a difícil jornada pela mente humana tanto no Sistema 1 como no Sistema 2. O storytelling com dados não apenas apresenta as informações de uma forma compatível com a tendência natural do cérebro a buscar narrativas, como também desperta no público o desejo de agir. O filósofo grego Plutarco observou: "A mente não é um vaso para ser enchido, mas um fogo para ser aceso". Uma história de dados bem elaborada pode ser a própria centelha, ou o catalisador psicológico, de que você precisa para gerar a mudança que está procurando realizar.

Referências

Appel, M. e Richter, T. 2007. Persuasive effects of fictional narratives increase over time. *Media Psychology* 10(1):113-134.

Badcock, C. 2012. Making sense of Wason. *Psychology Today*, 5 de maio. https://www.psychologytoday.com/us/blog/the-imprinted-brain/201205/making-sense-wason.

Cook, J. e Lewandowsky, S. 2011. *The Debunking Handbook*. St. Lucia, Australia: University of Queensland.

Damásio, A. 2009. When emotions make better decisions. Entrevista no Aspen Ideas Festival, em Aspen, CO, Estados Unidos (4 de julho). https://www.youtube.com/watch?v=1wup_K2WN0I.

Ditto, P. H. e Lopez, D. F. 1992. Motivated skepticism: Use of differential decision criteria for preferred and nonpreferred conclusions. *Journal of Personality and Social Psychology* 63(4):568-584.

Drahl, C. 2014. How does acetaminophen work? Researchers still aren't sure. *Chemical & Engineering News* 92(29):31-32. https://cen.acs.org/articles/92/i29/Does-Acetaminophen-Work-Researchers-Still.html.

Emory University Health Sciences Center. 2006. Emory study lights up the political brain. *Science Daily*, 31 de janeiro. https://www.sciencedaily.com/releases/2006/01/060131092225.htm.

Friendly, M. 2008. A brief history of data visualization. In *Handbook of Data Visualization*. Berlin Heidelberg: Springer-Verlag.

Gilbert, D. 2006. I'm O.K., you're biased. *New York Times*, 16 de abril. https://www.nytimes.com/2006/04/16/opinion/im-ok-yourebiased.html.

Gottschall, J. 2012. Why storytelling is the ultimate weapon. *Fast Company*, 2 de maio. https://www.fastcompany.com/1680581/whystorytelling-is-the-ultimate-weapon.

Green, M. C. e Brock, T. C. 2000. The role of transportation in the persuasiveness of public narratives. *Journal of Personality and Social Psychology* 79(5):701-721.

Guber, P. 2013. *Tell to Win: Connect, Persuade, and Triumph with the Hidden Power of Story*. New York: Crown.

Hasson, U. 2016. This is your brain on communication. https://www.ted.com/talks/uri_hasson_this_is_your_brain_on_communication/transcript#t-3558 (acessado em 16 de maio de 2019).

Heider, F. e Simmel, M. 1944. An experimental study of apparent behaviour. *American Journal of Psychology* 57:243-259.

Hillier, A., Kelly, R. P. e Klinger, T. 2016. Narrative style influences citation frequency in climate change science. *PLoS ONE* 11(12). https://doi.org/10.1371/journal.pone.0167983.

Johnson, H. M. e Seifert, C. M. 1994. Sources of the continued influence effect: When misinformation in memory affects later inferences. *Journal of Experimental Psychology: Learning, Memory, and Cognition* 20(6):1.420-1.436.

Kahneman, D. 2011. *Thinking, Fast and Slow*. New York: Farrar, Straus and Giroux.

Kaplan, J. T., Gimbel, S. I. e Harris, S. 2016. Neural correlates of maintaining one's political beliefs in the face of counterevidence. *Scientific Reports*, 6 de dezembro. doi: 10.1038/srep39589.

Knight, W. 2017. The dark secret at the heart of AI. *MIT Technology Review*, 11 de abril. https://www.technologyreview.com/s/604087/the-dark-secret-at-the-heart-of-ai/.

Leslie, A. M. e Keeble, S. 1987. Do six-month-old infants perceive causality? *Cognition* 25(3):265-288.

Lewandowsky, S. 2011. Popular consensus: Climate change set to continue. *Psychological Science* 22:460-463.

Nyhan, B. e Reifler, J. 2010. When corrections fail: The persistence of political misperceptions. *Political Behavior* 32(2):303-330.

Nyhan, B. e Reifler, J. 2018. The roles of information deficits and identity threat in the prevalence of misperceptions. *Journal of Elections Public Opinion and Parties* 29(2):1-23.

Paul, A. 2012. Your brain on fiction. *New York Times*, 18 de março. https://www.nytimes.com/2012/03/18/opinion/sunday/the-neuroscienceof-your-brain-on-fiction.html.

Rodenberg, M. 2013. How tall (short) was Napoleon Bonaparte? *Finding Napoleon*, 24 de outubro. http://www.mrodenberg.com/2013/10/24/how-tall-short-was-napoleon-bonaparte/.

Schlich, T. 2013. Farmer to industrialist: Lister's antisepsis and the making of modern surgery in Germany. *The Royal Society Journal of the History of Science*, 29 de maio. http://rsnr.royalsocietypublishing.org/content/67/3/245.

Semmelweis, I. 1861. *The Etiology, Concept, and Prophylaxis of Childbed Fever* (trad. C. Carter). Madison, WI: University of Wisconsin Press.

Stephens, G. J., Silbert, L. J. e Hasson, U. 2010. Speaker-listener neural coupling underlies successful communication. *Proceedings of the National Academy of Sciences of the United States of America* 107:14.425-14.430. doi: 10.1073/pnas.1008662107.

Westen, D., Blagov, P. S., Harenski, K., Kilts, C. e Hamann, S. 2007. The neural basis of motivated reasoning: An fMRI study of emotional constraints on political judgment during the US Presidential Election of 2004. *Journal of Cognitive Neuroscience* 18:1.947-1.958.

Wood, T. e Porter, E. 2019. The elusive backfire effect: Mass attitudes' steadfast factual adherence. *Political Behavior* 41(1):135. https://doi.org/10.1007/s11109-018-9443-y.

Zak, P. 2012. Empathy, neurochemistry, and the dramatic arc: Paul Zak at the Future of Storytelling 2012. https://www.youtube.com/watch?v=q1a7tiA1Qzo (acessado em 16 de maio de 2019).

4
A anatomia de uma história de dados

As histórias de dados combinam as visualizações com o fluxo narrativo. Essa combinação pode romper as barreiras entre os indivíduos e os dados, engajando os primeiros e mergulhando mais profundamente nos últimos.
JAMES RICHARDSON, diretor de pesquisas da Gartner

UM ANTIGO CONTO POPULAR JUDAICO, que data do século XI, capta a essência do motivo pelo qual devemos contar histórias junto com os nossos insights.

> A Verdade, nua e crua, foi rejeitada em todas as portas da aldeia. Sua nudez assustava as pessoas. Quando Parábola a encontrou, ela estava encolhida num canto, tremendo de frio, e faminta. Com pena, Parábola recolheu-a e levou-a para casa. Lá, ela vestiu Verdade de história, aqueceu-a e mandou-a sair novamente. Vestida de história, a Verdade bateu de novo nas portas dos aldeões, e foi prontamente acolhida nas casas das pessoas, que a convidam para comer em suas mesas, e a se aquecer em suas lareiras. (Simmons, 2009)

Assim como a *Verdade* nessa alegoria, fatos frios e duros são frequentemente descartados ou ignorados. Porém, da mesma forma como *Parábola* ajudou *Verdade* a ter acesso às casas dos moradores, as histórias podem ajudar os insights a entrarem na mente do seu público. Na verdade, a narrativa e os recursos visuais ajudam os seus dados a irem a lugares aos quais eles não conseguem ir sozinhos.

Nos primeiros capítulos, explorei o *motivo* pelo qual a combinação de dados e narrativa é tão poderosa. Agora, quero mudar o foco para o *que* exatamente é uma história de dados, antes de mergulhar em *como* contar histórias de dados. Sem o entendimento claro do que é uma história de dados, você terá mais desafios para elaborar uma que seja eficaz. À medida que a história de dados cresce em popularidade, cresce também o uso indevido do termo, o que pode ser um obstáculo para compreender o que realmente é uma história de dados. Com muita frequência, o storytelling com dados é posicionado por vários fornecedores e especialistas de tecnologia como sinônimo de visualização de dados. Essa perspectiva errônea significa que qualquer comunicação de dados que envolva a visualização de dados em alguma forma gráfica ou pictórica se torna uma história de dados. Então, nós nos vemos cercados por "histórias de dados" conforme dados visuais são cada vez mais compartilhados conosco de várias maneiras: apresentações de dados, relatórios, painéis, infográficos, aplicativos interativos, gráficos de dados autônomos, alertas, e assim por diante. Porém, a mera presença de uma visualização de dados não significa que uma história de dados está sendo contada, ou mesmo que se pretende contar uma. *A visualização de dados por si só não é storytelling com dados.*

Embora os recursos visuais sejam parte essencial do storytelling com dados, as visualizações de dados podem servir para uma variedade de propósitos, da análise à comunicação, e até mesmo à arte. A maioria dos gráficos de dados são projetados para disseminar informações de maneira visual. Apenas um subconjunto de composições de dados concentra o foco na apresentação de insights específicos, em oposição à mera apresentação de informações

Figura 4.1 O *continuum* da contação da história de dados

Se uma comunicação de dados contiver mais atributos do lado direito do *continuum* do storytelling com dados, provavelmente será mais adequada para contar uma história de dados. Se tiver mais atributos do lado esquerdo, pode não ser tão adequada para o storytelling com dados.

gerais. Quando a maioria das composições de dados combina visualizações e texto, pode ser difícil discernir se um determinado cenário cai no reino do storytelling com dados ou não. O seguinte *continuum* (veja a Figura 4.1) apresenta cinco pares de atributos cruciais que podem ajudá-lo a identificar situações nas quais o storytelling com dados faz ou não sentido:

- **Informativo *versus* esclarecedor.** Muitas pessoas veem essas duas palavras como sinônimos e as usam de forma intercambiável. Porém, quando você examina suas definições, descobre que elas são complementares, mas significam coisas diferentes. *Informativo* se define por fornecer informações interessantes ou úteis. Já *esclarecedor* vai além de ser informativo, e se define por exibir uma percepção ou compreensão clara e profunda. A sua comunicação de dados pode ser muito informativa, repleta de muitas informações fascinantes ou úteis; mas isso não significa que produzirá insights específicos. Com o conteúdo informativo, você escolhe amplitude, em vez de profundidade. Em contraste, quando você tem um insight claro e distinto, a sua mensagem pode ter mais foco, e pode ser mais facilmente transformada em uma história de dados envolvente.

- **Exploratório *versus* explicativo.** Em alguns casos, você pode fornecer ao seu público visualizações de dados interativas que permitem que os indivíduos explorem os dados por si próprios. Em vez de fornecer um conjunto predeterminado de descobertas, você dá ao público a liberdade de filtrar e interagir com os dados para que descubra os seus próprios insights. Quando os usuários finais controlam o modo como visualizam os dados, você não pode antecipar quais insights específicos eles descobrirão. Embora os casos de uso exploratório sejam frequentemente comparados aos livros-jogos de crianças do tipo "escolha a sua própria aventura", isso é uma falsa analogia que implica que há uma narrativa. O público não está escolhendo entre narrativas de dados alternativas, mas apenas entre diferentes fatias ou cortes de um conjunto de dados. Por outro lado, quando você tem em mente um insight específico, é muito mais fácil explicar, na forma de uma história de dados, qual é o seu insight, e por qual motivo ele é importante.

- **Abstrato *versus* concreto.** Em alguns casos, você pode decidir compartilhar uma ampla gama de informações, porém não deseja encaminhar o seu público para uma direção específica, ou para uma conclusão específica. Quando você mantém os dados mais abstratos, os libera para serem interpretados de várias maneiras. Porém, ao deixar aberta a possibilidade de se ter várias interpretações, você abdica da capacidade de contar uma história de dados específica. Em algumas situações, essa compensação pode ser desejável, pois você não deseja limitar as maneiras como os dados podem ser interpretados. Em contraste, quando os insights em sua composição de dados são mais concretos e específicos, é muito mais fácil construir uma história de dados coerente, pois você está destacando uma visão particular dos dados.

- **Contínuo *versus* finito.** Muitas comunicações de dados, como os painéis automatizados, são configuradas para atualização constante de novas informações, conforme elas se tornam disponíveis. Como uma câmera CCTV ou um canal de TV sempre ligado, os painéis automatizados estão constantemente transmitindo novas informações. As visualizações de dados mudam continuamente para refletir as tendências mais recentes. Consequentemente, resultados interessantes podem ir e vir. A natureza transitória dos dados torna difícil o storytelling. A qualquer momento, você pode ter vários insights potenciais implorando por mais atenção e por maior exploração, ou até mesmo nenhum. Para captar um insight antes que ele desapareça, geralmente você precisa tirar fotos instantâneas dos dados, como faria com uma câmera. Ao captar esses momentos fixos, você é capaz de analisar o que está acontecendo e examinar o insight em um nível muito mais profundo.

- **Automatizado *versus* com curadoria.** Cada vez mais, estamos nos tornando dependentes de relatórios e painéis automatizados para podermos gerir e navegar pela grande quantidade de dados que permeiam as nossas vidas diárias. Embora essas composições de dados automatizadas tentem exibir informações de maneiras significativas, muitas vezes podem perder, ou não compreender totalmente, o significado de certos insights. Embora as inovações em inteligência artificial desenvolvam continuamente a capacidade dos computadores, a maior parte da responsabilidade por identificar os sinais cruciais no ruído das informações ainda recai sobre nós, seres humanos. Para divulgar uma história e adaptá-la para um público específico, os dados geralmente precisam ser selecionados por mãos humanas. *Fazer a curadoria* significa "selecionar, organizar e apresentar informações ou conteúdo, normalmente usando conhecimento profissional ou especializado"

(Oxford, 2019). Apesar de a tecnologia lidar facilmente com a detecção automatizada de anomalias nos dados, bem como com a disseminação automatizada de informações, ela pode se debater na identificação e comunicação de insights verdadeiramente significativos. Assim, muitas vezes, necessita-se de intervenção humana capacitada para montar e tecer narrativas visuais significativas de insights importantes.

O storytelling com dados representa um aspecto de um processo de análise mais amplo pelo qual passamos para converter dados em ação. Obviamente, antes de comunicar o insight, você deve encontrá-lo. Muitas composições de dados que criamos nos ajudam – ou ajudam outras pessoas – a analisar dados e apontar insights significativos. A maioria dos itens do lado esquerdo do *continuum* da contação da história de dados está associada a essa etapa inicial, de *demarcação da história* (veja a Figura 4.1). Com a demarcação da história, você destila a vasta quantidade de dados para obter um conjunto mais direcionado de métricas e dimensões importantes (veja a Figura 4.2).

Figura 4.2 A jornada da análise: da demarcação à contação da história

Embora possam parecer semelhantes, pois ambas aproveitam as visualizações de dados, a *demarcação da história* serve para um propósito diferente do da narrativa. Ela tenta criar uma janela para as informações cruciais, de modo que os insights potenciais possam emergir dos dados. A *contação da história* é apropriada quando você deseja explicar um insight específico para um público.

Ao limitar quais dados estão no foco e ao escolher como eles serão visualizados, você demarca as histórias potenciais que podem surgir dos dados. Por exemplo, se você construísse um infográfico que comparasse o preço de vários veículos de acordo com a economia de combustível e com os dados da classificação de segurança, levaria as pessoas a insights diferentes do que se o foco dos dados fosse aceleração e potência. O foco da demarcação da história é basicamente o fornecimento de informações úteis para o público, que podem ou não se traduzir em descobertas significativas.

Porém, uma vez tendo uma descoberta importante que precisa ser explicada aos outros, você passa da demarcação da história para a contação da história. Uma abordagem diferente é necessária para que o storytelling dê ao público-alvo uma compreensão sólida do insight em questão e o obrigue a agir de acordo com ele. O *storytelling com dados* pode ser definido como uma abordagem estruturada para a comunicação de insights de dados com o uso de elementos narrativos e de recursos visuais explicativos. Com base nessa compreensão e definição, vamos dar uma olhada mais cuidadosa na anatomia de uma história de dados.

Os seis elementos essenciais de uma história de dados

> *Uma história não é um acúmulo de informações amarradas em uma narrativa, mas um arranjo de eventos que leve a um clímax significativo.*
> ROBERT MCKEE, autor e especialista em roteiros

Quando você está cercado por histórias de todo tipo e as consome constantemente, pode ser difícil fazer uma pausa para pensar no que faz de uma história uma... história. As pessoas costumam recorrer a histórias literárias e noticiosas como estruturas de referência do que seria uma história. Porém, essas duas formas de história podem, na verdade, contrastar nitidamente uma com a outra. Embora o jornalismo narrativo encontrado na revista *The New Yorker* ou no programa *60 Minutes* da CBS possa espelhar muitos aspectos das histórias literárias, a maioria das histórias de notícias concentra o foco em informar o público com uma abordagem de cima para baixo, baseada em fatos, que normalmente segue o *método da pirâmide invertida*. Durante o século passado, os jornalistas colocavam as informações mais interessantes, o *lead*, no início de um artigo, seguidas das informações subsequentemente mais importantes, até os detalhes menos importantes no final (veja a Figura 4.3). Esse método permite que os artigos sobre notícias captem rapidamente a atenção do leitor e torna mais fácil para os editores o corte dos detalhes menos importantes, para que o artigo caiba em um espaço menor, se necessário.

Figura 4.3 Comparação de formatos: histórias de notícias e histórias literárias

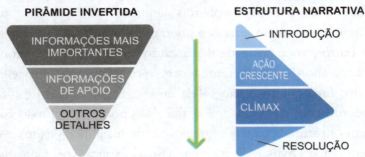

A abordagem da pirâmide invertida apresenta as informações mais importantes no início, enquanto uma estrutura narrativa tradicional se desenvolve de modo que as informações mais importantes sejam acompanhadas de um clímax.

Quando essa abordagem é aplicada aos dados, o público tem as informações mais relevantes desde o início da comunicação. Tal formato pode tornar mais fácil – para um público ocupado e impaciente – a ação de examinar rapidamente os fatos e determinar se existe neles algo de relevante ou significativo. Em contraste, com a estrutura narrativa tradicional, o público tem que esperar que a história chegue a um clímax significativo antes de saber do que se trata. Embora a abordagem da pirâmide invertida do jornalismo possa parecer uma ótima ideia, ela tem um preço. Ao não seguir a estrutura narrativa tradicional, você abdica do poder emocional que pode ser obtido quando se conta uma história dessa maneira familiar. Basicamente, você tem o oposto de uma história: você tem uma *anti-história*.

Se a sua meta é repassar informações rapidamente, como em situações de demarcação de histórias, a abordagem da pirâmide invertida pode ser eficaz. Ela resume as informações críticas no início de modo que o público pode então decidir se deseja ou não passar tempo vasculhando os detalhes de apoio. Porém, se o objetivo principal é explicar o insight e envolver o público, a abordagem da pirâmide invertida não é capaz de fazer frente ao poder da estrutura narrativa tradicional. Quando o seu conteúdo envolve o público, este retém melhor as informações, com maior probabilidade de agir de acordo com elas. Assim, em vez de usar uma notícia como arquétipo para definir o que é uma história de dados, eu vou confiar na história literária como o nosso modelo.

Antes de pular para os elementos específicos de uma história de dados, devemos esclarecer a definição de uma história literária típica. A Wikipédia define a história, ou narrativa, como "um relato de eventos conectados, reais ou imaginários, apresentados em uma sequência de palavras escritas ou faladas, ou de imagens estáticas ou em movimento, ou de ambas" (Wikipedia, 2019). Quando considera os livros de J. K. Rowling, as peças de William Shakespeare ou os filmes de Steven Spielberg, alguém pode questionar se as histórias baseadas em dados se equiparam em qualquer aspecto a tais obras. Porém, as histórias de dados têm mais em comum com essas outras formas de histórias do que se pode imaginar. Muitos atributos encontrados em obras da literatura, do teatro e do cinema podem estar presentes também nas histórias de dados. Você verá características comuns nos seis elementos essenciais a seguir que definem a história de dados.

Figura 4.4 Elementos essenciais em uma história de dados

Existem seis elementos essenciais em uma história de dados.

Primeiro elemento: fundamento dos dados

A única característica que separa a história de dados das histórias de outros tipos é sua base fundamental em dados. Embora as outras histórias possam ter vários fatos espalhados ao longo delas, só as histórias de dados são inteiramente derivadas de dados. Não me gabo de muitas coisas, mas devo dizer que faço biscoitos com gotas de chocolate deliciosos. Assim como a qualidade de um bom biscoito de chocolate depende da concentração e da qualidade do conteúdo de chocolate, uma história de dados depende de uma fundamentação em fatos. Os blocos de construção de qualquer história de dados são dados quantitativos ou qualitativos, quase sempre resultantes de análises ou observações criteriosas. Como toda história de dados é formada a partir de uma coletânea de fatos, cada uma representa uma obra de não ficção. Embora alguma criatividade seja usada na maneira como a história é estruturada e fornecida, a verdadeira história de dados não se afasta muito dos seus fundamentos factuais. Além disso, a qualidade e a confiabilidade dos dados determinam quão realista e poderosa será a história dos dados. No próximo capítulo, examinarei mais profundamente como os dados servem de base para a sua história de dados.

Segundo elemento: ponto principal

Na clássica comédia *Antes só do que mal acompanhado* (1987), de John Hughes, o ator Steve Martin interpreta um executivo atormentado que fica preso durante a viagem para casa na véspera do Dia de Ação de Graças. O personagem está preso a um companheiro de viagem indesejado, um vendedor ambulante tagarela, interpretado por John Candy. Em determinado ponto, o personagem de Martin dá um feedback direto ao personagem de Candy sobre sua propensão a compartilhar piadas inúteis:

> Como você sabe, nem tudo é piada. Você tem que discriminar. Você escolhe coisas engraçadas, ligeiramente divertidas ou interessantes. Você é um milagre! As suas histórias não têm nada disso. Elas não são engraçadas nem por acidente! [...] Eis uma boa ideia para quando você for contar essas historinhas: tenha um ponto. Isso as torna muito mais interessantes para o ouvinte!

Da mesma forma, uma história de dados deve ter um insight ou uma ideia central: *ela deve ter um ponto principal*. Embora você certamente possa compartilhar fatos diferentes em uma história de dados, todos eles devem apoiar algum insight abrangente. Ao colocar o foco sobre um ponto principal, você garante que a sua história de dados tenha um propósito claro (apelo ao *telos*).

Uma coletânea aleatória de fatos interessantes porém desconexos se ressentirá da falta do tema unificador que caracteriza uma história de dados: ela poderá ser informativa, porém não será esclarecedora. Por exemplo, você pode ter descoberto uma série de falhas nos processos de contratação da sua empresa. Todas essas observações podem ser amarradas no insight geral de que, se não forem tratados, esses procedimentos de contratação incorretos acabarão impedindo o crescimento da empresa este ano. Qualquer insight adicional que não se relacione com essa mensagem central vai apenas prejudicá-la.

Certa vez, o escritor americano Mark Twain disse: "Um conto deve realizar alguma coisa, e chegar a algum lugar". O objetivo final, ou o destino pretendido, de uma história de dados é guiar o público a uma melhor compreensão e apreciação do ponto principal, ou insight, o qual esperamos que leve a discussões, ações e mudanças. Porém, se tiver várias descobertas divergentes e tentar combiná-las em uma história de dados única, você correrá o risco de confundir o público ou sobrecarregá-lo com muita informação. Para contar uma história de dados coesa, você deve priorizar e limitar aquilo que é o seu foco. Às vezes, um insight merece uma história de dados própria, em vez de ser anexado à narrativa de outro insight.

Terceiro elemento: foco explicativo

Toda história de dados deve ter uma ênfase explicativa. Frequentemente, as pessoas cometem o erro de apenas descreverem os dados, ou os insights. Ser *descritivo*, porém, não é o mesmo que ser *explicativo*. Se você olhar mais de perto as definições de *descrever* e *explicar*, existe uma diferença sutil, mas importante.

> *Descrever: representar ou prestar contas, em palavras ou imagens.*
> *Explicar: tornar claro ou esclarecer; tornar compreensível ou inteligível.*

Quando descreve algo, você fornece detalhes a respeito dos elementos ou das características desse algo, especialmente relacionados a *quem, por que, quando* e *onde*. Porém, quando explica algo, você dá um passo além de esclarecer o insight a fim de garantir que ele seja compreendido pelo público. O foco explicativo significa sempre ajudar o público a interpretar os dados, detalhando os aspectos do *como* e do *porquê*. Por exemplo, no final de cada romance de mistério, investigadores particulares como Sherlock Holmes ou Hercule Poirot não apenas desvendam quem cometeu o crime, mas também revelam os métodos (*como*) e as motivações (*por que*) dos perpetradores.

Da mesma forma, uma história de dados deve ir além dos detalhes descritivos, buscando esclarecer como e por que algo ocorreu (ou ocorrerá). Por exemplo, saber que as vendas caíram 35% ano a ano no último trimestre é algo informativo, mas não esclarecedor. Quando explica como erros de marketing recentes e movimentos agressivos dos concorrentes contribuíram para essa queda de 35% nas vendas, você ajuda o público a entender melhor contextualmente o que está por trás da queda nas vendas, e como é possível corrigi-la. A história de dados se baseia em raciocínio analítico mais profundo do que a mera apresentação dos detalhes em nível superficial.

Também é significativamente mais desafiador ser explicativo do que apenas descritivo. Nem sempre temos explicações claras e organizadas sobre por que ou como as coisas aconteceram de determinada maneira. Haverá algum grau de incerteza e especulação. Como contador de histórias de dados, você precisa se sentir confortável ao compartilhar um ponto de vista com base nas melhores informações disponíveis.

Quarto elemento: sequência linear

Cada história de dados segue uma sequência linear na qual os pontos dos dados de apoio são construídos uns sobre os outros, até que um ponto principal

– ou uma conclusão – seja alcançado. A definição geral de uma história é: "o relato de uma série de eventos causalmente relacionados ou conectados". Em uma história, alguma coisa notável acontece, desencadeando um efeito sobre alguém ou alguma outra coisa: causa e efeito. Por exemplo, na popular história infantil *O Mágico de Oz*, a protagonista Dorothy Gale encontra uma sequência interessante de eventos: um tornado a transporta para uma terra estranha, ela recebe um par de sapatos mágicos, conhece alguns companheiros de viagem enquanto viaja pela Estrada dos Tijolos Amarelos, um mago envia ela e seus amigos em uma missão e eles derretem uma bruxa má com um balde de água (veja a Figura 4.5). De forma independente, esses eventos interessantes não significariam muita coisa, mas sequencialmente eles criam um conto de fadas poderoso, amado por várias gerações.

Figura 4.5 História: uma sequência linear de eventos

A maioria das histórias literárias, como *O Mágico de Oz*, escrito por L. Frank Baum, apresenta uma sequência linear de eventos. Da mesma forma, seus principais pontos de dados devem ser apresentados de forma sequencial, criando apoio para o insight central.

No caso das histórias de dados, você revela uma série de pontos de dados de apoio que levam ao insight central. Em vez de as informações serem descarregadas de uma vez sobre o público, os dados são expostos em etapas. Cada novo detalhe deve se basear nos anteriores e, por meio desse processo sequencial, o público desenvolve progressivamente uma apreciação da oportunidade ou da questão central. Dependendo de como você compartilha os dados, o layout ou fluxo da apresentação deve fornecer um caminho claro, sequencial, para o público seguir os seus pontos. Se está usando uma apresentação para compartilhar insights, você controla como os dados são revelados ao público. Com um relatório enviado por e-mail, você se escora mais na formatação, na hierarquia e em outros aspectos do layout para guiar os destinatários pela sequência da história.

Quinto elemento: elementos dramáticos

O início do filme de animação *Up – Altas aventuras*, da Pixar (2009), apresenta uma montagem magistralmente construída que mostra a tocante relação amorosa entre o personagem principal, Carl, e sua esposa, Ellie. Em cinco minutos, aprendemos muita coisa sobre a vida de Carl por meio de uma série de cenas comoventes que se espalham por 60 anos. Usando várias técnicas dramáticas, inclusive música sem diálogos, Pete Docter e Bob Peterson, os diretores de *Up*, construíram a cena de modo que o público se afeiçoasse de alguém que de outra forma seria considerado um velho rabugento (veja a Figura 4.6).

Figura 4.6 Montagem da memorável abertura do filme *Up – Altas aventuras*, da Pixar

No filme *Up*, da Pixar, um curta-montagem de 5 minutos no início nos apresenta o personagem principal, Carl. Sem essas informações básicas sobre o relacionamento dele com sua esposa, Ellie, poderíamos ter uma opinião muito diferente sobre Carl. Ao fornecer o contexto ou as informações básicas sobre os seus insights, você ajuda o público a ter plena apreciação do valor deles.

As histórias de dados lançam mão de fundamentos dramáticos – cenário, enredo, personagens, e assim por diante – semelhantes aos usados na literatura e no cinema. Nas histórias de dados, a aplicação desses elementos pode não ser a mesma ou tão óbvia, mas é igualmente importante. Assim como os diretores de *Up* estabeleceram o cenário da história com amplas informações de fundo, você também deve fornecer detalhes contextuais suficientes para que o seu público compreenda adequadamente os seus insights. Para configurar uma história de dados, você pode precisar que o público entenda o período de tempo, as fontes de dados, o desempenho passado e outros detalhes do contexto. Por exemplo, um valor de US$ 2 milhões em vendas no último trimestre pode ser ruim ou excelente dependendo dos resultados de vendas no mesmo trimestre do ano anterior.

Do ponto de vista do enredo, *bons* escritores e diretores jamais incluem eventos aleatórios, não relacionados com suas histórias. Cada evento serve para um propósito no avanço da história e no desenvolvimento dos personagens. Do mesmo modo, a maneira como você estrutura e faz a sequência das informações forma a espinha dorsal da sua história de dados. Às vezes, aquilo que é deixado de fora é tão crítico para o sucesso da história quanto o que é incluído. Embora você talvez não acredite que uma história de dados possa ter personagens, geralmente os dados que estão sendo analisados são sobre pessoas: clientes, clientes em potencial, funcionários, parceiros, alunos, pacientes, eleitores, e assim por diante. Ao destacar as pessoas por trás dos números, você acrescenta uma perspectiva humana mais identificável à sua história de dados. Quanto mais você incorpora elementos dramáticos à sua história de dados, mais envolvente ela se torna para o público em nível emocional. No Capítulo 6, explorarei as diferentes maneiras como esses elementos dramáticos se unem para formar uma estrutura narrativa para a história de dados.

Sexto elemento: âncoras visuais

No final da década de 1920, a indústria cinematográfica fez a transição dos filmes mudos para o cinema falado. Muitas pessoas não sabem que os primeiros dez filmes do influente cineasta inglês Alfred Hitchcock foram, na verdade, filmes mudos, os quais lhe permitiram aprimorar suas habilidades visuais de storytelling. Hitchcock acreditava que "o cinema mudo era a forma mais pura de cinema", porque os cineastas eram forçados a confiar apenas nas imagens – e não no som – para desenvolver a narrativa. Embora nem todas as formas literárias de história exijam imagens visuais, as histórias de dados geralmente devem ser ancoradas visualmente. Como os seres humanos são criaturas visuais, as representações visuais dos dados acabam sendo mais poderosas do que as palavras ou os números isoladamente.

Mark Twain deu conselhos a outros escritores quando falou: "Não digam que a senhora idosa gritou. Coloquem-na em cena, e deixem que ela grite". Embora os gráficos de dados quase sempre sejam usados no processo de análise que revela os insights, eles também podem desempenhar um papel fundamental para explicá-los. Como as estatísticas brutas são complexas e difíceis de entender, a visualização dos números pode torná-las mais acessíveis e consumíveis para o público (veja a Figura 4.7). As visualizações de dados podem ajudar as pessoas a ver padrões, tendências e anomalias nos dados os quais, sem elas, se perderiam. Além disso, outras formas de imagens podem ser usadas para complementar e aprimorar o storytelling. Por exemplo, ícones podem ser usados para criar atalhos mentais no público, fotos podem acrescentar ênfase emocional aos principais pontos de dados. Nos Capítulos 7 e 8, mostrarei como as imagens moldam as cenas críticas da história de dados.

Figura 4.7 Os recursos visuais podem ajudar os seus dados a falar (talvez até a gritar)

Seguindo o argumento de Mark Twain de que é melhor colocar em cena a senhora idosa e "deixar que ela grite" do que afirmar que "a senhora idosa gritou", quase sempre é muito mais atraente exibir visualmente os dados do que meramente afirmá-los.

Todos esses seis elementos são essenciais para a criação de uma história de dados eficaz. Se você ignorar qualquer um dos componentes – e não importa quão atraentes ou interessantes sejam os seus dados –, os resultados da sua análise acabarão sendo apenas informações, e você perderá os muitos benefícios que podem ser obtidos quando os dados são integrados em uma história. Agora, algumas histórias de dados se aderem mais íntima e profundamente aos seis elementos do que outras; as mais abrangentes serão mais parecidas com as histórias literárias, enquanto aquelas com uma dose mais leve dos seis elementos podem se beneficiar de uma entonação um tanto mais "dramática" na apresentação.

As histórias de dados vêm em todos os formatos e tamanhos

> *As histórias são ajudantes da memória, manuais de instrução e bússolas morais.*
> ALEKS KROTOSKI, psicólogo e jornalista

Assim como todo insight é ligeiramente diferente, cada história de dados será única. Não existe um comprimento definido para a duração de uma história de dados, porque ele dependerá das informações a serem compartilhadas. Idealmente, você deve se esforçar para contar a história de dados da maneira mais concisa e clara possível. Assim, em última instância, são a natureza da sua descoberta e o público-alvo pretendido que determinarão a amplitude e a profundidade da narrativa.

Frequentemente, o método de divulgação que você escolhe molda e influencia até que ponto você é capaz de contar bem uma história com os seus dados. Embora tenhamos muitas maneiras diferentes de compartilhar informações, nem todas são igualmente adequadas para o storytelling com dados, e algumas podem ser mais voltadas para a demarcação de histórias. Usando a estrutura descrita anteriormente, você pode ver como certos tipos de comunicação de dados brigam para atender a todos os critérios essenciais (Figura 4.8).

Figura 4.8 Métodos de comunicação de dados pelo uso dos seis elementos da história de dados

	FUNDAMENTO DOS DADOS	PONTO PRINCIPAL	FOCO EXPLICATIVO	SEQUÊNCIA LINEAR	ELEMENTOS DRAMÁTICOS	ÂNCORAS VISUAIS	
Apresentações de dados	Sim	Talvez	Frequente	Frequente	Talvez	Sim	Com curadoria
Painéis (*dashboards*) e relatórios com curadoria	Sim	Talvez	Frequente	Talvez	Talvez	Sim	
Infográficos	Sim	Talvez	Talvez	Talvez	Talvez	Sim	
Visualizações de dados	Sim	Talvez	Talvez	Talvez	Talvez	Sim	
Relatórios automatizados	Sim	Não	Não	Não	Não	Sim	
Painéis automatizados	Sim	Não	Não	Não	Não	Sim	
Alertas	Sim	Sim	Não	Não	Não	Talvez	Automatizado

Todas essas comunicações são baseadas em dados, mas nem todas elas são igualmente propícias ao storytelling com dados.

92

Atualmente, as formas automatizadas de comunicação de dados (perto da parte inferior da tabela) não permitem o uso de alguns dos elementos essenciais de uma história de dados. No futuro, veremos um influxo de inteligência artificial e de aprendizagem de máquina tentando preencher essa lacuna; mas levará algum tempo até que a narrativa possa ser totalmente automatizada de maneira significativa, se é que isso acontecerá. Embora a tecnologia possa fazer se desenvolver significativamente no aprimoramento da demarcação da história, é muito cedo para dizer qual papel ela desempenhará no storytelling com dados em si. Por exemplo, um painel automatizado pode destacar anomalias aleatórias nos dados; mas nenhuma narrativa realmente surge até que alguém (ou algum agente inteligente) conecte os pontos e interprete o que está acontecendo.

> No campo do jornalismo de dados, novas formas interativas de storytelling com dados surgiram sob a forma de *scrollers* (por rolagem) e *steppers* (por etapas, ou passo a passo). Os *scrollers* – às vezes chamados de *scrollytelling* ou storytelling por rolagem – revelam o conteúdo enquanto o usuário percorre a página. A publicação digital *The Pudding* (https://pudding.cool) apresenta uma variedade de *scrollers* ou "ensaios visuais" sobre uma ampla gama de tópicos culturais. Os *steppers* exigem que o usuário clique nas etapas ou cenas de uma história e são bastante populares nos principais sites de mídia, como *New York Times*, *Wall Street Journal* e *Vox*. Ambos os formatos interativos mantêm uma sequência linear, o que é essencial para a história de dados, mas podem ser desafiadores na hora de projetar e executar.

No caso dos infográficos e das visualizações de dados, a profundidade limitada e, às vezes, a natureza estática do conteúdo podem tornar mais desafiador o atendimento de todos os critérios. Um dos exemplos mais conhecidos de um infográfico eficaz é o mapa da campanha de Napoleão na Rússia, em 1812, feito por Charles Joseph Minard (Figura 4.9). Esse engenheiro civil francês aposentado fez uma nítida descrição da desastrosa marcha do general francês para a Rússia. O seu mapa temático foi referido como "o melhor gráfico estatístico já desenhado" pelo aclamado designer de informações Edward Tufte (2001). Minard combinou habilmente vários tipos de dados – de geografia, tempo, temperatura, distância, movimento de tropas e tamanho do exército – em um único gráfico bidimensional. O fluxo sequencial e o rico contexto da visualização ajudam a contar a história do alto preço pago pelo erro militar de Napoleão ao invadir a Rússia. Embora nem todos os assuntos exijam visualizações de dados intrincadas como esse, a contação de uma história de dados multifacetada requer planejamento e habilidade para ser realizada. Muitas visualizações de dados e muitos infográficos modernos vêm carregados de informações, mas não conseguem o que Minard fez em 1869, um ano antes de morrer aos 89 anos!

Figura 4.9 Mapa temático da campanha russa de Napoleão em 1812

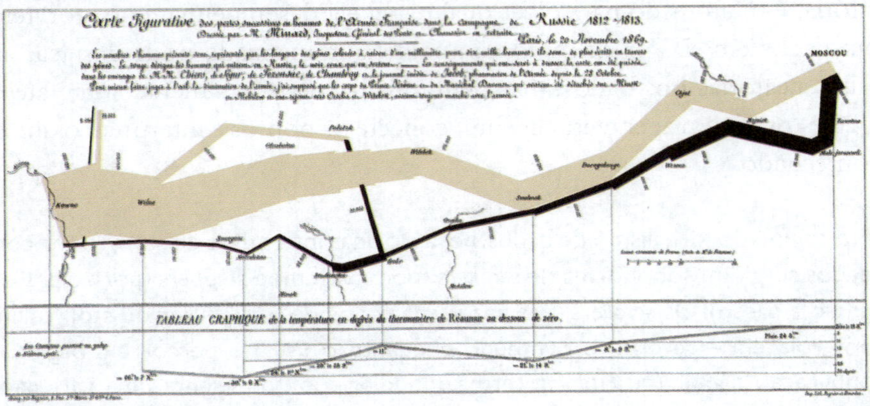

Fonte: https://en.wikipedia.org/wiki/File:Minard.png. Domínio público.
Em 1869, Charles Joseph Minard, engenheiro civil francês aposentado, produziu esse mapa temático da infame campanha russa de Napoleão em 1812, destacando a catastrófica perda de vidas do exército francês.

As opções com curadoria mais humana, como apresentações de dados ou relatórios manuais, oferecem maior potencial de alinhamento com os elementos da história de dados. Elas são menos confinadas em termos de espaço e oferecem mais flexibilidade para sequenciar e anotar os insights conforme necessário. Porém, apesar dessas vantagens inerentes às histórias contadas, essas comunicações de dados raramente acabam se parecendo com histórias. Em vez disso, frequentemente se utiliza mal ou se abusa da capacidade de transmitir níveis ricos de informações, resultando em despejos de dados indesejados. Um insight simples pode exigir não mais do que uma visualização de dados simples e direta para contar uma história. Os especialistas em visualização de dados, como Minard, são capazes de espremer histórias de dados elaboradas em espaços mais confinados. Porém, na maioria dos casos, insights complexos exigem abordagens mais robustas para formarem histórias atraentes. Em última análise, a história de dados e sua divulgação são fortemente influenciadas por dois fatores cruciais: o *contador de histórias* e o *público*.

Toda história de dados precisa de um contador de histórias

Toda história é complicada, até encontrar o contador de histórias certo.
Anônimo

No capítulo anterior, vimos que o médico húngaro Ignaz Semmelweis não conseguiu transformar sua descoberta, que salvava vidas, em uma história de dados convincente. Ninguém pode questionar a dedicação dele à profissão médica, nem sua paixão por ajudar a salvar vidas de jovens mães. Porém, ele falhou em compreender como fazer eficazmente a comunicação de seus insights aos outros. Durante esse mesmo período, dois médicos ingleses procuraram promover suas próprias descobertas que salvavam vidas. Assim como Semmelweis, cada um desses indivíduos demonstrava aptidão para estatísticas e aplicava essa habilidade analítica à profissão médica. Porém, ao contrário de Semmelweis, eles identificaram maneiras de compartilhar ideias visualmente com outras pessoas, para ver tais ideias abraçadas e adotadas. Esses dois indivíduos acabaram se tornando pioneiros no uso das visualizações de dados – em vez de usarem apenas as tabelas de dados típicas – para explicar seus insights críticos. Ambos foram capazes de efetuar mudanças significativas em seus respectivos campos, e muito do sucesso que alcançaram pode ser atribuído à capacidade de contar uma história convincente com os dados de que dispunham.

Um desses dois contadores de histórias de dados foi Florence Nightingale (1820-1910), considerada a fundadora da enfermagem moderna, e também uma estatística habilidosa. Durante o início da Guerra da Crimeia (1853-1856), as reportagens sobre o horrendo tratamento dispensado aos soldados feridos geraram indignação pública, e o governo britânico ficou ansioso para resolver o problema. Nightingale foi convidada a liderar um grupo de 38 enfermeiras para melhorar as condições precárias em um hospital do exército britânico em Scutari, na Turquia. A equipe de enfermagem dela encontrou o que Nightingale chamou de "reino do inferno", um hospital imundo, superlotado, que carecia de suprimentos médicos básicos, saneamento adequado e práticas de registro confiáveis. Apesar de alguma resistência inicial da sobrecarregada equipe médica do sexo masculino, Nightingale e suas enfermeiras colocaram em ação várias mudanças na limpeza, no saneamento, na ventilação, na nutrição etc., o que definitivamente reduziu o índice de mortalidade de 42% para 2% (Wikipedia, 2019).

Figura 4.10 Florence Nightingale (1820-1910)

Fonte: *Florence Nightingale*. Gravura, 1872, segundo A. Chappel. Crédito: Wellcome Collection. CC BY.

Em 1856, Nightingale retornou à Inglaterra como heroína nacional, sendo anunciada como "a dama com a lâmpada" na cobertura da imprensa inglesa. A fama garantiu-lhe uma audiência com a rainha Vitória. Nessa reunião, Nightingale conseguiu que uma Comissão Real examinasse, em 1857, a saúde do exército britânico. Trabalhando com o maior estatístico da Inglaterra, William Farr, ela descobriu que os soldados britânicos, com idades entre 20 e 35 anos, tinham, em tempos de paz, um índice de mortalidade que era o dobro do índice de civis, devido a condições de vida pouco higiênicas. Na Crimeia, Nightingale tinha testemunhado em primeira mão a devastação provocada por condições nada higiênicas, já que os soldados tinham dez vezes mais probabilidade de morrer de doenças contagiosas, como febre tifoide, cólera e disenteria, do que de ferimentos em combate. Para introduzir reformas de saneamento, ela precisava ser capaz de convencer os oficiais do exército, os funcionários do governo e o público em geral do mérito dessas ações.

Para ajudar públicos geralmente menos alfabetizados em dados, Nightingale criou uma série de visualizações de dados, inclusive o famoso diagrama da calota polar (Figura 4.11), para descrever as causas de morte dos soldados britânicos que lutavam na Guerra da Crimeia. Nightingale sabia que a representação visual das estatísticas poderia ser mais persuasiva e que os gráficos de dados poderiam "afetar, através dos olhos, aquilo que deixamos de transmitir ao cérebro do público por meio de seus ouvidos à prova de palavras" (Bostridge, 2015). Para combater a resistência às suas propostas de reformas sanitárias, ela distribuiu seu diagrama da calota polar na forma de panfletos e relatórios, além de apresentá-lo como anexo desdobrável na capa do livro *England and Her Soldiers* (1859), de Harriet Martineau.

Figura 4.11 Gráficos de área polar de Nightingale (gráficos Nightingale Rose ou Coxcomb)

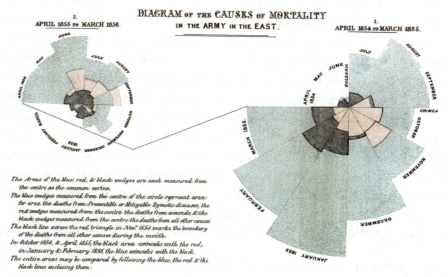

Fonte: https://edspace.american.edu/visualwar/nightingale/#gallery-1. Domínio público.

Os gráficos de área polar de Nightingale (também chamados de gráficos Nightingale Rose ou gráficos Coxcomb) são divididos em 12 fatias de igual tamanho, correspondendo a um período de 12 meses. A altura ou raio de cada seção colorida é medida a partir do centro e indica o número de mortes por diferentes fatores: ferimentos em combate (vermelho), doenças contagiosas evitáveis (azul) e todas as demais outras causas (preto). A começar pela direita (de abril de 1854 a março de 1855), o gráfico mostra o número desproporcional de mortes devido a doenças infecciosas em vez de ferimentos em combate.

Os esforços de Nightingale acabaram convencendo os líderes do exército britânico de que eles precisavam adotar melhores medidas sanitárias. Essas reformas sanitárias acabaram salvando a vida de inúmeros soldados em tempos de paz e nos conflitos militares subsequentes. Em uma carta de 1869, Nightingale comemorou o fato de as reformas sanitárias, por suas estimativas, terem salvado a vida de 729 soldados e impedido que 5.184 homens ficassem acamados por ano (McDonald, 2012). Além de ser bem conhecida por suas contribuições para a enfermagem moderna, Nightingale foi uma luz também no campo da estatística. Em reconhecimento por suas contribuições, em 1858 ela foi justamente reconhecida como a primeira mulher Fellow da Royal Statistical Society. Embora não tenha sido a primeira pessoa a criar gráficos estatísticos, o historiador Hugh Small a considera como "a primeira a usá-los para persuadir as pessoas da necessidade de mudança"; e, assim, ela se tornou uma pioneira contadora de histórias de dados e agente de mudança (Small, 1998).

O segundo contador de histórias de dados foi o dr. John Snow (1813--1858), considerado o pai da epidemiologia moderna, que tratou da incidência, distribuição e potencial controle de doenças infecciosas em uma população. Apesar de vir de uma família pobre da classe trabalhadora, Snow estabeleceu uma prática bem-sucedida de anestesia e chegou até a administrar clorofórmio à rainha Vitória durante seus dois últimos partos. Na época, a maior parte da sociedade vitoriana (inclusive Nightingale) aderia à *teoria do miasma*, segundo a qual doenças como o cólera ou a febre tifoide eram causadas pelo ar ruim ou por odores nocivos de matéria orgânica em decomposição. Na vanguarda da era industrial, Londres se tornou uma das cidades mais densamente povoadas do mundo, com 2,5 milhões de habitantes. A maior parte dos dejetos humanos ia para um sistema desorganizado e antiquado de fossas e esgotos, que fazia o despejo no rio Tamisa, a principal fonte de água potável da cidade.

Figura 4.12 O dr. John Snow (1813-1858)

Fonte: http://resource.nlm.nih.gov/101429151. Domínio público.

Quando os principais surtos de cólera ocorreram, em 1832 e 1848, foi fácil para os líderes do governo e para a comunidade médica associarem essas crises de saúde ao miasma devido ao fedor cada vez mais fétido da cidade. Porém, a experiência e as pesquisas levaram o dr. Snow a acreditar que as doenças não eram transmitidas pelo ar, mas pela água. Quando ele publicou um panfleto intitulado "Sobre o modo de comunicação do cólera", em 1849, sua suposição de que o cólera se espalhava por meio de água contaminada caiu em ouvidos moucos. Apesar dessa resposta decepcionante, Snow permaneceu inabalável em sua crença de que o cólera era uma doença transmitida pela água, e não se eximiu de reunir mais evidências que apoiassem sua posição pouco ortodoxa.

No verão de 1854, o surto de cólera seguinte ocorreu bem na soleira da porta de Snow, em seu bairro do Soho. Enquanto as famílias lutavam para escapar da rápida e mortal doença, Snow foi na direção oposta ao que parecia ser o epicentro do surto, a área em torno da torneira pública da Broad Street. Embora tenha encontrado algumas poucas impurezas visíveis ao examinar a água, Snow não viu nenhum outro "agente comum" que pudesse explicar o surto de cólera. Quando revisou a lista inicial das 83 mortes registradas nos primeiros dias do surto, Snow descobriu que "quase todas as mortes ocorreram a uma curta distância da torneira". Ele ainda notou que apenas 10 fatalidades estavam mais próximas da torneira de uma rua diferente (Snow, 1855); por meio de seus esforços investigativos, ele verificou que 5 desses 10 indivíduos preferiam a água da torneira da Broad Street e mais 3 dos restantes eram crianças que poderiam ter bebido água da torneira a caminho da escola. Ao mapear as mortes por cólera, notou algumas anomalias interessantes: uma cervejaria local, com 70 funcionários, e um reformatório, com 535 internos, ficaram relativamente ilesos durante o surto, embora estivessem perto da torneira. Descobriu-se que cada uma dessas instalações tinha um poço particular e, portanto, não dependiam da água da torneira pública da Broad Street.

Com base em todos esses fatos, Snow conseguiu convencer os líderes locais a removerem a manivela da torneira uma semana depois do início do surto. Embora o surto de cólera provavelmente tenha diminuído devido ao êxodo de pessoas da vizinhança, o que Snow realizou foi mais do que apenas uma medida de precaução: ele fortaleceu sua posição de que o cólera era uma doença transmitida pela água. Depois disso, com a ajuda de um clérigo local, o reverendo Henry Whitehead, Snow foi capaz de descobrir a fonte da contaminação: uma criança que morreu de cólera teve suas fraldas sujas lavadas em uma fossa velha que ia diretamente para a fonte de abastecimento de água da Broad Street. Em várias publicações depois do evento, Snow compartilhou um mapa – que ficou famoso – do bairro do Soho com barras pretas indicando quantas mortes por cólera tinham ocorrido em cada residência ou empresa nas proximidades da torneira pública da Broad Street. Em seu relatório de dezembro de 1854 ao Comitê de Investigação do Cólera, seus dados foram descritos como um *diagrama de Voronoi* (veja a Figura 4.13), com um recinto pontilhado indicando quantas mortes estavam mais próximas (em distâncias medidas a pé) da torneira da Broad Street do que de qualquer outra torneira pública.

Figura 4.13 Diagrama de Voronoi de Snow das mortes provocadas pela torneira pública da Broad Street

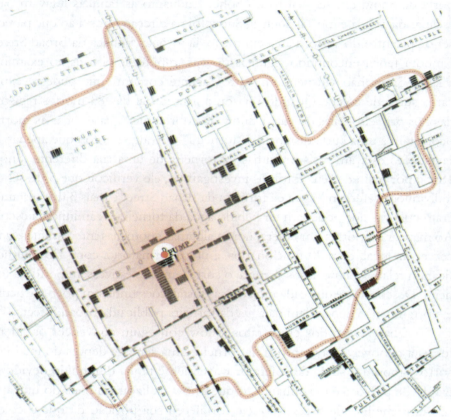

Fonte: http://johnsnow.matrix.msu.edu/work.php?id=15-78-55. Domínio público.

Essa variação do mapa do dr. John Snow do surto de cólera no Soho tem uma linha vermelha que indica o alcance da torneira da Broad Street, medido a pé. Cada morte por cólera é marcada por uma barra preta. As pessoas fora da linha pontilhada estariam mais perto de uma torneira pública diferente; mas, devido à popularidade da torneira da Broad Street, seus efeitos provavelmente se estendiam além dessa linha pontilhada.

Muitas pessoas têm debatido se Snow usou o mapa para analisar a epidemia de cólera ou para convencer o conselho local de governantes a remover a manivela da torneira de água. Como aprendemos no capítulo anterior, os dados por si só raramente persuadirão um público cético: frequentemente são necessários narrativa e recursos visuais. Porém, o que podemos ter certeza é que ele usou o mapa para ajudar outras pessoas a verem e a entenderem que o cólera provavelmente era transmitido pela água. Como observou Steven Johnson, historiador de Snow, o mapa era um "veículo de marketing da ideia" de que o cólera era uma doença transmitida pela água (Borel, 2013). Infelizmente, o dr. John Snow morreu de derrame em 1858, aos 45 anos de idade, antes de completar sua missão contra o cólera. Ele deixou para a cética comunidade médica inglesa a continuidade do debate sobre a origem da doença mortal. Porém, quando o surto de cólera seguinte em Londres ocorreu, em 1866, as autoridades sanitárias emitiram o primeiro alerta de fervura de água de que se tem notícia, um tributo não desprezível aos esforços de Snow (Wikipedia, 2019).

Tanto Nightingale quanto Snow desempenharam um papel ativo no sucesso de seus insights. Eles não só foram capazes de identificar insights significativos que salvavam vidas como também de comunicá-los de maneiras visualmente persuasivas. Sendo o contador da história, você desempenha um papel fundamental na elaboração e divulgação das suas próprias histórias de dados. O sucesso das suas narrativas dependerá da sua capacidade de realizar com eficácia as seguintes tarefas e responsabilidades de contador de histórias de dados:

- **Identificar insights importantes.** Sendo o contador de histórias, você é responsável, direta ou indiretamente, por encontrar insights de dados significativos e por decidir se eles precisam ser preparados e compartilhados como histórias de dados.
- **Minimizar ou remover o viés.** Todo mundo possui vieses inerentes. É importante ficar atento para os seus e fazer um esforço para tornar a comunicação de dados a mais objetiva possível.
- **Criar o contexto adequado.** Antes de contar uma história de dados, você deve ter amplo conhecimento contextual ou de fundo para garantir que o insight seja significativo e venha a repercutir junto ao público.
- **Entender o público.** Cada insight atrai um público específico. Você é fundamental para ajustar adequadamente o conteúdo aos destinatários pretendidos.
- **Fazer a curadoria das informações.** Como contador de histórias, você aplicará o seu juízo para determinar quais dados devem ou não ser incluídos na história. Muita informação sobrecarrega o público; já pouquíssima informação pode não chamar a atenção.

- **Montar a história.** Ao direcionar a história de dados, você decide o fluxo da história e como os diferentes elementos se juntam. A organização ou estrutura das informações pode ser tão crucial para o sucesso da história quanto os próprios dados subjacentes.
- **Fornecer a narração.** O contador de histórias age como um guia que conduz pelas informações, ajudando o público a compreender e interpretar os dados. Ao acrescentar a sua voz aos números, você inevitavelmente se torna a parte central da história.
- **Escolher os recursos visuais.** Com vários tipos de gráficos e opções de visualização à escolha, as decisões sobre o design moldam como o insight principal é percebido e compreendido pelo público. Nessa área, você exerce uma influência significativa, pois frequentemente um mesmo conjunto de dados pode ser visualizado de várias maneiras e transmitir mensagens muito diferentes.
- **Acrescentar credibilidade.** A reputação e a experiência do contador de histórias dão credibilidade e autoridade aos números. Se você for considerado indigno de confiança, ou excessivamente enviesado, pode minar a validade de uma história de dados sólida.

Em um exame mais detalhado, é difícil separar o contador de histórias da história. Os insights ou ideias que alguém compartilha por meio de narrativas visuais representam descobertas que iluminaram a mente desse indivíduo. Uma história de dados nunca pode ser apenas uma coletânea arbitrária de fatos disseminada passivamente. Cada história de dados é preparada e contada por alguém que se preocupa com os números e vê um propósito em compartilhar esses dados com outras pessoas. A presença do contador de histórias de dados é sentida não apenas em termos de seu trabalho para criar uma narrativa atraente e com recursos visuais envolventes, mas também por sua convicção e argumentação a fim de ver as informações sendo compreendidas, adotadas e postas em prática.

Dependendo da forma como os dados são comunicados, o formato pode alterar o envolvimento do contador de histórias de dados com a história e a interação com o público. Em alguns casos, os dados são comunicados *diretamente* ao público. Por exemplo, o dr. John Snow apresentou os seus fatos sobre a água contaminada ao conselho de governantes para defender a remoção da manivela da torneira pública. Nesses cenários, o contador de histórias está presente para guiar o público pelos insights, explicar o que eles significam e responder diretamente às perguntas. Hoje em dia, essa forma de comunicação *bidirecional* é comum na maioria das apresentações de dados (veja a Figura 4.14). Quando você faz uma apresentação direta para um determinado público, tem a oportunidade de observar a resposta aos insights e avaliar o nível de envolvimento. Você também tem a flexibilidade de acelerar, saltando o conteúdo, ou desacelerar, para se aprofundar em um ponto de dados específico, conforme necessário. Nesses cenários diretos, o contador de histórias de dados se torna o centro das atenções na divulgação do conteúdo da história.

Figura 4.14 Diferenças entre comunicação direta ou indireta

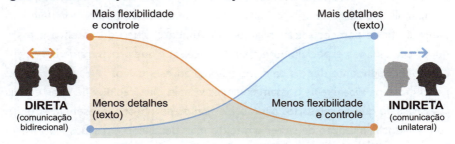

Em cenários de comunicação direta, como contador de histórias, você tem mais controle e flexibilidade. Você pode falar do conteúdo de modo que ele não precise de tantos detalhes ou texto. Porém, em cenários indiretos, nos quais você não está presente para divulgar o conteúdo como o contador de histórias, ocorre o oposto. Você não pode ser tão flexível e deve fornecer mais anotações (texto) para explicar os seus insights.

Quando você procura atingir um público mais amplo, porém, nem sempre é possível apresentar as suas descobertas diretamente a cada indivíduo ou a pequenos grupos. Em vez disso, você deve compartilhar a sua história usando um método *indireto* e *unilateral*, como um relatório, um vídeo, um infográfico ou um artigo, que pode ser distribuído de forma mais ampla e consumido de acordo com a conveniência do público. Tanto Nightingale quanto Snow frequentemente dependiam de várias publicações impressas para propagar suas ideias e mensagens para públicos mais amplos. Quando você não tem a oportunidade de orientar pessoalmente o público através do conteúdo, os pontos da sua fala verbal são substituídos por texto. Na abordagem indireta, você ainda precisa antecipar as necessidades do público e estruturar o conteúdo de maneira lógica, além de fornecer comentários amplos, para garantir que o público entenda os seus insights. Por exemplo, as anotações nos gráficos e diagramas assumem maior importância quando você não pode explicá-los diretamente. Basicamente, em explicações baseadas em texto, a sua influência como contador de histórias de dados se incorpora à história de dados. Apesar de você não ser tão proeminente em situações indiretas, a sua presença guiadora "nos bastidores" será sentida em toda a história de dados.

> **Cuidado com o *slideument***
>
> Em 2006, Garr Reynolds, autor de *Presentation Zen*, cunhou o termo *slideument*, que é o cruzamento de *slide deck* (conjunto de slides) e *document* (documento) (Reynolds, 2006). Essa apresentação híbrida é frequentemente usada para atender às necessidades de comunicação direta e indireta: um conjunto de slides a ser entregue pessoalmente (comunicação direta) e um relatório detalhado a ser compartilhado como uma referência independente ou de apoio (comunicação indireta). Pode parecer eficaz criar um documento único que atenda a essas duas necessidades, especialmente quando você sabe que precisará de um documento independente depois da divulgação da apresentação.
>
> Embora os *slideuments* possam ser mais visuais, mais rápidos de criar e mais acessíveis do que os relatórios padrão, eles *jamais* devem ser apresentados, e sim apenas lidos. A intenção de se ter um texto mais detalhado em slides num *slideument* é compensar a ausência do contador de histórias. Se o *slideument* for apresentado, o público terá dificuldade em ler o texto e ouvir o contador de histórias ao mesmo tempo. Em vez de reforçar o storytelling com dados, o detalhe acrescentado interfere nas mensagens verbais. Quando você prevê a necessidade de um apoio, em geral é melhor criar duas versões: uma apresentação com menos texto para ser divulgada e um *slideument* mais detalhado como apoio a ser entregue ao público. A tentativa de usar uma única apresentação para os dois casos só levará a uma experiência decepcionante para você e o seu público.

No futuro, a tecnologia pode assumir o papel do contador de histórias de dados na forma de agentes inteligentes que criam histórias de dados significativas a partir de fontes de dados distintas. Em 1950, o matemático inglês Alan Turing desenvolveu o teste de Turing, que testa se um computador exibe inteligência indistinguível da inteligência de um ser humano. Embora as máquinas possam imitar algumas tarefas necessárias envolvidas no armazenamento de dados, levará algum tempo até que elas se igualem à habilidade natural de contar histórias dos seres humanos.

Parte da defasagem se deve a que muitas empresas de tecnologia parecem ainda não entender o que realmente envolve o storytelling com dados. Por exemplo, fornecedores de geração de linguagem natural (GLN) apregoam a capacidade de suas ferramentas de traduzir dados em texto. Curiosamente, essas ferramentas descrevem as visualizações de dados como confusas ou opressivas e sugerem que as pessoas preferem textos automatizados que possam ler. Porém, o texto descritivo que destaca em minutos o que um gráfico bem projetado pode comunicar em segundos não representa o despertar do storytelling com dados automatizado. Seria como defender aparelhos de fax habilitados para *wifi* quando o e-mail não funciona. Embora a avançada tecnologia GLN vá ser um elemento crucial dos futuros agentes de storytelling com dados, o foco precisará se expandir da simples *descrição* para a *explicação* dos dados, um padrão muito mais alto a ser alcançado.

Estamos começando a vislumbrar o potencial da narrativa automatizada. Em novembro de 2017, na conferência "AWS re:Invent" da Amazon, a empresa de tecnologia AGT/HEED anunciou sua parceria com a liga Ultimate Fighting Championship (UFC) para alavancar a Internet das Coisas (IoT, do inglês *Internet of Things*) e a inteligência artificial (IA) a fim de fornecer uma cobertura mais convincente das lutas (Bradley, 2018). Ao coletar dados em tempo real de sensores instalados nas luvas dos lutadores e no piso octogonal, de câmeras de vídeo e de microfones de áudio, Mati Kochavi, fundador da AGT/HEED, indicou que a plataforma poderia gerar 70 insights diferentes de uma única luta (veja a Figura 4.15). Os benefícios disso vão além do storytelling, é claro: a Comissão Atlética do Estado de Nevada aprovou

Figura 4.15 Narrativa automatizada "AWS re:Invent"

Fonte: reproduzida com permissão do HEED.
As novas tecnologias de narrativa baseadas em AI transformarão a forma como vemos e consumimos eventos esportivos. Uma parceria entre a AGT/HEED e a UFC abrirá caminho para insights automatizados e em tempo real a serem compartilhados com os fãs de MMA durante e após as competições.

um teste inicial dos sensores de luvas, no UFC 219, para ajudar a resolver os problemas de segurança do lutador e os protocolos de concussão. A capacidade dessa nova tecnologia promissora de destilar todos esses dados díspares aponta para um insight principal; e, assim, contar uma história envolvente será o verdadeiro teste de sua capacidade de contar histórias.

Em 2016, o *Washington Post* desenvolveu uma tecnologia interna automatizada de storytelling chamada Heliograf. A empresa de mídia projetou a tecnologia para atingir públicos menores com notícias automatizadas sobre tópicos locais, como futebol estudantil ou resultados eleitorais. Desde o início, a Heliograf foi usada para criar aproximadamente 850 artigos curtos (Moses, 2017). Com base em modelos de narrativa criados por editores, a Heliograf combina os dados relevantes com as frases ou as palavras-chave correspondentes nos modelos para elaborar e publicar histórias (Keohane, 2017). Scot Gillespie, diretor de tecnologia do *Post*, afirmou: "Uma tecnologia como a Heliograf pode ser transformadora numa sala de redação de notícias, expandindo em muito a abrangência da cobertura e permitindo que os jornalistas se concentrem mais em reportagens detalhadas" (WashPostPR, 2017). Embora hoje o foco esteja na amplitude, a tecnologia pode evoluir para obter um conteúdo mais aprofundado. Por enquanto, os seres humanos ainda são os contadores de histórias dominantes, mas veremos a tecnologia cada vez mais sendo usada para aumentar as nossas habilidades de contar histórias, ajudando-nos a descobrir e a contar histórias de dados melhores e mais ricas.

Conheça o seu público antes de contar a história

> *Você tem que manter o controle daquilo que o seu público está pensando e saber o que eles aceitarão da sua parte.*
> DWAYNE JOHNSON, ator

Um erro crítico que você pode cometer como contador de histórias de dados é não conhecer o seu público. De fato, nada pode arruinar mais rapidamente uma boa história de dados do que uma desconexão entre você e o público. Embora nem sempre reconheçamos isso, o público desempenha um papel influente na definição do foco e da direção de uma história de dados. Para ilustrar esse ponto, vamos fingir que você foi convidado para apresentar uma noite de cinema para um grupo de fãs de Robin Hood os quais você não conhece. Embora haja uma ampla seleção de filmes de Robin Hood à escolha (veja a Figura 4.16), é difícil escolher o filme certo quando você não conhece o público. Apesar de todos os filmes terem como foco a mesma história do famoso fora da lei inglês, cada um a conta de uma forma única e que agrada a um público específico. Sem saber mais sobre o público-alvo, haveria o risco de selecionar uma versão inapropriada, como exibir o filme de Russell Crowe para um grupo de crianças de 6 anos de idade.

Figura 4.16 Robin Hood: a mesma história para públicos diferentes

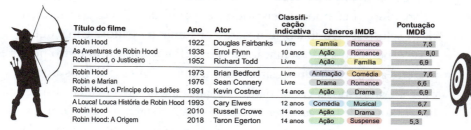

Fonte: IMDB.

Embora todos esses filmes de aventura concentrem o foco na mesma história geral de Robin Hood, eles são direcionados a diferentes tipos de público. Na sua história de dados, você deve determinar o público-alvo e como a história será adaptada para ele.

O ideal é você ter um público em mente antes de começar a sua análise. Porém, às vezes você pode se deparar com insights inesperados, que interessem a diferentes pessoas. Primeiro, você vai querer alinhar a sua história de dados ao público certo. Preferencialmente, ela será compartilhada com pessoas que tenham influência ou poder para efetuar mudanças, individuais ou coletivas. Em segundo lugar, você precisa considerar como a sua história de dados deverá ser adaptada para o público-alvo. Existem oito considerações do público que podem influenciar a forma como você aborda a sua história de dados:

1. **Principais objetivos e prioridades.** Se você sabe o que é importante para o público, pode garantir que a sua história de dados seja relevante e significativa para ele. Não importa quão interessantes ou únicos sejam os seus insights, eles devem estar relacionados às coisas que interessam ao seu público. Por exemplo, se o seu público-alvo for um grupo de executivos com foco em melhorar as vendas da empresa, você terá dificuldade em chamar a atenção para tópicos não relacionados ao desempenho das vendas. É importante você ter certeza de estar alinhado com os principais objetivos e prioridades estratégicos

do seu público, para não desperdiçar o tempo de ninguém, nem o seu nem o dele.

2. **Crenças e preferências.** Quase sempre o seu público terá crenças, suposições e atitudes preexistentes sobre diferentes tópicos. Saber antecipadamente a que o seu público é aberto, resistente ou neutro em relação aos seus insights pode influenciar a forma como você se prepara e conta a sua história. Como Aristóteles astutamente disse: "O tolo me conta as suas razões; o sábio me convence com as minhas". Além disso, você pode precisar levar em consideração quais preferências exclusivas o público tem para consumir os dados. Um público pode esperar uma apresentação em PowerPoint, enquanto outro pode preferir a leitura de um relatório detalhado. Alguns públicos podem estar acostumados a ver os dados visualizados de uma maneira específica (gráficos de barras) e ser resistentes a abordagens pouco familiares (*scatterplots*, gráficos de espalhamento). Um conhecimento aguçado das crenças e preferências do público pode ajudar a direcionar e agilizar a narrativa dos dados.

3. **Expectativas específicas.** Quando você compartilha uma história de dados, o público pode ter uma noção preconcebida do que será abordado e assim ter perguntas específicas que gostaria de ver respondidas. Se você não estiver atento a essas expectativas, a desconexão entre você e o público pode se tornar frustrante e levar à decepção de ambos os lados. Sempre que possível, você deve tentar antecipar as perguntas do seu público e inserir respostas ponderadas em sua história de dados. Se houver incompatibilidade entre as suas expectativas e aquilo que a sua história de dados cobre, você deve reavaliar o foco da história de dados.

4. ***Timing* oportuno.** No Capítulo 2, o *kairos* foi apresentado como outra forma de persuasão da *Retórica* de Aristóteles que enfatiza a importância de se reconhecer o momento e o lugar certos para apresentar um argumento ou ideia. Mesmo que você esteja apresentando dados perspicazes para o público certo, o momento pode estar errado. Por exemplo, uma mudança nas responsabilidades ou prioridades do seu público pode tornar o seu insight mais ou menos oportuno. Dependendo das circunstâncias, você pode, se o interesse for alto, querer ser mais direto ao compartilhar a sua história de dados, ou esperar por um momento mais oportuno, quando questões ou preocupações mais urgentes já tiverem sido resolvidas.

5. **Familiaridade com o tema.** O público terá diferentes níveis de conhecimento e especialização no assunto. Se o seu público estiver menos familiarizado do que você com o assunto da sua história de dados, talvez seja necessário dedicar algum tempo para explicar os conceitos cruciais e fornecer um contexto amplo antes de se aprofundar nos insights. Por exemplo, se o seu público sabe muito pouco sobre marketing móvel – o foco da sua análise – talvez você precise fornecer algumas informações básicas antes de revelar como isso pode ser otimizado. Porém, se o seu público já tem um conhecimento profundo a respeito de marketing móvel, você pode mergulhar diretamente nos insights. A familiaridade do público com o tópico também pode levar a perguntas mais profundas e à necessidade de informações mais detalhadas sobre os insights.
6. **Alfabetização em dados.** Alguns públicos talvez não gastem tanto tempo interagindo com dados e até se intimidem com os números. Sempre que o seu público for menos conhecedor de dados, você deve reduzir a quantidade de detalhes que vai cobrir e evitar o uso de jargão desconhecido. O público ficará sobrecarregado se você não for seletivo a respeito dos dados que compartilha. Em vez de esperar que o público entenda a terminologia estatística ou analítica, você precisa ter o cuidado de traduzir as palavras técnicas e os números em termos de negócios que eles consigam acompanhar. Mesmo que esteja fazendo uma apresentação para um público mais versado em dados, você não tem carta branca para afogá-lo em dados. Até especialistas em dados apreciam uma história de dados concisa e fácil de seguir. Alguma preparação extra pode ser necessária para públicos mais analíticos, pois eles podem tentar sondar os limites dos seus insights.
7. **Nível de antiguidade.** Para os executivos seniores, o tempo é uma mercadoria preciosa. Quase sempre, eles não têm paciência ou energia mental para seguir uma história de dados inteira sem a certeza prévia de que valerá a pena. Frequentemente, eles esperam um resumo executivo, em vez de um longo relatório ou uma longa apresentação. Porém, uma das desvantagens de resumir os resultados da análise é que isso pode estragar a poderosa estrutura narrativa da história de dados. Tente imaginar a criação de um resumo executivo para *Romeu e Julieta* de Shakespeare: "Os dois personagens do título se matam devido a uma falha de comunicação e de timing". Isso certamente arruinaria o

conto épico para a maioria das pessoas. No Capítulo 6, eu discutirei a estratégia para lidar com esse desafio do resumo executivo.

8. ***Mix* de público.** Quando compartilha um insight importante, você pode se ver ante um público diversificado, com diferentes origens, interesses e compromissos, o que torna um pouco difícil equilibrar necessidades conflitantes. Por exemplo, você pode ter em seu público-alvo técnicos e profissionais de negócios. As considerações estratégicas que interessam aos gestores de negócios talvez não atraiam tanto o pessoal técnico, que por sua vez quer passar mais tempo revisando os detalhes técnicos. Diante de um público diversificado, com necessidades concorrentes, pode ser útil estabelecer antecipadamente onde, quando e como cada grupo receberá as informações que deseja. Como alternativa, você talvez decida que é melhor apresentar uma versão personalizada da história de dados separadamente para cada grupo.

Certa vez, Edward Tufte – especialista em visualização de dados – disse: "Se as estatísticas são enfadonhas, então você pegou os números errados". Embora isso possa ser verdade em algumas situações, em outras você pode simplesmente ter o *público errado* para os seus números. A questão crítica é: *será que você conhece bem o seu público?* Quanto mais souber a respeito do público, mais você poderá personalizar o conteúdo da história de dados de acordo com as necessidades e interesses dele. Se você perceber que não conhece realmente o seu público, deve adiar o compartilhamento da história até que o conheça melhor. Conhecer o público não só influencia a forma como você conta a história dos dados, mas também predetermina o seu sucesso.

> **O uso estratégico de reuniões preparatórias**
> A mudança pode ser difícil em ambientes de negócios nos quais a política e a falta de adesão costumam suprimir ou matar boas ideias. Se os seus insights correm o risco de ser vistos como controversos ou perturbadores, você pode precisar usar uma abordagem mais comedida na maneira de comunicá-los, para superar resistências e conseguir apoio. Nessas situações, uma estratégia eficaz é agendar reuniões prévias seletivamente com pessoas cruciais para revisar as descobertas antes de apresentá-las ao grupo. Essa abordagem oferece a oportunidade de identificar os aliados e os detratores em potencial. Quando você finalmente fizer a apresentação para o grupo todo, já saberá quais são os principais tomadores de decisão que apoiam ou se opõem aos insights.

> Além disso, durante o processo de reunião com esses diferentes indivíduos, você receberá um feedback inestimável que pode informar como a sua história de dados deve ser fortalecida e refinada. Por exemplo, eles podem identificar lacunas em suas análises ou recomendar melhores soluções para os problemas que você identificou. Eles podem conhecer as prioridades e preferências dos principais tomadores de decisão ou saber quem tende a se interessar mais nos dados. As reuniões preparatórias talvez exijam trabalho adicional, pois pode ser necessário adaptar o conteúdo ao ponto de vista e aos interesses específicos de cada indivíduo. Porém, por meio do processo de compartilhar várias vezes a sua história de dados, você não apenas enriquece a narrativa, mas também melhora a maneira de contá-la.

Quando faz sentido elaborar histórias de dados e quando não faz sentido

> *Contar histórias é uma atividade humana essencial. Quanto mais difícil for a situação, mais essencial ela será.*
> TIM O'BRIEN, autor

As histórias de dados são ferramentas poderosas para o compartilhamento de insights. Porém, nem todos os insights precisam ser transformados em narrativas. Leva tempo e esforço para preparar e elaborar uma história de dados, isso depois de você provavelmente já ter passado horas analisando os dados para encontrar o insight principal. Em vez de se convencer de que cada insight merece ter "a própria história contada", você pode ser seletivo com base na natureza de cada descoberta. Claramente, o *valor* do insight é um fator determinante muito importante para determinar se um determinado achado merece ser transformado em uma história de dados. Por exemplo, se um insight de negócios pode ajudar a sua organização a economizar um montante significativo de dinheiro, provavelmente valerá a pena construir uma história de dados para ele. Porém, nem mesmo os insights de alto valor precisam necessariamente ser transformados em histórias de dados completas. Você também deve considerar se o insight será *fácil* ou *difícil* para o público entender e aceitar. Antes de construir uma história de dados para o seu insight, leve em consideração os seguintes critérios que podem influenciar a sua abordagem:

- **Agradável *versus* desagradável.** Se as suas descobertas forem favoráveis ou aceitáveis para o público, não precisarão de muito convencimento ou persuasão para serem aceitas. Porém, como vimos no capítulo anterior, as pessoas examinarão principalmente os dados no que não gostam. Por exemplo, se a análise de um novo plano de retenção de funcionários mostra que ele é ineficaz, é mais difícil que as pessoas que desenvolveram e implementaram o programa aceitem os resultados ruins do que aquelas que defenderam uma abordagem totalmente diferente.
- **Convencional *versus* inconveniente.** Quando os seus insights se encaixam na maneira convencional de fazer as coisas, eles são familiares e confortáveis para o público. Porém, quando são inconvenientes ou quebram a tradição, é mais difícil o seu público adotá-los ou entendê-los. Por exemplo, é mais difícil a sua organização embarcar em uma direção estratégica completamente nova do que simplesmente refinar ou melhorar o que vem fazendo atualmente.
- **Esperado *versus* inesperado.** Quando o seu insight simplesmente valida um resultado esperado para o público, ele não precisa ser explicado tão vigorosamente. Porém, quando os resultados não correspondem às expectativas do público, mais explicações serão necessárias para que este possa entender o que aconteceu. Embora ninguém goste de más notícias, mesmo resultados positivos porém abaixo do antecipado podem ser problemáticos. Por exemplo, se a equipe de produto estava entusiasmada com o lançamento de um novo recurso, seus membros ficarão surpresos e decepcionados se receberem uma resposta apenas moderada ou menos calorosa dos clientes. Sem o apoio de uma história de dados, essa equipe pode ter dificuldades para entender por que o novo recurso não foi tão bem recebido.
- **Simples *versus* complexo.** Se o entendimento do insight for simples ou direto, talvez não seja necessário incorporá-lo a uma história de dados. Na verdade, isso pode interferir na capacidade de comunicá-lo de maneira direta. Por outro lado, no caso de um problema complicado e multifacetado, o público pode exigir mais ajuda e orientação de um especialista para entendê-lo. Ao usar a história de dados, você pode dividir o insight complexo em partes mais administráveis, de modo que fique mais fácil para o público acompanhar e compreender.

- **Seguro *versus* arriscado.** Quando o insight destaca uma mudança cuja adoção é segura para o público, você verá menos preocupações em adotá-lo. Por exemplo, se o insight estiver alinhado com o ponto de vista atual do CEO, a equipe de liderança estará mais disposta a defendê-lo. Já se o insight entra em conflito com a posição do CEO, os executivos podem ficar menos entusiasmados em apostar suas carreiras ao apoiá-lo. Quanto maior o risco, seja da perspectiva pessoal ou organizacional, mais pessoas precisarão ser persuadidas a aceitar os números por meio de uma história de dados.
- **Barato *versus* caro.** Alguns insights podem ser relativamente baratos de ser defendidos e implementados. Nessas situações, muito pouca persuasão é necessária, porque a maioria das pessoas se sentirá tola por não agir de acordo com tais insights. Mesmo que um desses insights não funcione conforme o esperado, o teste não custará muito. Porém, em outros casos, um insight de alto valor também pode ser caro de implementar. Por exemplo, uma análise pode revelar o potencial para ganhos de produtividade significativos, mas que dependem de um investimento substancial em uma nova tecnologia; alguém pode considerar esse tipo de investimento arriscado porque o insight pode não gerar o retorno esperado.
- **Intuitivo *versus* contraintuitivo.** Sempre que o seu insight se alinhar com a intuição do público, este o aceitará com mais facilidade. Por outro lado, a natureza humana pode ser difícil de superar se o insight não se alinhar ao bom senso ou ao instinto de alguém. Nessas situações, você deve invocar os poderes especiais do storytelling para de alguma forma persuadir o público a levar em consideração as informações de uma nova perspectiva. Na verdade, uma história de dados pode representar a única chance de vitória de um insight contraintuitivo, algo que – infelizmente – eu só descobri mais tarde em minha carreira.

O mitólogo norte-americano Joseph Campbell disse: "Se é pra contar uma história, que seja uma grande história, ou então não conte". A mesma filosofia se aplica aos insights em termos de storytelling com dados. Se você tiver um insight grande (valioso) para compartilhar, haverá uma boa chance de precisar de uma história de dados para que ele seja devidamente entendido e aceito. Na verdade, entre o impacto potencial do insight e o tipo de insight (difícil *versus* fácil), existe um ponto ideal chamado *Zona da História*, no qual a contação da história de dados se destaca (veja a Figura 4.17). Essa zona abrange uma área onde o valor do insight vai de "médio a alto" e se encaixa na categoria "difícil", pelos motivos listados acima. Embora não haja garantia de que a história de dados vá superar todos os fatores de resistência, ela representa a sua melhor chance de persuadir o público com números.

Figura 4.17 A contação de história de dados é necessária na Zona da História

Quando cai na *Zona da História* (difícil/médio a alto), o insight deve ser comunicado como uma história de dados. Quando fica fora da *Zona da História*, é questionável se deve ser contado como uma história de dados. Talvez o insight não mereça o tempo e o esforço extra (difícil/baixo) ou talvez ele não precise necessariamente de uma história de dados para ser entendido e adotado (fácil/médio a alto).

Como você deve recordar, na experiência pessoal que compartilhei no início deste livro, descobri um insight que desafiou uma prática arraigada do grupo de e-commerce para o qual eu trabalhava. Os dados da pesquisa indicavam que os clientes não solicitavam nem apreciavam uma opção específica de envio fornecida a eles. Conservadoramente, considerei o valor desse insight como mediano, no mínimo. Ele poderia levar a uma reavaliação das práticas existentes e, potencialmente, à descoberta de uma melhor opção de envio, que os clientes realmente apreciassem. Porém, como o insight entrava em conflito com as crenças estabelecidas do departamento (e, mais importante, do líder do departamento), foi visto como inconveniente, potencialmente inesperado, arriscado e contraintuitivo. Lamentavelmente, na época, eu não sabia que deveria investir mais tempo na elaboração de uma história de dados para o insight. O destino breve desse insight foi selado antes mesmo de eu divulgá-lo. Em vez de cometer o mesmo erro que eu cometi, agora você está pronto para transformar os seus insights em histórias de dados envolventes e persuasivas. No próximo capítulo, começaremos nos concentrando nos dados, os blocos de construção fundamentais de qualquer história de dados.

Referências

Bostridge, M. 2015. Florence Nightingale: Saving lives with statistics. http://www.bbc.co.uk/timelines/z92hsbk (acessado em 17 de maio de 2019).

Borel, B. 2013. Happy birthday John Snow, father of modern epidemiology: A Q&A with Steven Johnson. *TEDBlog*, 15 de março. https://blog.ted.com/happy-birthday-john-snow-father-of-modernepidemiology-a-qa-with-steven-johnson/.

Bradley, L. 2018. How real-time data, insights, emotion can enhance UFC storytelling. *SportTechie*, 3 de janeiro. https://www.sporttechie.com/real-time-data-insights-emotion-enhance-ufc-storytelling/.

Keohane, J. 2017. What news-writing bots mean for the future of journalism. *Wired*, 16 de fevereiro. https://www.wired.com/2017/02/robots-wrote-this-story/.

McDonald, L. (ed.). 2012. *Florence Nightingale and Hospital Reform:* Collected Works of Florence Nightingale, Vol. 16. Waterloo, Ontario, Canada: Wilfrid Laurier University Press.

Moses, L. 2017. The Washington Post's robot reporter has published 850 articles in the past year. *Digiday*, 14 de setembro. https://digiday.com/media/washington-posts-robot-reporter-published-500-articles-last-year.

Oxford Living Dictionaries. 2019. Curate. https://en.oxforddictionaries.com/definition/curate (acessado em 17 de maio de 2019).

Planes, Trains, and Automobiles (1987). [Film]. John Hughes. Dir. USA: Paramount Pictures.

Reynolds, G. 2006. "Slideuments" and the catch-22 for conference speakers. *Presentation Zen*, 5 de abril. https://www.presentationzen.com/presentationzen/2006/04/slideuments_and.html.

Simmons, A. 2009. *The Story Factor:* Secrets of Influence from the Art of Storytelling. New York: Basic Books.

Small, H. 1998. Florence Nightingale's statistical diagrams. Presentation to Research Conference organized by the Florence Nightingale Museum, St. Thomas's Hospital, 18 de março. http://www.florence-nightingale-avenging-angel.co.uk/GraphicsPaper/Graphics.htm.

Snow, J. 1855. *On the Mode of Communication of Cholera*, second edition. London: T. Richards. https://archive.org/stream/b28985266#page/40/mode/2up.

Tufte, E. R. 2001. *The Visual Display of Quantitative Information.* Cheshire, CT: Graphics Press.

WashPostPR. 2017. The Washington Post leverages automated storytelling to cover high school football. *WashPost PR Blog*, 1º de setembro. https://www.washingtonpost.com/pr/wp/2017/09/01/the-washington-post-leverages-heliograf-to-cover-high-school-football/.

Wikipedia. 2019. Boil-water advisory. https://en.wikipedia.org/wiki/Boil-water_advisory (acessado em 17 de maio de 2019).

Wikipedia. 2019. Florence Nightingale. https://en.wikipedia.org/wiki/Narrative (acessado em 17 de maio de 2019).

Wikipedia. 2019. Narrative. https://en.wikipedia.org/wiki/Narrative (acessado em 17 de maio de 2019).

5
Dados: a base da sua história de dados

> *"Dados! Dados! Dados!", ele gritou impaciente. "Não posso fazer tijolos sem argila".*
> SHERLOCK HOLMES, por Sir Arthur Conan Doyle, autor

EM 2015, UMA EQUIPE DE PESQUISADORES alemães fez uma descoberta surpreendente: comer chocolate pode, na verdade, acelerar a perda de peso. Os pesquisadores realizaram um ensaio clínico de três semanas com um grupo de adultos de 19 a 67 anos, que foram destinados a um dos três grupos de dieta: o primeiro, de dieta pobre em carboidratos; o segundo, de dieta baixa em carboidratos, mas com uma barra de chocolate diária; e o terceiro, um grupo de controle. O dr. Johannes Bohannon, diretor de pesquisa do Instituto de Dieta e Saúde, descobriu que as pessoas que fizeram a dieta baixa em carboidratos perdiam peso 10% mais rápido quando consumiram chocolate amargo diariamente. O artigo de pesquisa da equipe foi publicado no *International Archives of Medicine*, e as descobertas foram mencionadas em vários meios de comunicação, como o jornal alemão *Bild*, o *Daily Star* do Reino Unido, o *Irish Examiner*, e muitos outros (veja a Figura 5.1).

Figura 5.1 Benefícios do chocolate para a saúde

Múltiplas publicações de notícias apresentaram as descobertas de pesquisadores alemães sobre os benefícios do chocolate para a saúde.

Porém, a pesquisa foi, na verdade, parte de uma elaborada farsa para um documentário sobre pseudociência. Os produtores do filme queriam mostrar como era fácil transformar ciência ruim em manchetes de dietas da moda. Na verdade, o dr. Johannes Bohannon é John Bohannon, um jornalista de ciência. Ele de fato tem um PhD em biologia molecular – só que não humana, mas sim bacteriana. O Instituto de Dieta e Saúde foi apenas um site inventado. O ensaio clínico foi científico, mas os resultados foram duvidosos, devido ao tamanho limitado da amostra: apenas *15 pessoas*. Desde a revista científica "rigorosamente revisada pelos pares" que aceitou o artigo sem edições por 600 euros até as inúmeras publicações na mídia que propagaram a instigante pesquisa, ninguém questionou esse pequeno e crucial detalhe do estudo. Bohannon explica:

> Temos aqui um pequeno segredo científico sórdido: se você medir um grande número de coisas em um pequeno número de pessoas, é quase certo que obtenha um resultado "estatisticamente significativo". O nosso estudo incluiu 18 variáveis diferentes – peso, colesterol, sódio, níveis de proteína no sangue, qualidade do sono, bem-estar, etc. – de 15 pessoas (uma pessoa foi desconsiderada). O desenho desse estudo é uma receita para falsos positivos. Pense nessas variáveis como bilhetes de loteria. Cada bilhete tem uma pequena chance de reembolso, na forma de um resultado "significativo", que poderíamos transformar em uma história, a ser vendida para a mídia. Quanto mais bilhetes você comprar, maior será a sua probabilidade de ganhar. Nós não sabíamos exatamente o que aconteceria: a manchete poderia ser que o chocolate melhoraria o sono, ou reduziria a pressão arterial; mas

sabíamos que as nossas chances de obtermos pelo menos um resultado "estatisticamente significativo" eram muito boas. (Bohannon, 2015)

Nesse exemplo, os pesquisadores sabiam que os resultados seriam inválidos. Na verdade, a intenção era exatamente levantar a questão da pseudociência. Em seu livro sobre planejamento de pesquisa, os autores Light, Singer e Willett afirmam sem rodeios: "Você não pode consertar por meio da análise aquilo que estragou por meio do planejamento" (Light, Singer e Willett, 1990). Nesse caso, a própria base do estudo da dieta do chocolate era instável antes mesmo de qualquer análise ou contação de história ter sido feita, e ilustra como as histórias de dados que procuramos contar são tão fortes quanto a base de dados sobre a qual são construídas. Se você não for cuidadoso com a sua análise, dados fracos ou falhos podem desfazer todo o árduo trabalho dedicado à construção de uma história de dados atraente. Quando a sua base de dados desmorona e despenca, tudo o que lhe resta é uma narrativa enganosa que não vai ajudar ninguém: nem você nem o público.

O objetivo deste capítulo *não* é ensiná-lo a analisar dados. Uma seção inteira de biblioteca pode ser dedicada a explicar diferentes técnicas e ferramentas de análise. Neste capítulo, eu presumirei que você seja capaz de encontrar insights, independentemente ou com a ajuda de um especialista em dados (ou talvez de alguma máquina inteligente). Quer o seu insight venha do exame de uma tabela de dados simples ou da construção de um modelo estatístico avançado, ele enfrentará o mesmo desafio: ser devidamente compreendido e aceito pelos outros. O foco da primeira parte deste capítulo será garantir que você tenha um insight viável e significativo, antes mesmo de considerar a construção de uma história de dados. A segunda parte garantirá que você – *o descobridor do insight* – não interfira inadvertidamente na comunicação eficaz desse insight.

Examine os blocos de construção das suas histórias de dados

Não é a beleza do edifício que você deve buscar, mas a construção da fundação, é ela que resistirá ao teste do tempo.
David Allan Coe, compositor

Os pontos de dados são os blocos de construção de cada história de dados. Se estiver construindo uma nova casa, certifique-se de usar concreto de alta qualidade para executar a sua fundação. Embora um construtor possa certamente optar por economizar usando concreto inadequado ou mais barato, essa não é a estratégia para o sucesso a longo prazo. Eventualmente, o preço será pago pelo construtor. Os custos dos problemas de garantia e da perda de negócios futuros devido ao feedback negativo dos clientes insatisfeitos atingirão o empreiteiro. Da mesma forma, como você é ao mesmo tempo o arquiteto e o principal construtor das suas histórias de dados, precisa garantir que os seus insights sejam baseados em dados *relevantes* e *confiáveis*. Assim como materiais inadequados ou defeituosos podem enfraquecer a fundação de um edifício, os insights extraídos de dados irrelevantes ou não confiáveis podem arruinar o que poderia ser uma história de dados bem trabalhada.

Relevância

Os seus insights são baseados nos dados mais relevantes e apropriados?
A relevância dos seus dados dependerá, em última análise, do tipo de questões que você tenta resolver com eles. Para serem relevantes, os dados devem ser aplicáveis à situação ou ao problema que você tenta analisar e compreender. Quanto mais diretamente relacionados os dados estiverem com o tópico em questão, maior será o número de insights que poderão gerar. Depois de responder a um conjunto inicial de perguntas, pode ser necessário ampliar ou aprofundar os dados para responder às perguntas subsequentes. Você precisa avaliar se seus dados serão capazes de, como uma boa base de construção, suportar a largura e a altura de uma história de dados inteira.

Por exemplo, se estiver compartilhando tendências imobiliárias interessantes com um grupo de investidores baseados em Phoenix, os seus insights serão mais relevantes, aplicáveis e impactantes se forem baseados em dados reais do mercado de Phoenix, Arizona. Se as suas descobertas forem baseadas em dados de regiões externas (Las Vegas, Nevada ou Austin, Texas) ou em estatísticas nacionais, o público baseado em Phoenix poderá questionar se as mesmas tendências se aplicam à área local. Além disso, a atualização ou a atualidade dos dados também podem afetar a relevância deles. Os dados podem ter uma vida útil limitada e podem se tornar cada vez menos úteis com o tempo. Por exemplo, dados de três anos do mercado de Phoenix não serão tão úteis quanto os dados do período de 6 a 12 meses. Embora a perspectiva histórica das tendências de Phoenix possa fornecer um bom contexto, os investidores darão mais peso aos resultados recentes do que ao que aconteceu há três anos ou mais.

Nem sempre é possível adquirir os dados ideais para responder a todas as questões de negócios. Os dados podem não existir porque ninguém pensou em coletá-los. Ou podem existir, mas você não consegue acessá-los porque pertencem a outra organização. Mesmo quando você possui os dados corretos, eles podem ter problemas inerentes de confiabilidade ou integridade, que proíbem seu uso. Em tais situações, você pode precisar trabalhar com conjuntos de dados que não são os ideais. Eles podem não ser tão relevantes ou adequados, mas podem ser mais acessíveis ou confiáveis. Se o público entender os desafios inerentes aos dados, ele pode apreciar a sua vontade de explorar outros conjuntos de dados relacionados. Alternativamente, os membros do público podem rejeitar qualquer coisa que não seja baseada nos dados que eles imaginaram. Compreender o seu público e a tolerância dele à relevância será importante antes de construir a sua história de dados.

Confiabilidade
Os seus insights são baseados em dados precisos e confiáveis? Dados confiáveis são dados corretos ou válidos, livres de falhas e de lacunas significativas. A confiabilidade dos dados começa com a coleta, o processamento e a manutenção adequados na fonte. Porém, a confiabilidade dos números também pode ser influenciada pela maneira como são tratados durante o processo de análise. Dados limpos podem inadvertidamente perder a integridade e o verdadeiro significado dependendo de como são analisados e interpretados. Por exemplo, se tivesse que calcular a média de um conjunto de médias, você calcularia mal a verdadeira média estatística. Se transpõe números copiando-os de um sistema para uma planilha, você pode fazer cálculos errôneos e tirar conclusões incorretas. Nenhum dado será perfeito e cada conjunto de dados terá as suas imperfeições. De qualquer maneira, você deve se esforçar para garantir que os dados sejam tão limpos, completos e confiáveis quanto possível, *antes* e *depois* de interagir com eles.

Há vários anos, nos primeiros dias do marketing on-line, um gestor de marketing de produto fez alguns pequenos ajustes na página de entrada principal de seu produto, de modo que ela ficasse mais otimizada para os mecanismos de pesquisa. Pouco depois, ele testemunhou um grande aumento no tráfego dessa página do produto. Imediatamente, imprimiu o gráfico e correu para contar a todos na empresa – inclusive o vice-presidente de marketing – sobre seus esforços bem-sucedidos de otimização do mecanismo de pesquisa. Infelizmente, em menos de cinco minutos, um analista descobriu que o pico de tráfego foi, na verdade, gerado por uma ferramenta de monitoramento de sites que enviou tráfego artificial para a página de entrada do produto como parte de um teste. Como o aumento no tráfego da página da web se alinhou com a história que o marqueteiro queria contar, ele deixou de verificar se a história era realmente verdadeira. Esse marqueteiro não só se envergonhou como perdeu credibilidade dentro da organização.

Embora você nem sempre tenha como garantir que os dados sejam livres de imperfeições, deve fazer todos os esforços para garantir que o público possa confiar nos seus insights. A maioria das pessoas não tenta enganar ou manipular intencionalmente os outros com dados. A falta de cuidado é um problema muito mais comum, mas pode ser igualmente prejudicial para uma história de dados. Voltando ao apelo do *ethos* de Aristóteles mencionado no Capítulo 2, a sua competência e o seu caráter como contador de histórias de dados contribuirão diretamente para que os seus insights sejam acreditados e aceitos pelo público. Quando você garante a precisão e a confiabilidade dos números, não apenas a sua história ganha credibilidade, mas *você também*. Isso é importante porque você dá ao público a confiança necessária para levar adiante os seus insights.

Como sabemos do Capítulo 3, as pessoas podem ter dificuldades em aceitar informações que entrem em conflito com suas crenças ou pontos de vista atuais. Um público analítico pode até questionar insights que "parecem bons demais para ser verdade". A validade dos seus dados geralmente será a primeira coisa a ser questionada pelo público; portanto, é essencial que você esteja preparado para defendê-la. Em alguns casos, você pode incluir detalhes de apoio preventivamente na história, ou pode tê-los prontos em um apêndice, caso surjam dúvidas. Em última análise, o relacionamento entre o contador de histórias e o público se baseia na confiança. Mesmo quando um público não concorda com todos os seus pontos, ele ainda pode respeitar a sua perspectiva e a sua expertise, especialmente se você estiver tentando prever as preocupações desse mesmo público com os dados.

Toda história de dados precisa de um insight central

O objetivo da computação é o insight, não os números.
RICHARD HAMMING, matemático

Ainda antes de considerar a criação de uma história de dados, você deve ter um insight significativo para compartilhar. Um dos atributos essenciais da história de dados é o insight central ou principal. Sem um ponto principal, a sua história de dados não terá propósito, direção e coesão. O insight central é o tema unificador (apelo ao *telos*) que une as suas várias descobertas e orienta o seu público para o ponto focal ou clímax da história de dados. Porém, quando você tem à disposição uma quantidade cada vez maior de dados, os insights podem ser ilusórios. O ruído de dados irrelevantes e periféricos pode interferir na sua capacidade de localizar os sinais importantes ocultos no núcleo.

Para não ficar sobrecarregado e terminar perdido em uma montanha de dados, você precisa ser capaz de fazer as perguntas certas sobre os números. O filósofo francês Voltaire destacou a importância do questionamento quando disse: "Julgue o homem mais pelas perguntas do que pelas respostas". Conforme você aborda os dados, a qualidade das suas perguntas influenciará o valor dos insights que poderá descobrir. Os cientistas de dados Hilary Mason e D. J. Patil reconhecem essa habilidade fundamental no livro *Data Driven: Creating a Data Culture*. A capacidade de fazer as perguntas certas "envolve dominar a expertise e o conhecimento, junto com a habilidade aguçada de enxergar o problema, ver os dados disponíveis e combinar ambos" (Patil, Mason, 2015). Sem o domínio adequado do conhecimento e do contexto, fica difícil para qualquer pessoa – inclusive os cientistas e analistas de dados – fazer as perguntas certas e identificar os insights significativos.

Embora uma questão possa lançá-lo em uma busca de dados valiosa, isso não basta. No antigo conto grego de *Teseu e o Minotauro*, o jovem herói grego se oferece para ser trancado no labirinto do rei Minos como um tributo de sacrifício ao Minotauro, meio touro, meio homem. Teseu estava determinado a matar o Minotauro com as próprias mãos e acabar com a obrigação de Atenas de enviar a cada nove anos um grupo de jovens para serem devorados pelo monstro do rei Minos. Quando o navio dele chegou a Creta, a filha do rei, Ariadne, se apaixonou pelo belo príncipe ateniense. Antes de Teseu entrar no labirinto, a princesa passou secretamente para ele um novelo de linha que poderia ser amarrado na entrada. Ariadne sabia que, mesmo se Teseu derrotasse o Minotauro, ele não seria capaz de encontrar o caminho para sair do labirinto escuro e confuso sem o fio de linha para guiá-lo de volta. Embora Teseu tivesse um propósito (matar o Minotauro), não tinha o plano completo (escapar do labirinto).

Quando você analisa dados, muitas vezes pode parecer que está em um labirinto sem fim com vários caminhos potenciais a seguir. A pergunta certa pode fornecer a direção e o propósito. Porém, ela ainda precisa ser acompanhada por um plano que o guie com segurança dentro e fora dos números. Se você não estiver adequadamente preparado para questionar os dados, pode facilmente se perder no processo. Cada pergunta que faz aos dados deve ser vinculada a um público específico que se preocupa com a resposta à questão. Se você conhece o seu público bastante bem, pode aplicar uma estrutura simples chamada 4-D (quatro dimensões), que pode servir de guia na navegação pelos números. Tendo em mente um público específico (o diretor de marketing, a equipe de e-commerce, os investidores, os gestores de filiais), você pode usar as quatro dimensões interconectadas – *problema*, *resultado*, *ações* e *medidas* – para manter o rumo nos dados e aguçar o foco da análise (veja a Figura 5.2).

Figura 5.2 A estrutura em 4-D para a descoberta de insights significativos

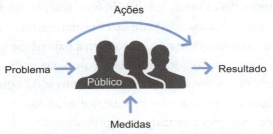

As quatro dimensões da Estrutura em 4-D podem fornecer um contexto crítico e um foco de análise para cada público específico.

Problema: é um desafio ou uma questão importante que o seu público quer resolver. Quase sempre, é algo que as pessoas gostariam de tornar mais eficiente ou eficaz do que se apresenta atualmente.

Resultado: é a meta estratégica ou o resultado final que o público deseja alcançar. Se o problema representa algo que está ocorrendo em seu estado *atual*, o resultado significa um estado *futuro* preferencial. Quanto mais explícito for o resultado (um alvo específico), mais útil será para a sua análise.

Ações: são as principais atividades e iniciativas estratégicas que o seu público está implementando para corrigir o problema ou alcançar o resultado desejado. Essas ações tentam fechar a lacuna entre o estado em que uma organização se encontra atualmente e o estado futuro desejado.

Medidas: são as principais métricas e outros dados usados para destacar o problema, monitorar a eficácia das iniciativas e definir a realização do resultado desejado.

O uso de um dispositivo GPS como os que usamos diariamente ilustra como essas quatro dimensões podem ajudá-lo a manobrar estrategicamente pelo labirinto de dados e encontrar as respostas para as suas perguntas (veja a Figura 5.3). O seu ponto de partida geralmente envolve explorar algo que está quebrado – um *problema* – e que reflete o estado presente ou atual do seu público. Frequentemente, haverá um destino na forma de um *resultado* melhor ou de um estado futuro no qual o problema identificado estaria resolvido. De modo a alcançar esse ponto final, um caminho ou abordagem é escolhida. Assim como faz para, num dispositivo GPS, selecionar o meio de transporte ou a rota, você concentrará o foco nas diferentes *ações* ou iniciativas estratégicas que o público executa atualmente para alcançar o resultado final desejado. Para medir o progresso até a meta ou alvo, você terá diferentes *medidas* ou métricas que indicam a distância que o público já percorreu e quão mais longe precisa ir. Em cada cenário da análise, quanto mais profundamente você entender essas quatro dimensões para um público específico, mais bem posicionado estará para questionar da maneira certa os dados e para identificar insights úteis.

Figura 5.3 A estrutura em 4-D: a analogia do GPS

A analogia com o dispositivo de GPS mostra como a Estrutura em 4-D pode ser útil na análise de um público específico. Para não se perder nos dados, você deve entender o ponto de partida (o problema), o destino (o resultado), a rota e o meio de transporte (as ações) e o avanço rumo à meta (as medidas) do público.

Quer seja novato ou especialista em dados, você pode questionar se todas as quatro dimensões são realmente necessárias. Se o prazo não for problema, você pode gastar o tempo que quiser vasculhando os dados para obter insights. Porém, embora possa ter dados em abundância, você provavelmente não possui tempo na mesma abundância. Cada dimensão fornece orientações para manter o foco e reduzir o tempo gasto procurando respostas para as suas perguntas.

- **Por que você precisa conhecer o problema?** Quanto melhor entender o problema e suas consequências, mais bem preparado você estará para descobrir suas causas potenciais. Se você não for capaz de articular com clareza e confiança qual é o problema, a sua investigação vai serpentear e apresentar dificuldade para isolar as soluções potenciais. Por exemplo, se você estiver examinando uma questão de geração de potenciais contatos ideais, ou *leads*, business-to-business (B2B), poderá procurar respostas nos lugares errados se não entender o problema central. Antes de mergulhar nos números, você pode querer discutir o problema com o público para obter mais contexto e direcionamento. Os principais interessados geralmente não se importam em compartilhar ideias sobre os desafios que estão enfrentando, se você reservar um tempo para se reunir com eles. Embora a sua análise possa levá-lo a caminhos inesperados, ter um ponto de partida sólido e um entendimento básico é importante para o sucesso.
- **Por que você precisa conhecer o resultado?** Conhecer o resultado desejado ou a meta estabelecida ajuda a avaliar o que já foi realizado até agora e o que ainda falta realizar. Embora você possa entender o problema, sem um alvo ou um resultado final desejado, é difícil saber até que ponto o problema deve ser corrigido. Voltando ao exemplo dos potenciais contatos ideais B2B, existe uma grande diferença entre ter que aumentar os *leads* de marketing em 25% e ter que dobrá-los (aumento de 100%). Se o alvo ou resultado ideal não estiver adequadamente definido, pode ser importante estabelecer isso antes de seguir longe demais em sua análise – ainda que você precise definir ou assumir um alvo razoável em nome de seu público.
- **Por que você precisa conhecer as ações?** Muitas vezes, a sua análise fica centralizada em torno de ações cruciais ou de iniciativas estratégicas, pois elas representam as alavancas reais que atualmente estão sendo acionadas para alcançar o resultado desejado. Por exemplo, a equipe de marketing B2B pode ter como foco expandir os seus esforços de marketing digital e melhorar o desempenho do seu marketing de eventos. Em vez de examinar todos os esforços de marketing, você pode começar explorando como essas duas áreas contribuem para as metas gerais de geração de *leads*. Ao avaliar as principais atividades e prioridades estratégicas do seu público, você concentra o foco nas áreas onde tempo e recursos estão sendo gastos – áreas que tendem a

ser relevantes e "prioritárias" para o seu público. Qualquer descoberta que você fizer nessas áreas gera interesse do público e tem maior probabilidade de ser posta em prática.

- **Por que você precisa conhecer as medidas?** Você precisa ter bom senso para saber quais são as medidas críticas de sucesso. Como nem todos os dados serão relevantes ou úteis, você precisa determinar quais métricas e dimensões serão fundamentais para entender o problema identificado ou alcançar o resultado desejado. No exemplo do marketing B2B, as principais medidas podem ser consultas, *leads* qualificados e custo por *lead*. Assim que você isolar as métricas e dimensões necessárias, será importante entender completamente o que elas significam – *e o que elas não significam* – antes de começar a analisá-las e interpretá-las. Em muitas empresas, não é incomum que as principais métricas sejam mal interpretadas. Dependendo de como a métrica é coletada, processada e calculada, seu significado pode variar dramaticamente. Por exemplo, uma métrica simples como "clientes" pode ser definida de forma diferente em diferentes funções dentro da mesma organização. Um departamento pode definir o cliente como os indivíduos que fizeram uma compra nos últimos 12 meses. Outro grupo pode definir o cliente como qualquer pessoa que fez uma compra nos últimos dez anos. Outra equipe ainda pode fatorar empresas que foram encaminhadas e atendidas por um parceiro. Sem clareza na definição da métrica, você fica suscetível a interpretar mal o que ela realmente significa e a fazer uso incorreto dela.

Em muitas situações, você pode começar com o bom entendimento de apenas uma das dimensões 4-D. Por exemplo, pode ter um indicador-chave de desempenho (KPI, do inglês *key performance indicator*) específico em mente – a pontuação líquida do promotor (NPS, do inglês *net promoter score*) –, ou saber qual é o problema (baixa retenção). Porém, se considerar apenas uma ou duas dimensões, você terá uma perspectiva incompleta, o que limitará a qualidade e a quantidade dos insights que poderá obter dos dados. Por outro lado, se expandir o seu conhecimento para cobrir todas as quatro dimensões de um público-alvo, você terá uma perspectiva mais abrangente e focalizada, que lhe permitirá levantar melhores questões dos dados. Com base no questionamento competente dos seus dados, você será capaz de emergir do labirinto de dados com insights preciosos que ajudarão a mudar para melhor a sua equipe, o seu departamento ou a sua organização. Como William Edward Deming disse: "Se não souber levantar a questão certa, você não descobrirá nada". A Estrutura em 4-D pode ajudá-lo a levantar melhores questões sobre os seus dados e a sair com segurança do labirinto de dados com algo nas mãos que garanta uma história.

Você tem um insight exequível?

> *Sem o conhecimento, a ação é inútil, e o conhecimento sem ação é fútil.*
> Abu Bakr, líder religioso

Assim que encontra o insight que muda a sua compreensão de alguma coisa, você deve determinar se ele merece se tornar a base de uma história de dados. Como é o clímax da sua história, o seu insight deve fornecer uma boa recompensa pelo foco e atenção do público. E, já que é preciso tempo e esforço para criar uma história de dados eficaz, você deve ter certeza de possuir algo significativo e prático. Consequentemente, todo insight necessita passar pelo teste do "e então?" antes de ser transformado em uma história de dados. Avinash Kaushik, autor e evangelista de marketing digital, recomenda avaliar todo insight das três maneiras a seguir, que constituem a base do seu teste "e então?" (Waisberg, 2016):

1. Por que o seu público deveria se importar?
2. O que o público deve fazer a respeito disso?
3. Qual é o impacto potencial nos negócios?

Se você não descobrir uma razão convincente pela qual o seu insight seria importante para o público, ele não deve ser compartilhado. Se não estiver claro o que o público deve fazer a respeito do insight, este é apenas informação útil, e nada mais. Por fim, se o impacto potencial do insight nos negócios for insignificante ou mínimo, ficará difícil chamar atenção para ele, já que a maioria das pessoas tem assuntos mais importantes ou urgentes para tratar.

Ao avaliar o seu insight com essas três perguntas, você está determinando se tem ou não um insight exequível que deve ter a própria história contada. O termo *insight exequível* tem sido usado de forma bastante vaga no mundo dos negócios, como uma descoberta ou resultado interessante. Em última análise, o insight que persuade as pessoas a agirem é muito mais valioso do que aquele que simplesmente responde a uma pergunta ou desperta curiosidade. Os insights acionáveis estão no ápice da pirâmide de dados e são a gênese do storytelling com dados que impacta e leva a mudanças efetivas. Para ajudar a avaliar a capacidade de ação dos seus insights, eu atribuí alguns critérios a cada uma das questões "e então?" de Kaushik (expandindo as três originais para seis):

Por que o seu público deveria se importar?

1. **Por ser valioso.** Dependendo do retorno percebido do seu insight, o valor monetário pode ser um fator de motivação que empurra as pessoas indecisas à ação. Como seres humanos, geralmente somos condicionados a resistir a mudanças e riscos. Porém, quando o lado positivo percebido supera significativamente qualquer lado negativo, o seu público fica mais confiante para segui-lo. Nem todos os insights terão o resultado esperado, mas geralmente, quanto maior for a recompensa do risco aceitável, menos hesitante o público será para agir.
2. **Por ser relevante.** Um insight pode ser um sinal forte para um público e ruído para outro. Quanto mais relevante for o insight para o público-alvo, maior será a probabilidade de o insight receber atenção e levar pessoas à ação. A conveniência de um insight também pode contribuir para a sua relevância. Alguns insights podem ser sensíveis ao tempo e se tornar progressivamente menos relevantes (e úteis). Um insight relevante e oportuno para o público certo pode ajudar a estimular a ação (de acordo com o apelo ao *kairos* de Aristóteles no Capítulo 2).

O que o público deve fazer a respeito disso?

3. **Ser prático.** Embora o seu insight possa ser ousado e audacioso, ainda assim deve ser percebido como viável e realista. Em alguns casos, você pode precisar moderar um grande insight dividindo-o em algo mais administrável, que o seu público consiga controlar. Por exemplo, se descobriu que os funcionários se beneficiariam significativamente com treinamento em alfabetização em dados, você pode propor um projeto piloto para testar a ideia com uma equipe local, antes de recomendar um programa de alfabetização em dados para toda a empresa. Mesmo que o seu insight possa ter repercussões mais amplas, é importante que

o seu público sinta que teria poder ou capacidade de agir de acordo com ele. Se oprimir o público, o seu insight pode emperrar e não levar a lugar nenhum.

4. **Ser específico.** Às vezes, os insights baseados em métricas abstratas podem descobrir anomalias interessantes, mas carecem de detalhes suficientes para gerarem ações imediatas. Por exemplo, saber que a sua receita aumentou 35% este mês pode ser bom, mas não indica como isso foi alcançado, nem se pode ser replicado ou ampliado. Esclarecer que o aumento de 35% na receita pode ser diretamente atribuído a uma promoção do tipo compre-um-leve-dois é algo mais específico e completo e desperta o interesse para que mais promoções desse tipo sejam feitas. Se o insight não ajuda a explicar adequadamente por que algo ocorreu, ainda não é exequível e pode precisar de uma sondagem mais profunda antes de estar pronto para o horário nobre. Quanto mais preciso e conclusivo for o seu insight, mais claro ficará para o público como pode executá-lo.

Qual é o impacto potencial nos negócios?

5. **É concreto.** Quanto mais concreto você tornar o seu insight, maior será a probabilidade de ele gerar ação. Por exemplo, você fica entusiasmado ao descobrir uma maneira de aumentar a produtividade da sua empresa em 18%. Porém, esse número se torna ainda mais concreto se você compartilhar a receita estimada de 800 mil dólares que poderia ser gerada. Se você puder monetizar o impacto do seu insight, atrairá mais atenção e motivará as pessoas a agirem de acordo com ele.
6. **É contextualizado.** Para ser exequível, o seu insight precisa vir acompanhado de uma quantidade adequada de contexto, de modo que o seu público possa apreciar totalmente seu significado ou singularidade. Frequentemente, um padrão ou benchmark se torna necessário para que o público compreenda totalmente o significado de um insight e se motive a agir de acordo com ele. Por exemplo, sem o contexto, as vendas de 3,4 milhões de dólares de produtos em um determinado mês significam bem pouco: trata-se de um fato, e não de um insight. Só quando você sabe que as vendas no mesmo mês do ano anterior foram de 1,1 milhão de dólares é que o resultado ganha maior relevância (crescimento de 209%!). Sem algum tipo de parâmetro, uma

descoberta sem contexto pode apenas levantar questões e objeções, em vez de gerar ação.

Quanto mais alinhado com essas seis características o insight estiver, mais exequível ele será. Alguns insights podem desmoronar, jamais atingindo esse padrão; outros podem simplesmente precisar de algum pequeno refinamento para se tornarem mais viáveis. Porém, se confiar na Estrutura em 4-D como guia durante a fase exploratória, você estará em posição mais forte para obter insights exequíveis. As quatro dimensões da Estrutura em 4-D centradas no público – *problema, resultado, ações* e *medidas* – mantêm o foco na descoberta de dados e orientam em direção a insights que atendam aos seis critérios de exequibilidade. Quando o seu insight acerta no teste "e então?", você tem os ingredientes para uma ótima história de dados. Com tantos dados e informações competindo por atenção, os insights exequíveis têm vantagem sobre informações menos exequíveis. Quando você tem um insight exequível no centro da sua história de dados, ele emite um sinal forte, que será difícil para o público (certo) ignorar ou não entender. Embora uma maior suscetibilidade de ação não garanta a adoção ou aplicação do insight, ela prepara o caminho, chama a atenção das pessoas e as desafia a explorarem o valor dele.

O processo de análise: da exploração à explicação

> *Eu sou um contador de histórias. É realmente disso que trata a exploração: ir a lugares onde outras pessoas não estiveram e retornar contando uma história nunca ouvida antes.*
> JAMES CAMERON, cineasta e explorador subaquático

A análise é um processo em duas etapas que tem uma fase exploratória e uma explicativa. Para criar uma história de dados poderosa, você precisa fazer a transição eficaz da descoberta dos dados (quando você encontra os insights) para a comunicação dos dados (quando você os explica para um público) (veja a Figura 5.4). Se não atravessar adequadamente essas duas fases, você pode acabar com algo que se assemelha a uma história de dados, mas sem o mesmo efeito. Sim, algo que pode ter números, gráficos e anotações, mas, sendo malformado, não obtém os mesmos resultados. Para compreender melhor por que a transição da exploração para a explicação dos dados é importante, eu gostaria de comparar o processo ao herói da minha infância, *Indiana Jones*.

Figura 5.4 O processo de desenvolvimento de uma história de dados em duas etapas

A formação da história de dados começa com o uso de visualizações de dados exploratórias a fim de descobrir insights. Assim que um insight significativo é descoberto, visualizações de dados explicativas são usadas para contar a história.

Se você está familiarizado com os filmes de ação e aventura de George Lucas e Steven Spielberg, conhece Indiana (Indy) Jones, o rude e encrenqueiro arqueólogo munido de um chicote. Enquanto perseguia antiguidades raras ao redor do mundo nos anos 1930, Indy sempre encontrava problemas e lutava com uma variedade de capangas do mal ao longo do caminho. É fácil esquecer que Indy também era um professor universitário que compartilhava com alunos e colegas as histórias e os despojos de suas aventuras arqueológicas. Conforme mostra a Figura 5.5, Indiana Jones incorpora ambos os lados do processo de análise: ele é aventureiro/arqueólogo (lado exploratório) e professor/comunicador (lado explicativo).

Quando começa a examinar um conjunto de dados em busca de insights significativos, você é como um arqueólogo ousado e curioso. Esteja você analisando um conjunto de dados simples ou complexo, as visualizações de dados costumam ter um papel fundamental na descoberta dos principais padrões, tendências e anomalias nos dados. Nessa etapa, o seu foco é velocidade e flexibilidade; você usa a visualização de dados como uma ferramenta para analisar os dados. Eles não precisam ser limpos ou bonitos – apenas funcionais – conforme você os navega de maneira iterativa até descobrir algo valioso.

Nessa etapa, você é o único público dessas visualizações de dados *exploratórias*. Elas só precisam falar com você e mais ninguém. Como você preparou os gráficos, deve ter conhecimento íntimo dos dados subjacentes. Embora possa tentar confirmar uma hipótese ou palpite, ainda não sabe qual narrativa surgirá dos dados. As suas ideias iniciais podem se mostrar corretas ou completamente contraditórias ou até mesmo ser puxadas para uma direção inesperada.

Figura 5.5 Os dois lados de Indiana Jones

Arqueólogo
(lado exploratório)

Professor
(lado explicativo)

Indiana Jones incorpora os dois lados do processo de análise. Como arqueólogo, ele descobria artefatos valiosos (lado exploratório). Como professor, ele ensinava aos alunos sobre suas descobertas arqueológicas (lado explicativo).

Porém, assim que descobre um insight significativo, você tem uma história para contar e deve fazer a transição para a fase explicativa. Então, se torna o professor de arqueologia e o conferencista em sala de aula. Você já não é mais o público principal, pois procura compartilhar as suas principais descobertas com outras pessoas. Também existe uma grande chance de que o público-alvo não conheça os dados no mesmo grau que você. Simplicidade, clareza e coesão tornam-se elementos essenciais no uso de visualizações de dados *explicativas*. E o mais notável é que as visualizações de dados que ajudaram você a descobrir o insight podem precisar ser refinadas, ou mesmo substituídas, para comunicar de forma mais eficaz o que você descobriu a um público menos informado.

Na Tabela 5.1, são mostradas as diferenças marcantes entre as duas etapas do processo de análise. Se a transição entre elas não for gerida adequadamente, você pode acabar com algo menos eficaz – nessa analogia, com *dados forjados*. Embora os dados forjados possam ser confundidos com uma história de dados, uma inspeção mais detalhada mostrará que faltam um ou dois atributos essenciais para a formação de uma história de dados eficaz. Assim como Indiana Jones era bom em identificar relíquias falsas (como o Santo Graal), você deve evitar os seguintes impostores falhos, pois as narrativas fracas, os insights questionáveis e os gráficos sem sentido decorrentes deles acabarão atrapalhando – e não ajudando – o seu público.

Tabela 5.1 Diferenças entre as duas etapas do processo de análise

	Etapa exploratória	Etapa explicativa
Meta	Entender	Comunicar
Público	Você	Outras pessoas
Familiaridade com dados	Muito familiarizado (você)	Menos familiarizados (os outros)
Foco da visualização	Flexibilidade e rapidez	Simplicidade, claridade e coesão
Narrativa	Desconhecida	Conhecida
Resultado	Insight	Ação

Dados forjados n. 1: o corte de dados

Especialistas de dados bem-intencionados frequentemente encontram dados forjados desse tipo. Tudo começa bem com eles fatiando e cortando os dados em busca de insights significativos (veja a Figura 5.6). Porém, uma vez que um determinado corte de dados produz um insight interessante, nada é feito para empacotá-lo para o consumo significativo por parte de outras pessoas. Nesse cenário, esses especialistas assumem erroneamente que a informação bruta que falou com eles falará igualmente bem com o público-alvo.

Figura 5.6 Dados forjados n. 1: o corte de dados

O corte de dados começa com a exploração dos dados para insights, porém fracassa em comunicar o insight através do uso de uma narrativa eficaz e de recursos visuais explicativos.

Infelizmente, como o corte não editado de um diretor, o *corte de dados* depende muito do impacto ou da capacidade de persuasão dos fatos brutos. Ele ignora a importância de se ter uma narrativa e recursos visuais explicativos bem elaborados para ajudar os outros a compreender melhor o significado do insight. Ignaz Semmelweis, mencionado no Capítulo 3, caiu nessa armadilha.

> **Sinais de alerta de que você pode estar caindo na armadilha do corte de dados:**
> - Você sente que os dados falam por si pois as evidências são muito fortes.
> - Você não tem certeza de como o público receberá ou interpretará os resultados.
> - Você não gastou muito tempo ajustando os seus gráficos ao seu público.

Dados forjados n. 2: a participação especial de dados

Os usuários corporativos – não especialistas em dados – são os mais suscetíveis a esse tipo de armadilha. Curiosamente, ela é rica em narrativas e pode até mostrar alguns pontos cruciais. Porém, tal narrativa não está nos dados de fato, mas sim em alguma história preconcebida, ou, mais exatamente, em alguma intenção (veja a Figura 5.7), de modo que os dados são acrescentados posteriormente para apoiar ou fortalecer a narrativa desejada. Apenas aqueles pontos de dados que apoiam a narrativa são "selecionados", enquanto os conflitantes são ignorados, intencionalmente (seletividade, omissão) ou não (viés de confirmação). Essa abordagem é comum nos casos em que alguém sente que precisa justificar uma decisão ou mostrar por que determinada ação ou iniciativa foi bem-sucedida. Infelizmente, nessa narrativa os dados surgem mais como "participação especial" do que como a base da história, como deveria acontecer. Como não são centrais para a história geral, a participação especial de dados pode ser desmascarada em um exame mais minucioso.

Figura 5.7 Dados forjados n. 2: a participação especial de dados

A participação especial de dados surge de uma história predefinida, e não do conjunto de dados. Vários pontos de dados são selecionados para apoiar ou consubstanciar a narrativa desejada. Sem uma base de dados sólida, ela pode ser desvendada rapidamente em um exame mais minucioso.

> **Sinais de alerta de que você pode estar caindo na armadilha da participação especial de dados**
> - Você já sabe a narrativa que deseja contar antes de examinar quaisquer dados.
> - Você seleciona dados que apoiam um ponto de vista específico.
> - Você não quer refutar o ponto de vista que prefere.

Dados forjados n. 3: os dados decorativos

Os últimos dados forjados surgem à medida que mais indivíduos conseguem acesso às ferramentas de visualização de dados. Com mais dados do que sabem manejar, as pessoas podem exibi-los de muitas maneiras diferentes e interessantes. Porém, essa combinação viciante entre dados ilimitados e o colírio para os olhos que são os gráficos levou ao surgimento dos dados decorativos. Esse cenário ocorre quando, com dificuldades na fase exploratória, os indivíduos não identificam um insight claro e avançam à visualização dos dados voltada aos outros sem terem elaborado uma narrativa convincente (veja a Figura 5.8). Eles esperam que, ao simplesmente compartilharem os gráficos de dados, evitando o trabalho de análise real, algum consumidor de dados vá encontrar algo significativo. Porém, em vez de agregar valor, os dados decorativos muitas vezes acrescentam confusão e ruídos indesejados.

Figura 5.8 Dados forjados n. 3: os dados decorativos

Com os dados decorativos, gasta-se pouco tempo na análise real dos dados para se chegar a conclusões ou insights claros antes da visualização dos dados para consumo.

> **Sinais de alerta de que você pode estar caindo na armadilha dos dados decorativos:**
> - Você não tem uma ênfase ou um foco claro para os recursos visuais que está criando.
> - Você foca mais a ferramenta de visualização do que os dados em si.
> - Você deseja tornar os dados visuais para que outras pessoas com mais expertise possam extrair mais dos números.

Cada um desses tipos de dados forjados se destaca em um aspecto crucial do que é necessário para formar uma história de dados eficaz, mas tem falhas nas outras duas áreas essenciais. Por exemplo, o *corte de dados* é forte nos dados, mas fraco tanto na narrativa quanto no visual. A *participação especial de dados* é rica em narrativa, mas tem poucos dados. Os *dados decorativos* oferecem recursos visuais atraentes (se não particularmente claros ou significativos), mas carecem da narrativa com foco. Somente uma história de dados verdadeira combina de forma eficaz todos os três aspectos principais – dados, narrativa e recursos visuais. É imperativo que você entenda como uma história de dados é formada corretamente, pois isso fará diferença na eficácia das suas comunicações de dados.

A análise e a comunicação de dados exigem disciplina

> *É um erro capital alguém teorizar antes de ter dados. Sem perceber, a pessoa começa a distorcer os fatos para adequá-los às teorias, em vez de as teorias se adequarem aos fatos.*
> SHERLOCK HOLMES, por Sir Arthur Conan Doyle, autor

Mesmo com narrativa sólida e recursos visuais perspicazes, a história de dados não pode compensar uma base de dados fraca. Enquanto arquiteto, construtor e designer, isto é, como o mestre da sua história de dados, você desempenha um papel fundamental para garantir veracidade, qualidade e eficácia. Então, como é responsável por lançar a base de dados e por elaborar a estrutura narrativa da história de dados, você precisa ter cuidado durante o processo de análise. Uma vez que todos os dados são processados e interpretados por você antes de serem compartilhados com outras pessoas, eles podem ser expostos a vieses cognitivos e a falácias lógicas que distorcem ou enfraquecem a base de dados da história.

No Capítulo 3, vimos como a mente humana processa informações, tanto consciente quanto inconscientemente, usando dois sistemas: o Sistema 1 e o Sistema 2. Ambos os sistemas, especialmente o Sistema 1, influenciam a maneira como os seus insights são recebidos por outras pessoas. Em seu cérebro, esses mesmos dois sistemas também moldarão o modo como você processa os dados e como comunica os seus insights. As heurísticas inconscientes e imperfeitas do Sistema 1 nos ajudam a lidar com a vasta quantidade de informações que precisamos absorver regularmente. Elas nos ajudam a focar rapidamente a nossa atenção e a dar sentido ao que está acontecendo ao nosso redor; mas os vieses cognitivos do Sistema 1 também podem nos desgarrar durante o processo de análise. Embora a psicologia moderna liste atualmente mais de 180 vieses cognitivos, eu vou concentrar o meu foco em três exemplos comuns, mas representativos, que demonstram como o viés cognitivo pode distorcer as suas histórias de dados de várias maneiras.

Viés de confirmação

O viés de confirmação é a tendência de buscar e aceitar apenas evidências que apoiem as suas crenças ou pontos de vista já existentes. Também faz com que você ignore informações contrárias que refutem as suas opiniões atuais.

O empresário americano Warren Buffett observou: "O que o ser humano faz de melhor é interpretar todas as novas informações de modo que suas conclusões anteriores permaneçam intactas". Ao iniciar uma análise, você pode ter uma opinião ou hipótese sobre o assunto que está analisando. Se não estiver ciente dos seus vieses, você pode analisar os dados seletivamente até descobrir um insight que confirme a sua opinião ou hipótese.

O método científico foi introduzido para combater o viés de confirmação, fazendo com que os pesquisadores tentem *refutar*, e não apenas confirmar, suas hipóteses. Infelizmente, mesmo dentro da comunidade científica, a pressão competitiva para produzir descobertas positivas significativas induziu muitos cientistas ao erro. Em 2005, John Ioannidis, professor de Stanford, corajosamente proclamou que a maioria das descobertas de pesquisas publicadas eram falsas (Ioannidis, 2005). Por exemplo, a empresa de biotecnologia Amgen só pôde reproduzir 6 (11%) de 53 estudos de câncer com "marca de referência". Outro estudo pôde reproduzir apenas 39% dos 100 resultados de pesquisas em psicologia (Nuzzo, 2015). Se sucumbir ao seu próprio viés de confirmação, você poderá encontrar exatamente o que espera nos números; mas vai perder o que realmente está acontecendo.

Viés de sobrevivência

O viés de sobrevivência é a tendência de concentrar o foco apenas naquilo que teve sucesso ou sobreviveu, ignorando o que falhou ou não sobreviveu. Um exemplo histórico dos mais comentados de viés de sobrevivência ocorreu durante a Segunda Guerra Mundial. Os militares dos Estados Unidos queriam reduzir as pesadas perdas de seus bombardeiros e tripulações de voo. Os comandantes militares procuraram acrescentar mais blindagem aos bombardeiros; entretanto, o peso do acréscimo também reduzia a capacidade de manobra e aumentava o consumo de combustível. Para encontrar a distribuição ideal da blindagem, eles pediram ajuda a um grupo de matemáticos. A análise feita pelos militares dos aviões que voltaram de combate mostrava que a maior parte dos danos ocorria ao longo das asas e da fuselagem. Quando os militares americanos perguntaram quanta blindagem eles deveriam distribuir nesses locais, a resposta do estatístico Abraham Wald chocou a todos: nenhuma. Os buracos de bala mostravam onde os bombardeiros podiam ser atingidos e, ainda assim, retornar com segurança. Wald formulou a hipótese de que os danos de combate ocorriam uniformemente nos aviões e que as seções onde os aviões sobreviventes não ficaram tão danificados (os motores) representavam os locais vulneráveis (veja a Figura 5.9).

Figura 5.9 Viés de sobrevivência: análise de um bombardeiro da Segunda Guerra Mundial

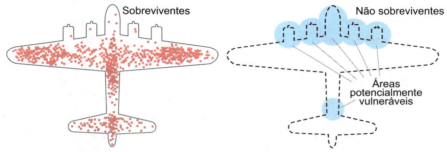

Durante a Segunda Guerra Mundial, o estatístico Abraham Wald notou que os militares dos EUA estavam tomando decisões sobre a colocação de blindagem com base nos dados dos bombardeiros sobreviventes, e não dos aviões que não retornaram com segurança. Os buracos de bala nos bombardeiros sobreviventes indicavam os locais onde os aviões podiam receber danos e ainda voar de volta para casa. Wald levantou a hipótese de que os aviões que não retornavam recebiam grandes danos em locais onde as aeronaves sobreviventes tinham apenas danos mínimos.

Quando a sua análise sofre do viés de sobrevivência, você tem uma imagem incompleta do que está acontecendo. A sua percepção de quais seriam os fatores de sucesso pode ser distorcida pelas falhas ausentes, ou pelos não sobreviventes. Por exemplo, se você estivesse analisando novas localizações de lojas, a sua análise seria distorcida se fosse baseada apenas nos critérios das melhores lojas, e não levasse em conta os locais de pior desempenho. Em vez de colocar o foco exclusivamente no que teve sucesso ou sobreviveu, insights valiosos podem surgir dos fracassos e da compreensão dos motivos que levaram ao fracasso.

Maldição do conhecimento

A maldição do conhecimento é a tendência de presumir que outras pessoas têm o contexto ou conhecimento necessário para acompanhar o que você está comunicando. Depois que você se familiariza com um tópico, pode ser difícil imaginar *não* saber o que você sabe. Quando você estava aprendendo a andar de bicicleta, era estranho e desafiador. Então, de repente, um dia você descobriu que sabia pedalar... Imediatamente não valia mais a pena explicar como pedalar para pessoas que não sabiam. Quando você é "amaldiçoado" pelo entendimento mais aprofundado do assunto, fica mais difícil ver o assunto da perspectiva de um novato. Em suma, se você é alfabetizado em dados, pode ser difícil ver os dados que compartilha da perspectiva de alguém que seja menos alfabetizado em dados do que você. Nesses cenários, o seu conhecimento interfere na sua capacidade de se comunicar com eficácia.

Em 1990, foi realizado um experimento na Universidade de Stanford no qual os indivíduos de um grupo foram designados para dois tipos de papéis: o de "batuqueiro" ou o de "ouvinte". Cada batuqueiro foi instado a tocar o ritmo de uma música conhecida, como "Parabéns a você", ou o hino nacional dos Estados Unidos – "The Star Spangled Banner" – para um ouvinte, que era instado a identificar a música. Quando os batuqueiros foram indagados sobre a frequência com que achavam que os ouvintes poderiam adivinhar corretamente as músicas, estimaram que isso aconteceria em 50% das vezes. Porém, o índice real de sucesso dos ouvintes foi de apenas 2,5% das vezes (Heath e Heath, 2006). Enquanto os batuqueiros tinham a vantagem de escutar a melodia das canções em suas cabeças enquanto batucavam, na imensa maioria das vezes tudo o que os ouvintes podiam perceber eram combinações aleatórias de batuques de dedos. Da mesma forma, quando gasta algum tempo analisando um conjunto de dados, quase sempre você obtém um conhecimento mais profundo dos dados do que o seu público obteria. Quando você descobre um insight que deseja compartilhar, a maldição do conhecimento pode impedir a sua capacidade de comunicá-lo de forma clara e concisa ao público. Conhecer o seu público, ter consciência da própria proficiência e usar histórias para transmitir os seus dados de maneira concreta pode ajudá-lo a neutralizar esse viés cognitivo.

Além dos vieses cognitivos introduzidos pelo Sistema 1, a sua análise também pode sofrer das falácias lógicas que ocorrem no Sistema 2. Enquanto os vieses cognitivos influenciam os nossos padrões de pensamento *inconscientes*, as falácias lógicas representam falhas em nosso raciocínio *consciente*. Você pode estar cego para muitas heurísticas e preconceitos que moldam seu pensamento, mas pode aprender a identificar o raciocínio irracional na forma de argumentos falhos. Na psicologia moderna, você encontrará mais de 130 falácias lógicas; eu escolhi três das mais comuns que podem corroer a base de dados da sua narrativa.

Falácia da correlação

A falácia da correlação ocorre quando alguém interpreta erroneamente eventos coincidentes como sendo parte de uma relação de causa e efeito. Diferentes variáveis são *correlacionadas* quando flutuam juntas de maneira semelhante ou inversa. Embora a correlação não implique causalidade, o cartunista por trás do *xkcd*, Randall Munroe, notou: "Ela ergue as sobrancelhas sugestivamente e murmura 'vejam só!' enquanto gesticula furtivamente". Frequentemente, pesquisadores e analistas encontrarão essas relações correlatas em suas análises. Eventualmente, com um exame mais aprofundado, eles podem descobrir a causa raiz de um problema ou o principal gerador de uma oportunidade. Por exemplo, os cientistas descobriram que fumar tem alta correlação com o câncer de pulmão antes de conseguirem isolar as reais substâncias cancerígenas nos cigarros.

Figura 5.10 Quadrinho *xkcd* (Randall Munroe)

Fonte: https://xkcd.com/552/. Cortesia de xkcd.com.
Essa tira do quadrinho *xkcd*, de Randall Munroe, destaca a relação única entre a correlação e a causalidade.

Porém, é importante lembrar que, embora duas variáveis possam apresentar tendências de maneira relacionada, isso não significa que uma variável é a causa direta da outra. Por exemplo, embora possa existir uma forte correlação entre o consumo de sorvete e os ataques de tubarão, seria irracional acreditar que o sorvete causa ataques de tubarão (ou o contrário). Em vez disso, uma terceira *variável de confusão* – a temperatura externa – influencia ambas as variáveis. Além do mais, a correlação entre as duas variáveis pode ser apenas casual. O *Spurious Correlations* (2015), o divertido livro e site de Tyler Vigen, destaca várias correlações absurdas, inclusive a forte correlação (99,26%) entre o índice de divórcios no estado do Maine e o consumo per capita de margarina nos EUA (veja a Figura 5.11). Como o nosso cérebro é programado para atribuir causalidade e formar narrativas, é fácil presumirmos que existem relações de causa e efeito imaginárias quando as variáveis são meramente correlacionadas. Embora as correlações possam ser esclarecedoras, elas não podem ser nada mais do que apenas associações até serem estudadas e testadas quanto à causalidade.

Figura 5.11 Índice de divórcios no Maine em correlação com consumo per capita de margarina

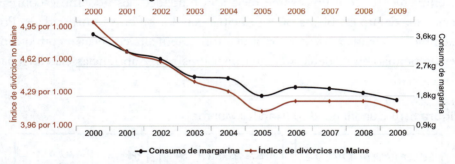

Fonte: https://tylervigen.com/spurious-correlations. Cortesia de Tyler Vigen.

Embora o índice de divórcios no Maine esteja altamente correlacionado com o consumo per capita de margarina (99,26%), ninguém em sã consciência poderia sugerir que existe uma relação causal entre essas duas variáveis.

Falácia do atirador de elite do Texas

A falácia do atirador de elite do Texas acontece quando alguém atribui significância a um conjunto aleatório de coincidências. Essa falácia recebe o nome de uma anedota interessante sobre um cowboy texano que praticava suas habilidades de tiro na lateral de um celeiro. Depois, ele pintou alvos ao redor dos aglomerados de buracos de balas, para sugerir que seria um atirador habilidoso. Em vez de buracos de bala na lateral de um celeiro, você pode abordar um grande conjunto de dados e atribuir significado (sinais) a um pequeno conjunto de anomalias, enquanto descarta o resto dos dados como ruído. Porém, o perigo de pintar alvos em torno de certos pontos de dados é que você pode atribuir significado a padrões que ocorreram por acaso. David McRaney, autor de *Você não é tão esperto quanto pensa*, observou que nós "tendemos a ignorar o acaso quando os resultados parecem significativos ou quando (nós) queremos que um evento aleatório tenha uma causa significativa" (McRaney, 2010).

Um excelente exemplo dessa falácia ocorreu em 1992, quando pesquisadores suecos estudaram os efeitos das linhas de energia elétrica em famílias que viviam muito próximas. Eles testaram os indivíduos para 800 doenças potenciais ao longo de um período de 25 anos. Os pesquisadores descobriram que a incidência de leucemia infantil era quatro vezes maior nos domicílios dos que moravam perto de linhas de energia. Embora essa fosse, sem dúvida, uma notícia alarmante para os pais e para os governantes locais, os pesquisadores foram vítimas da falácia do atirador de elite do Texas. Pelo fato de terem mais de 800 potenciais índices de risco ou "alvos", os pesquisadores tinham uma alta probabilidade de que pelo menos uma doença gerasse uma diferença estatisticamente significativa apenas por acaso. Depois desse estudo marcante, pesquisas subsequentes sobre os efeitos das linhas de transmissão não conseguiram confirmar suas descobertas (Smith, 2016). Existe uma diferença significativa entre você ter uma hipótese ou teoria (pintar o alvo) *antes* de analisar os dados e formar uma teoria *depois* de analisar os números. No último caso, torna-se importante testar a sua teoria com novos dados para confirmar se a descoberta é realmente um indício, ou apenas produto da aleatoriedade.

Falácia da generalização precipitada

A falácia da generalização precipitada ocorre quando alguém faz uma afirmação ampla que não é justificada por dados suficientes ou imparciais. Muitas vezes, nós desprezamos as generalizações, mas frequentemente contamos com elas para dar sentido ao nosso mundo complicado. Quando se trata especificamente de análise, você frequentemente generaliza as descobertas para que elas possam ser aplicadas de forma mais ampla a um conjunto de circunstâncias semelhantes. Por exemplo, você pode descobrir que um certo tipo de cliente potencial responde bem a demonstrações de produtos. Tendo em vista clientes em potencial com esse perfil específico, você pode decidir dar destaque às suas demonstrações de produtos em seu site. Embora nem todos esses clientes em potencial sejam igualmente receptivos a demonstrações de produtos, os seus dados mostram – em geral – que existe uma probabilidade maior de eles se converterem depois de verem uma "demo". Nesse caso, a generalização com base nos dados do cliente potencial pode ajudar a melhorar os seus esforços de vendas.

Já que – como como seres humanos – somos propensos a tirar conclusões precipitadas, precisamos ter cuidado com a rapidez com que formamos as nossas generalizações. O aspecto "precipitado" dessa falácia é o que realmente pode nos colocar em apuros. Essa falácia lógica ocorre quando você identifica algo interessante em uma amostra não representativa e, em seguida, assume que ele se aplica a uma população maior. Por exemplo, a sua conclusão sobre as demonstrações de produtos pode ter vindo de uma conversa com vendedores que disseram que seus clientes em potencial gostavam delas. Fazer uma generalização *precipitada* com base no feedback ad hoc de alguns vendedores é diferente de chegar à mesma conclusão com base em uma análise extensa do comportamento de milhares de clientes em potencial. Quanto maior e mais representativa for a amostra do seu insight, mais forte será a sua base de dados.

Como os dados devem ser filtrados por você – um ser humano inteligente, mas falível –, sempre existe a possibilidade de que algum raciocínio falho ou enviesado torça e distorça as suas histórias de dados. Embora eu tenha coberto alguns vieses cognitivos e falácias lógicas importantes, existem centenas de outros que também podem levá-lo a se desviar do seu caminho. Muitas pessoas não percebem como a *disciplina* é necessária no processo de análise. Richard Feynman, físico teórico, disse: "O primeiro princípio é que você não deve se enganar; e você é a pessoa mais fácil de enganar" (Feynman, 1974). O seu próprio raciocínio fraco ou falho pode acabar sabotando os seus insights antes que eles sejam compartilhados com qualquer outra pessoa. Se deseja construir uma história de dados eficaz, você precisa estar ciente dos vieses ou preconceitos que podem (e que vão) afetar o seu juízo. Embora não seja possível desativá-los como os recursos de um smartphone, você pode ficar alerta durante o processo de análise. Alberto Cairo, autor de *The Truthful Art* e especialista em visualização de dados, reconheceu como isso pode ser desafiador:

> *É verdade que os seres humanos não podem ser completamente factuais ou objetivos. O nosso cérebro é uma máquina de carne defeituosa, esculpida pela evolução, e não um computador. Todos nós temos vieses cognitivos, culturais e ideológicos, mas isso não significa que não possamos nos esforçar para sermos factuais. A verdade é inatingível, mas tentar ser verdadeiro é uma meta realista e digna. [...] Existe uma profunda diferença entre aqueles que se rendem aos seus próprios vieses, ou que os abraçam de bom grado, e aqueles que trabalham duro para identificá-los e contê-los, mesmo que nunca tenham sucesso total. (Cairo, 2016)*

Se você não monitora a maneira como as suas opiniões e os seus vieses impactam a sua pesquisa, a sua base de dados fica suscetível a rachaduras e fissuras. Ao apressar a análise, você pode até acabar tendo um insight conveniente, mas o qual será logicamente falho. Porém, se você for disciplinado nas fases exploratória e explicativa, estabelecerá uma base sólida para construir a sua história de dados. A disciplina analítica pode moldar a trajetória das suas histórias de dados, sejam elas aceitas como evangelho ou descartadas como ilusão. Quanto mais você fortalecer os seus insights com objetividade e honestidade, mais duradouras e poderosas serão as suas histórias de dados.

Quando uma quantidade muito grande de uma coisa boa é ruim

A riqueza de informações cria pobreza de atenção.
HERBERT A. SIMON, economista e cientista político

Imagine que você realizou uma análise aprofundada e descobriu um insight incrível. Agora está animado para compartilhar as suas descobertas com um grupo influente de partes interessadas. Vamos supor que você teve o cuidado de ser objetivo e está atento a vieses ou falácias lógicas que possam contaminar a sua análise. Ao se preparar para compartilhar os seus dados com outras pessoas, você ainda está sujeito a mais um erro comum: a *sobrecarga de informações*. Na empolgação para compartilhar a sua jornada de análise e aquilo que descobriu, você enche o seu relatório, apresentação, infográfico ou painel com tanta informação que o público não consegue compreender tudo. Em vez de enviar um sinal claro e forte para esse público, você sem querer o sufoca em minúcias e ruídos. Em vez de engajar e esclarecer o seu público, você o deixa confuso, frustrado, talvez até um pouco anestesiado.

Quando se encontra na situação em que tem uma riqueza de informações para compartilhar, você precisa reconhecer como funciona a memória humana. Como um computador, a mente humana tem um grande disco rígido para armazenamento, mas uma capacidade de memória limitada para processar informações desconhecidas. As entradas (*inputs*) ou estímulos dos nossos vários sentidos são mantidos temporariamente em nossa *memória sensorial* inconsciente por menos de um segundo, até serem descartados ou escolhidos para processamento posterior (veja a Figura 5.12). Quando algo chama a nossa atenção, a nossa *memória de trabalho* consciente atua como uma unidade central de processamento (CPU, do inglês *Central Processing Unit*), que examina as informações e as codifica como esquemas, para armazenamento em nossa *memória de longo prazo*. Porém, a informação tem apenas uma pequena janela de oportunidade na memória de trabalho – quase sempre menos de um minuto – para fazer uma conexão significativa, ou então será esquecida.

Figura 5.12 Processamento da memória humana

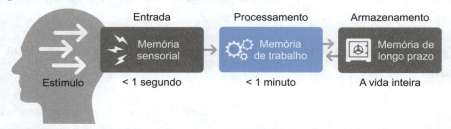

Quando o estímulo (áudio, imagem, toque etc.) é recebido pelo cérebro, ele passa menos de 1 segundo na memória sensorial. Se algo chama a nossa atenção, é processado por menos de 1 minuto na memória de trabalho. Se for considerado importante, será armazenado na memória de longo prazo como um esquema.

Já que a memória de trabalho atua como um porteiro para novas informações, você precisa entender que ela pode ficar sobrecarregada. Em 1956, George Miller – psicólogo de Princeton – afirmou que as pessoas conseguem conter apenas sete informações (com margem de dois para cima e para baixo) por vez na memória de trabalho (Miller, 1956). Pesquisas mais recentes indicam que o número "mágico" pode ser de apenas quatro (University of New South Wales, 2012). De modo a processar as informações que chegam, frequentemente agrupamos peças individuais em blocos mais administráveis. Por exemplo, processaremos o número de um celular (+18881234567) como quatro blocos (+1 888 123 4567), em vez de 12 caracteres separados. Conforme você reúne os vários elementos da sua história de dados, deve estar ciente da importância de "fragmentar" de forma administrável as suas informações. No próximo capítulo, você verá como a narrativa pode acrescentar estrutura aos seus dados e torná-los mais fáceis de digerir pelo público.

Educadores e planejadores educacionais enfrentam um desafio semelhante ao dos contadores de histórias de dados em termos de encontrar o equilíbrio entre informações que transmitam insights e conceitos cruciais para um público e não sobrecarregar os membros desse público. No final da década de

1980, o psicólogo educacional John Sweller examinou a capacidade limitada da memória de trabalho e explorou as razões pelas quais as pessoas achavam difícil entender e reter novas informações. Sweller desenvolveu a Teoria da Carga Cognitiva (TCCO), pela qual identificou três tipos de atividades mentais que ocorrem na memória de trabalho e que impactam a eficiência da aprendizagem (Sweller, 1988):

1. **Carga intrínseca:** esse tipo de carga cognitiva representa a dificuldade ou complexidade inerente do tópico em questão. A carga intrínseca dependerá do assunto que está sendo compartilhado, e a complexidade do tópico não pode necessariamente ser alterada pela pessoa que divulga a informação. Por exemplo, é mais fácil ensinar alguém a dobrar um avião de papel do que a pilotar um avião a jato. Alguns tópicos são naturalmente mais difíceis de ensinar e aprender do que outros.
2. **Carga externa:** esse tipo de carga é o esforço associado a elementos instrucionais não relevantes que não são essenciais para a tarefa de aprendizagem. Como existe uma capacidade finita para a memória de trabalho processar novas informações, qualquer tempo gasto no processamento de itens não essenciais, como um layout não intuitivo, imagens decorativas, animações que distraem e assim por diante, significa menos tempo a ser dedicado à compreensão das informações essenciais. Por exemplo, instruções escritas com o passo a passo para dobrar um avião de papel introduziriam mais carga cognitiva estranha do que um simples diagrama (veja a Figura 5.13).
3. **Carga pertinente:** esse tipo de carga reflete o esforço real gasto no processamento e na organização das informações em esquemas para a memória de longo prazo. Aprender qualquer nova ideia ou conceito exige esforço. A carga pertinente representa o tipo de carga desejável que ajuda as pessoas a adquirirem novas habilidades e conhecimentos. Por exemplo, se você deseja ensinar alguém a dobrar um avião de papel, a melhor abordagem será um exercício prático guiado usando papel. Para os alunos, o esforço mental envolvido em seguir instruções claras e fazer as dobras corretas será uma carga pertinente benéfica.

Quando você tenta compartilhar dados que podem ser complexos e incômodos para o público, as técnicas da TCCO para *gerir* a carga intrínseca, *minimizar* a carga externa e *maximizar* a carga pertinente são incrivelmente úteis para os contadores de histórias de dados. Embora não possa necessariamente simplificar a complexidade do assunto analisado, você pode gerir o impacto da carga intrínseca deste. Uma tática útil é dividir as suas descobertas em segmentos ou partes mais administráveis os quais seu público possa absorver e acompanhar mais facilmente. Em vez de despejar em seu público muitos dados muito rapidamente, você pode revelar os dados gradualmente, em etapas, para que o público possa construir esquemas à medida que se familiariza com as suas informações.

Figura 5.13 Instruções baseadas em texto

COMO DOBRAR UM AVIÃO DE PAPEL (TEXTO)

1. Dobre ao meio um pedaço de papel, de 8,5 × 11, no sentido do comprimento, para criar um vinco no centro. Em seguida, dobre os dois cantos superiores até o vinco central.
2. Pegue os dois cantos superiores e dobre-os novamente no vinco central.
3. Dobre os dois lados para dentro até a dobra central, de forma que eles se toquem.
4. Crie a primeira asa fazendo uma dobra ao longo do comprimento do papel, a cerca de 2 a 4 centímetros da lombada. A dobra deve deixar a asa perpendicular ao corpo do avião.
5. Repita a etapa acima para criar a outra asa do avião de papel.

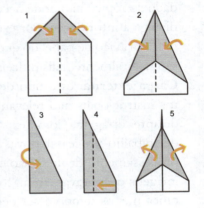

COMO DOBRAR UM AVIÃO DE PAPEL (VISUAL)

Para a maioria dos públicos, as instruções baseadas em texto, como à esquerda, geram mais carga cognitiva externa do que as do diagrama à direita.

Se as suas descobertas são complexas, você deve começar com conceitos simples e avançar para pontos mais complexos. O nível de especialização do seu público no tópico também afetará a carga intrínseca. Um público iniciante experimentará mais carga intrínseca do que um público especializado que já é proficiente no assunto. O ponto inicial e o tempo de rampa serão diferentes para cada tipo de público.

Um objetivo essencial no storytelling com dados de impacto é minimizar a carga externa colocada sobre o público. Os dados forjados – o *corte de dados* – são um exemplo de como uma carga cognitiva externa pode prejudicar a comunicação de dados. Quando você compartilha descobertas não editadas e brutas, o seu público é forçado a trabalhar mais para entendê-las e apreciá-las. Qualquer esforço mental que os membros do público desperdicem em itens estranhos reduz sua capacidade de concentrar o foco na mensagem central. Para evitar sobrecarregar inadvertidamente as memórias de trabalho do público, você deve minimizar a carga externa das seguintes maneiras:

- Use tipos de gráficos eficazes para transmitir as suas informações.
- Remova dados irrelevantes ou gráficos redundantes.
- Não combine vários pontos de dados num único gráfico, pensando que reduzir o número de gráficos simplificará as coisas.
- Evite texto denso em slides, gráficos e infográficos.
- Classifique, agrupe ou rotule os seus dados para consumo mais fácil.
- Organize ou faça o layout de seu conteúdo de maneira que seja fácil de seguir.
- Remova os elementos não essenciais dos gráficos, como efeitos 3-D desnecessários, linhas de grade escuras e o uso não estratégico de cores.
- Compartilhe os dados de maneira consistente (nomeando convenções, cores, símbolos).
- Sinalize para o público onde ele deve concentrar a atenção.

Ao contrário da carga intrínseca, você controla a quantidade de carga externa que o seu público receberá. É do seu interesse otimizar o conteúdo, evitando sobrecarregar o público com qualquer processamento extra, especialmente se isso não ajuda a compreender melhor os seus insights. Nos Capítulos 7 e 8, sobre recursos visuais, você aprenderá várias técnicas de visualização que o ajudarão a minimizar essa forma particular de carga cognitiva.

Felizmente, o storytelling é naturalmente propício para maximizar carga pertinente. No próximo capítulo, você aprenderá como a estrutura da história pode ajudar a envolver o público e encaminhar as informações de uma forma que seja mais fácil para a memória de trabalho processar. Quando apropriado, você pode considerar a incorporação de analogias nas suas histórias de dados, para tornar conceitos complexos mais acessíveis e compreensíveis para o público. Além disso, em vez de depender apenas de resultados agregados mais abstratos, você pode incluir exemplos específicos e concretos que ajudem a dar vida às suas descobertas gerais. Por exemplo, você pode ter descoberto um problema de atendimento ao cliente que estaria afetando milhares de clientes e custando milhões de dólares à sua empresa; porém pode ser mais impactante compartilhar um exemplo específico de como o problema afeta um dos seus clientes mais valiosos. Quanto mais relacionáveis forem os seus dados, mais fácil será para o público processá-los e aplicá-los.

Quando você compartilha informações em excesso, sua história de dados pode desmoronar com o peso dos dados. Conforme passa da fase exploratória para a explicativa no processo de análise, geralmente você tem mais dados do que realmente precisa para contar uma história única. Henry David Thoreau, escritor americano, disse: "Não é o que você olha o que importa, é o que você enxerga". Embora você possa analisar ou examinar muitos dados, na verdade apenas os insights importam, aquilo que você viu e que se destacou.

Os pesquisadores Nadav Klein e Ed O'Brien descobriram que tendemos a superestimar a quantidade de informações que alguém precisa ver antes de tomar uma decisão (Klein e O'Brien, 2018). Com base em vários experimentos, eles descobriram que os indivíduos superestimavam em *duas a quatro vezes* a quantidade de informações necessária para apoiar a tomada de decisões. Por exemplo, em um estudo, eles dividiram um grupo de mais de 200 indivíduos em preditivos e experimentadores e pediram aos preditivos para estimarem quantas peças de arte uma pessoa precisaria ver antes de determinar se gostava ou não do respectivo estilo de arte. Os preditivos estimaram que seria preciso ver em média 16 a 17 peças, mas os experimentadores só precisaram ver de 3 a 4 peças em média antes de se decidirem.

Em outro estudo, eles pediram a mais de 100 alunos de MBA que escrevessem uma série de ensaios que destacassem experiências anteriores em gestão para a candidatura a um emprego hipotético. Mais de 100 gestores de contratação profissional foram instados a fazer a revisão das redações e a parar quando sentissem que tinham um bom senso das habilidades do indivíduo como gestor. Em média, os alunos prepararam quatro redações, enquanto os recrutadores leram apenas duas. Essas lacunas de expectativa indicam que as suas histórias de dados podem precisar de muito menos informações do que você pensa que elas precisam: *talvez até menos da metade das evidências do que a sua intuição (Sistema 1) lhe diz para você.*

Quando você avalia a base de dados da sua história, é importante separar o essencial do supérfluo. O seu objetivo não é mostrar quanto trabalho você fez, nem como você foi inteligente na exploração dos dados. O seu objetivo é contar uma história memorizável, baseada nas suas principais descobertas. Mesmo antes de começar a formular a história, você pode começar a restringir os resultados da análise e a filtrar os dados menos úteis fazendo as seguintes perguntas:

- Quais dados são irrelevantes?

- Quais dados são redundantes?
- Quais dados são confusos ou ambíguos?
- Quais dados são fracos ou questionáveis?
- Quais dados não estão alinhados com o insight central?

Mesmo antes de construir a história de dados, você pode tirar a prioridade de dados desnecessários e isolar os principais pontos de dados que possam ser úteis para a sua narrativa. Como Amanda Cox, editora gráfica do *New York Times*, declarou: "Os dados não são os seus filhos, você não precisa fingir que os ama em igual medida". Alguns dos seus pontos de dados serão mais importantes para a sua história do que outros. À medida que você reduz o ruído competitivo, verá que o sinal da história se fortalecerá. Como Henry Green, autor inglês, observou: "Quanto mais você deixa de fora, mais destaca o que deixou dentro". De fato, ao organizar os pontos cruciais na forma de história, você descobrirá que a estrutura narrativa o ajudará a isolar ainda mais aqueles pontos de dados que merecem o seu foco. No próximo capítulo, você vai descobrir que algumas descobertas interessantes talvez não se encaixem na narrativa, e tudo bem. Elas podem merecer uma história de dados própria, mas precisam ser temporariamente deixadas de lado. Tudo o que você precisa é de alguns blocos de dados fidedignos e robustos que se encaixem entre si para ter a base de uma história de dados confiável e poderosa. Com uma base de dados sólida definida, você está pronto para começar a elaborar uma narrativa atraente.

Referências

Bohannon, J. 2015. I fooled millions into thinking chocolate helps weight loss. Here's how. *Gizmodo*, 27 de abril. https://io9.gizmodo.com/ifooled-millions-into-thinking-chocolate-helps-weight-1707251800.

Cairo, A. 2016. *The Truthful Art: Data, Charts, and Maps for Communication*. Thousand Oaks, CA: New Riders Publishing.

Feynman, R. 1974. Cargo cult science. Speech presented at Caltech's 1974 commencement address in Pasadena, CA (14 de junho).

Heath, C. e Heath, D. 2006. The curse of knowledge. *Harvard Business Review*, dezembro. https://hbr.org/2006/12/the-curse-ofknowledge.

Ioannidis, J. P. A. 2005. Why most published research findings are false. *PLoS Medicine* 2(8):e124. https://doi.org/10.1371/journal.pmed.0020124.

Klein, N. e O'Brien, E. 2018. People use less information than they think to make up their minds. *Proceedings of the National Academy of Sciences* 115(52):13.222-13.227.

Light, R. J., Singer, J. D. e Willett, J. B. 1990. *By Design: Planning Research on Higher Education*.

Cambridge, MA: Harvard University Press.

McRaney, D. 2010. The Texas sharpshooter fallacy. *You Are Not So Smart*, 11 de setembro. https://youarenotsosmart.com/2010/09/11/the-texas-sharpshooter-fallacy/.

Miller, G. A. 1956. The magical number seven, plus or minus two: Some limits on our capacity for processing information. *Psychological Review* 63:81-97.

Nuzzo, R. 2015. How scientists fool themselves—and how they can stop. *Nature* 526(7.572):182-185. https://www.nature.com/news/how-scientists-fool-themselves-and-how-they-can-stop-1.18517.

Patil, D. e Mason, H. 2015. *Data Driven: Creating a Data Culture*. Sebastopol, CA: O'Reilly Media.

Smith, G. 2016. *Standard Deviations: Flawed Assumptions, Tortured Data and Other Ways to Lie with Statistics*. London: Duckworth Overlook.

Sweller, J. 1988. Cognitive load during problem solving: Effects on learning. *Cognitive Science* 12:257-285.

University of New South Wales. 2012. Four is the "magic" number. *Science News*, 28 de novembro. https://www.sciencedaily.com/releases/2012/11/121128093930.htm.

Waisberg, D. 2016. Data stories with Avinash Kaushik and Daniel Waisberg. 28 de novembro. https://www.youtube.com/watch?v=PcKrtCo4Zmo.

6
Narrativa: a estrutura da sua história de dados

> *Uma moeda perdida é encontrada mediante uma vela. A verdade mais profunda é encontrada mediante uma história simples.*
> ANTHONY DE MELLO, autor

EMILY, UMA ESTRELA EM ASCENSÃO em uma grande empresa de tecnologia, foi incumbida de dirigir uma iniciativa promissora para um novo produto. Uma de suas primeiras tarefas como gestora de produto foi coletar feedback de clientes já existentes sobre o potencial da nova tecnologia. Embora sua intuição lhe dissesse que o novo produto seria bem recebido pelos clientes, ela quis reunir evidências para confirmar sua teoria. Depois de indagar mais de 100 dos principais clientes da empresa e receber feedback altamente positivo, ela estava confiante de que a nova tecnologia preencheria uma lacuna crítica no portfólio de produtos da empresa. Depois de trabalhar com uma pequena equipe de desenvolvedores para construir um protótipo funcional, Emily compartilhou o conceito com várias equipes internas de produto para avaliar o interesse e o apoio. A resposta interna à ideia foi tão positiva quanto o feedback externo.

Armada com resultados de pesquisa impressionantes, de poderosos comentários dos clientes, de apoio interno e com uma versão de demonstração, Emily elaborou uma apresentação de dados atraente que exibia várias perspicazes visualizações de dados. Com o passar dos anos, ela tinha estabelecido um próximo relacionamento com muitos tomadores de decisão que avaliariam o seu projeto, inclusive algumas mulheres executivas importantes que ela via como mentoras de carreira. Quando chegou a hora de apresentar os slides para a equipe de liderança do produto, Emily sentia que conseguir o financiamento para o projeto seria mera questão de formalidade. Porém, apesar do esmagador apoio ao novo produto, ele não foi selecionado como uma das cinco iniciativas para receber financiamento naquele ano. A equipe de projeto de Emily foi posteriormente dissolvida, e a ela foi designado concentrar o foco em outras necessidades de produto.

Perplexa e frustrada com o acontecido, Emily se esforçou para determinar o que deu errado com o argumento da sua equipe. Depois de algumas sondagens, descobriu que tinha cometido dois erros críticos. Em primeiro lugar, ela acreditava ter fornecido ao público todas as informações de que este necessitaria para avaliar e priorizar seu projeto. Porém, Emily descobriu tarde demais que na verdade existia uma resistência oculta ao projeto. Enquanto a olhos vistos as outras equipes de produto mostravam apoio à ideia de sua equipe, descobriu-se que os membros de outro time cobiçavam a nova tecnologia e achavam que deveriam ser eles a apresentá-la. Sem o conhecimento de Emily, um falso boato circulou de que a equipe de fusões e aquisições estava perto de adquirir outra empresa que possuía tecnologia semelhante, o que inesperadamente retirou seu projeto da lista de prioridades dos executivos.

O segundo erro que Emily cometeu foi se deixar seduzir pelos próprios dados. Ela estava tão confiante na força dos seus insights e dos seus recursos visuais que não os fez acompanhar de uma narrativa sólida. Se Emily soubesse que enfrentaria resistência, uma narrativa mais forte poderia acalmar as preocupações do público, corrigir qualquer informação errada e enfatizar a importância de seguir em frente com a nova solução. Anos depois, Emily ainda balança a cabeça ao pensar no que poderia ter sido feito. A empresa acabou não comprando nem construindo a tecnologia, que ainda representa uma lacuna clara na sua estratégia de produtos. Como esse exemplo mostra, mesmo com uma grande base de dados e recursos visuais de apoio, os seus insights ainda precisam de uma narrativa bem formada para gerar ação e mudança.

Definindo o modelo narrativo das histórias de dados

> *A narrativa é, em última análise, um ato criativo de reconhecimento de padrões. Através de personagens, enredo e cenário, o escritor cria lugares onde verdades previamente invisíveis se tornam visíveis. Ou seja, o contador de histórias coloca uma série de pontos para o leitor conectar.*
> DOUGLAS COUPLAND, romancista

Depois de realizar uma análise e encontrar um insight valioso, o seu próximo desafio é determinar como apresentará as suas descobertas de forma significativa ao público-alvo. Usar uma estrutura narrativa para organizar as suas informações não apenas torna mais fácil para o público consumir o conteúdo como também ajuda você a priorizar o que é essencial na mensagem e às vezes, mais importante ainda, *o que não é*. Embora conformar uma série de fatos em uma história significativa possa não ser o mesmo que criar uma história de ficção, a estrutura dramática que passou pelo teste do tempo pode ser adaptada e aplicada ao storytelling com dados. Na jornada para encontrar uma abordagem narrativa para contar histórias de dados, eu encontrei três modelos narrativos comuns:

1. **A estrutura da tragédia de Aristóteles.** O filósofo grego Aristóteles foi um dos primeiros a examinar a estrutura básica e as regras do drama em seu livro *Poética*. Para Aristóteles, o enredo – a organização de uma sequência de incidentes ou eventos – era a "alma" de uma história. Ele o via como o aspecto mais essencial de uma tragédia grega, à frente dos personagens ou de quaisquer outros elementos da narrativa. As histórias implícitas de Aristóteles têm uma estrutura simples – *com começo, meio e fim* – que se conecta por uma série de eventos de causa e efeito (veja a Figura 6.1). Muitas pessoas interpretaram essa estrutura como a representação em três atos: uma situação (ambiente), um obstáculo/confronto e uma resolução. Ele, porém, realmente só identificava duas partes cruciais em uma tragédia grega tradicional – uma complicação e um desvendamento –, que representam as voltas da trama como sendo um nó que se amarra e depois se desamarra. Embora as opiniões dele tenham sido expressas há mais de dois milênios, o modelo narrativo simples de Aristóteles continua a ter uma influência significativa na criação de histórias.

Figura 6.1 A estrutura da tragédia de Aristóteles

O modelo de Aristóteles é bastante direto, mas teve uma influência significativa sobre como as pessoas veem a estrutura narrativa.

2. **A pirâmide de Freytag.** O dramaturgo e romancista alemão Gustav Freytag (1816-1895) estudou o drama grego e o drama shakespeariano para entender como eles eram estruturados. Com base no modelo simples de Aristóteles, Freytag desenvolveu uma estrutura narrativa mais robusta para entender melhor o arco ou a progressão de uma história (veja a Figura 6.2). Em seu livro *Técnica do drama* (1895), ele apresenta uma estrutura dramática "baseada em pirâmide" com cinco etapas principais:
    a. *Exposição (introdução):* é o início da história, quando o cenário é estabelecido e os personagens principais são apresentados. Fornece ao público amplas informações básicas para que ele entenda o que vai acontecer.
    b. *Ação crescente:* é a série dos eventos que levam ao clímax da história.
    c. *Clímax:* é o ponto mais intenso ou importante da história. Muitas vezes, é um evento em que a sorte do protagonista muda para melhor ou para pior na história.
    d. *Ação decrescente:* é o restante dos eventos que são desvendados depois de o conflito principal ter ocorrido, mas antes que o resultado final seja decidido.
    e. *Dénouement (conclusão):* é a conclusão da história, onde todos os conflitos são resolvidos e os detalhes pendentes são explicados. *Dénouer* é na verdade o verbo francês para "desfazer ou desatar" (um nó).

Figura 6.2 A pirâmide de Freytag

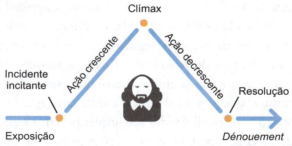

O modelo de Freytag se baseia no modelo de Aristóteles, com o acréscimo de mais elementos que fornecem maior orientação em torno da estrutura narrativa.

Como o modelo de Aristóteles, o modelo de Freytag foi adaptado e modificado desde que foi apresentado pela primeira vez. Um acréscimo importante foi o *incidente incitante*, que é um ponto importante na trama no qual ocorre a transição da introdução para o início da ação, ou conflito. Atualmente, o modelo de cinco etapas do Freytag é usado para analisar todos os tipos de histórias encontradas em livros, peças e filmes. Pesquisadores até já o utilizaram para analisar anúncios de TV – e descobriram que os anúncios de 30 segundos do Super Bowl que mais observaram a estrutura dramática de Freytag foram significativamente mais bem avaliados do que os anúncios que não o faziam (Rosen, 2014).

Harry Potter e a pirâmide de Freytag
Se você conhece o primeiro livro de J. K. Rowling, *Harry Potter e a Pedra Filosofal* (1997), a pirâmide de Freytag pode ser usada para esclarecer a sua estrutura narrativa. Começando com a *exposição*, você conhece Harry Potter, um órfão maltratado de 11 anos, que vive em um armário, embaixo das escadas da casa de sua tia e de seu tio negligentes. O *incidente incitante* ocorre quando Harry inesperadamente usa magia para soltar e se comunicar com uma cobra em um zoológico local. A *ação ascendente* ocorre quando Harry é levado à Escola de Magia e Feitiçaria de Hogwarts e teme que alguém esteja conspirando para matá-lo. Eventualmente, no *clímax*, Harry enfrenta o vilão Voldemort, que assassinou seus pais. Na *ação decrescente*, Harry descobre que o diretor Dumbledore foi capaz de frustrar os planos de Voldemort de roubar a Pedra Filosofal. No *dénouement*, a casa Grifinória de Harry é premiada com a Taça da Casa de Hogwarts. Triunfalmente, Harry e seus novos amigos deixam a escola para aproveitarem as férias de verão. Você verá que a pirâmide de Freytag pode ser aplicada à maioria dos filmes e livros populares.

3. **A jornada do herói de Campbell.** O modelo mais recente foi popularizado pelo mitólogo americano Joseph Campbell em 1949. Depois de estudar vários mitos e fábulas de diferentes culturas e gêneros, Campbell descobriu que eles seguiam um arquétipo narrativo universal, que ele chamou de *Jornada do Herói ou monomito* ("uma história"). A estrutura é centralizada em um herói que está sendo chamado para uma aventura, que supera desafios e que, em seguida, retorna como um campeão. Campbell dividiu seu arquétipo em 17 etapas diferentes, que podem ser agrupadas em três seções principais: partida, iniciação e retorno (veja a Figura 6.3). Os autores subsequentes simplificaram as 17 etapas de Campbell para 8 a 12 etapas. Em comparação com os dois modelos anteriores, Campbell deu mais ênfase ao personagem central da história. O modelo dele também é representado como um padrão cíclico, em vez de um triângulo ou uma pirâmide. Quando finalizava seu roteiro de *Star Wars: uma nova esperança*, George Lucas se apoiou fortemente nos escritos de Campbell (Seastrom, 2015). Se examinar o enredo de *Star Wars*, você verá que o protagonista Luke Skywalker passa pelas etapas da jornada do herói de Campbell.

Figura 6.3 A jornada do herói de Campbell

O modelo de Campbell é mais complexo, com múltiplas etapas, e tem um padrão cíclico em vez do formato em triângulo ou pirâmide.

Conforme avaliava cada modelo narrativo em termos de storytelling com dados, eu me sentia como Cachinhos Dourados no conto de fadas *Cachinhos*

Dourados e os três ursos. Achei a estrutura começo/meio/fim de Aristóteles muito simples, pois não fornecia orientação suficiente sobre como construir uma história. Sem mais definições da estrutura narrativa, você poderia dizer várias coisas: um relatório ou um manual têm começo, meio e fim, mas isso claramente não os torna histórias. No outro extremo do espectro, descobri que a Jornada do Herói de Campbell, com suas múltiplas etapas, era muito complicada para montar histórias de dados. Embora ela seja útil para roteiristas e romancistas, é muito complexa para ser útil a contadores de histórias de dados. Então, como Cachinhos Dourados, achei a opção do meio – a pirâmide de Freytag – "a medida certa" em termos de detalhes e facilidade de uso.

Usando a pirâmide de Freytag como base, desenvolvi uma estrutura narrativa de quatro etapas chamada Arco de Contação da História de Dados (veja a Figura 6.4).

Figura 6.4 Arco de contação da história de dados

O Arco de Contação da História de Dados usa a pirâmide de Freytag como base para o storytelling com dados em quatro etapas.

Em uma história literária tradicional, a exposição introduziria os detalhes do cenário (local, delimitação de tempo, situação) e os personagens principais (aparência, personalidade, histórico). No início de uma história de dados, é importante estabelecer detalhes cruciais, como a área de foco e o período de tempo. Embora você possa não ter personagens reais em sua história de dados, provavelmente terá um segmento de pessoas – como clientes, funcionários, investidores, e assim por diante – no qual concentrará o seu foco. A *Configuração do Caso* da história de dados deve fornecer apenas informações básicas "suficientes" ao público, para que ele possa compreender facilmente os dados compartilhados. Muitos analistas cometem o erro de começarem suas histórias de dados com um resumo detalhado de todo o processo de análise deles. Embora essa abordagem forneça uma quantidade significativa de contexto, os detalhes extras podem facilmente sobrecarregar o público e por isso devem ser relegados a um apêndice. A maior parte do público não se preocupa com as etapas nem com os processos que você usou para encontrar os insights: eles estão mais curiosos para saber o que você descobriu.

Uma parte importante da fase de Configuração do Caso é o Gancho, que é o equivalente, em uma história de dados, do incidente incitante. Enquanto o resto das informações na Configuração do Caso fornece informações de fundo cruciais, o Gancho é uma observação notável que atua como um ponto decisivo na história e começa a revelar um problema ou oportunidade (uma espécie de Momento "Hum"). A combinação da informação contextual com o Gancho cria uma justaposição poderosa. O seu público deve entender o que é normal ou esperado para que assim possa apreciar algo que é extraordinário. Por exemplo, aumentos ou quedas significativos nos resultados diários de uma métrica importante podem servir como o *teaser* de abertura da sua história de dados.

Depois que o Gancho introduz algo notável ou incomum para o público, a etapa seguinte é a dos *Insights em Gestação*, na qual o assunto da análise é explorado em um nível mais profundo. Mais do que oferecer uma coletânea frouxa de fatos aleatórios, o objetivo é remover as camadas do problema ou oportunidade de maneira direcionada e com foco. Você deve incluir apenas as informações necessárias para avançar na narrativa desejada, pois descobertas menos relevantes ou tangenciais enfraquecerão a sua história de dados.

Eventualmente, você alcançará um clímax, ou o *Momento "Eureka!"*, da sua história de dados, que é quando você compartilha a descoberta principal ou o insight central. O Momento "Eureka!" fornece um insight claro, não apenas uma observação interessante como o Gancho. O tempo a ser gasto na etapa dos Insights em Gestação vai depender do seu Momento "Eureka!" e de quanto desenvolvimento ele requer. Alguns insights centrais podem ser bastante simples de explicar, mas outros podem precisar de vários detalhes de apoio para que o público entenda ou aceite totalmente.

Mas o fato de você ter compartilhado o seu Momento "Eureka!" com o público não significa que a sua história de dados está completa. Assim como uma história literária não termina logo depois do clímax, a sua história de dados deve continuar e mostrar como o público deve aproveitar o novo insight. De modo a gerar ação e mudança, a última etapa, de *Solução e Próximos Passos*, é essencial para um storytelling com dados impactante. Se você não orientar o público através das diferentes opções que ele tem, ele pode não saber o que fazer depois de ser esclarecido pelas suas descobertas. Se você não for proativo ao sugerir uma solução potencial nem discutir as etapas seguintes, a oportunidade de gerar mudanças pode ser perdida.

Para demonstrar como os resultados da análise podem conformar uma história de dados com esse modelo narrativo, vamos nos voltar para um exemplo simples de e-commerce. Em vez de usar gráficos reais, usarei pseudográficos, para não me prender aos detalhes da visualização (veja a Figura 6.5). Na etapa de Configuração do Caso, você pode ver como o total de vendas on-line segue um padrão cíclico a cada trimestre. As vendas desse ano (azul) têm apresentado tendência acima dos resultados do ano anterior, em todos os períodos até recentemente. Por algum motivo, os resultados do trimestre atual sofreram uma queda inesperada. Essa anomalia é o gancho para essa história de dados específica.

Figura 6.5 Exemplo de história de dados de e-commerce

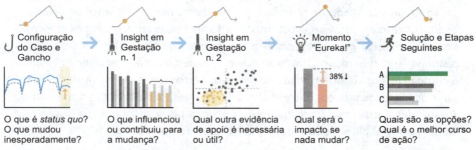

A história de dados de e-commerce mostra como os insights em cada uma das quatro etapas se combinam para formar uma história de dados significativa. Dependendo da extensão ou da complexidade da sua história, você pode ter vários Insights em Gestação ou nenhum.

O primeiro Insight em Gestação destaca como as categorias de produtos cinza-escuro superam os resultados do ano anterior. As três categorias de produtos de cor laranja, porém, apresentam desempenho inferior ao do ano passado. No segundo Insight em Gestação, os diferentes produtos individuais, ou SKU, nessas três categorias de produtos são marcados em pontos no gráfico, e o quadrante inferior indesejável (baixas visualizações e baixos pedidos de produtos) contém um aglomerado de produtos da mesma marca. Alguma mudança impactou uma marca específica de produtos que está sendo vendida no site de e-commerce.

A menos que o problema da marca possa ser resolvido, a equipe de e-commerce perderá sua meta de vendas trimestral em 38% (Momento "Eureka!"). Já que os bônus da equipe estão vinculados ao cumprimento da meta de vendas, de repente você tem o interesse e a atenção de todos. O seu público está pronto para a fase final (Solução e Etapas Seguintes), em que você explica três opções diferentes para resolver o problema identificado da marca. Ao destacar os méritos da primeira opção, que oferece a maior receita relacionada à marca pelo menor custo, você mostra como a organização pode resolver o problema e seguir em frente. Por meio desse exemplo simplificado, você viu como todas as etapas do modelo narrativo funcionam em conjunto para formar uma história de dados atraente.

Como o Arco de Contação da História de Dados se compara com outros modelos de comunicação?

Embora eu tenha concentrado o meu foco de estrutura narrativa em modelos baseados em ficção, você pode já ter se deparado com outros modelos de comunicação para estruturar informações comerciais. Quando eu estava preparando um workshop de storytelling com dados para um cliente empresarial, os funcionários já estavam acostumados a formar suas apresentações empresariais de um jeito que se adaptava a um desses modelos. Depois de algumas pesquisas e comparações, descobri que o *Arco de Contação da História de Dados* é compatível com uma variedade de modelos de comunicação empresarial. Cada um dos modelos que encontrei tinha três estágios, semelhantes ao modelo de Aristóteles. Como mostrado na Figura 6.6, você pode adaptar a sua história de dados para trabalhar dentro dessas estruturas, se necessário.

Figura 6.6 Comparação dos modelos de comunicação

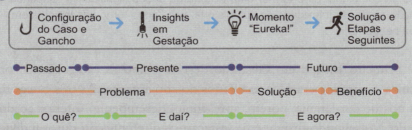

Muitos modelos de comunicação empresarial podem ser alinhados ao Arco de Contação da História de Dados.

Revelando a sua narrativa com os pontos da história

O enredo é o que acontece na sua história. Toda história precisa de estrutura, assim como todo mundo precisa de um esqueleto. É a maneira como se "revela e reveste" a estrutura que torna cada história única.
CAROLINE LAWRENCE, autora

Agora que nós temos uma estrutura narrativa básica a seguir, podemos começar a reunir os pontos de dados para preencher as lacunas da história de dados. Na literatura e no cinema, os escritores juntam vários pontos de enredo para desenvolver suas histórias. Esses pontos de enredo são as voltas, reviravoltas e outros desenvolvimentos de uma história que move os personagens através do arco narrativo. Por exemplo, um ponto de enredo pode ser uma cena memorizável na qual o herói é primeiro treinado por um mentor, encontra um interesse amoroso ou testemunha um vilão derrotando um aliado.

Da mesma forma, a sua história de dados será criada a partir de uma série de pontos cruciais de dados, que eu chamarei de *pontos da história*. A partir do Gancho, passando pelo Momento "Eureka!", até as recomendações, os pontos da história moldam e informam as várias cenas da história de dados. A quantidade de pontos da história depende da profundidade ou da amplitude da história de dados. Em geral, apenas uma pequena parte dos pontos de dados da análise se tornarão pontos reais da história. A maioria dos seus pontos da história virá das principais descobertas ou insights que chamaram a sua atenção durante a fase de análise exploratória. Outros pontos da história podem simplesmente fornecer contexto ou detalhes de apoio que ajudam a formar uma narrativa coerente, especialmente como Insights em Gestação.

Em 2015, Ben Jones, ex-evangelista do Tableau, identificou sete tipos diferentes de histórias de dados, os quais eu achei úteis para a definição dos vários tipos de pontos da história (Jones, 2015). Modificando e expandindo as sete variantes de Jones, estabeleci nove tipos comuns de pontos da história (veja a Figura 6.7).

Embora possam existir outros tipos de pontos da história, esse conjunto inicial deve abranger as formas mais comuns:

1. **A mudança ao longo do tempo** concentra o foco em como uma métrica muda ao longo do tempo. Por exemplo, você pode destacar uma tendência de queda ou de alta (gradual ou acentuada) em uma métrica

principal. Mesmo a ausência de mudança em uma linha de tendência pode ser um ponto da história caso fosse esperado que algo acontecesse. Por exemplo, o investimento da sua empresa em treinamento de segurança não reduz o índice de acidentes de trabalho.

Figura 6.7 Nove tipos comuns de pontos da história

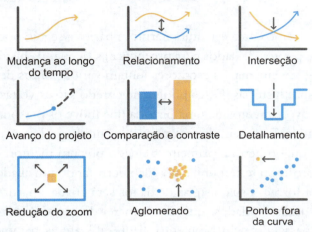

Os seus principais insights provavelmente se alinharão a um desses nove tipos comuns de pontos da história.

2. **O relacionamento** destaca como duas coisas estão relacionadas entre si de alguma forma. Você pode mostrar que existe uma correlação positiva ou negativa entre duas métricas a qual pode ou não implicar causalidade. Por exemplo, você pode mostrar que pontuações mais altas de satisfação do cliente contribuem para um maior índice de renovação de clientes.
3. **A interseção** revela o momento em que a métrica ultrapassa ou cai abaixo de outra métrica (ou quando a mesma coisa acontece entre dois valores marcados). Quando uma métrica cruza ou interseciona com outra, pode ser um sinal positivo ou negativo, dependendo da situação. Por exemplo, você pode destacar o fato de que as receitas de sua startup ultrapassaram os custos (finalmente rentável), ou que as receitas caíram abaixo dos custos, indicando que você ainda tem problemas operacionais para resolver.
4. **O avanço do projeto** mostra o que está previsto para ocorrer no futuro. Enquanto o restante dos pontos da história concentra o foco principalmente no que aconteceu, esse ponto da história prevê o que pode ocorrer em algum ponto. Por exemplo, você pode destacar o crescimento previsto da população de uma cidade nos próximos cinco anos.

5. **A comparação e o contraste** expõem as semelhanças ou as diferenças entre dois ou mais itens. Por exemplo, você pode comparar os índices gerais de eficácia do equipamento de duas fábricas, uma que foi atualizada recentemente e outra que precisa de atualização. Esse ponto da história é provavelmente o tipo mais popular, e é frequentemente apresentado na maioria das histórias de dados. A facilitação de comparações simples é o foco principal do próximo capítulo.
6. **O detalhamento** passa de uma visão de nível superior ou agregada de uma métrica para uma visão mais detalhada. Basicamente, você divide um número geral por diferentes dimensões de vários níveis de granularidade. Por exemplo, você pode começar com os resultados de vendas em nível nacional e depois detalhar os resultados em nível regional ou individual das lojas.
7. **A redução do zoom** se move na direção oposta ao detalhamento do ponto da história, expandindo de uma visão mais granular para uma visão mais agregada. Por exemplo, você pode começar com os resultados de vendas de uma loja individual e, em seguida, posicionar seus resultados ao lado de grupos na mesma região, ou em termos das médias nacionais das lojas.
8. **O aglomerado** revela um agrupamento concentrado ou a distribuição dos resultados em um conjunto de dados. Uma grande concentração em determinada área pode indicar uma oportunidade ou um problema. Por exemplo, você pode mostrar como o segmento de pacientes mais caro do seu hospital é composto de fumantes.
9. **Os pontos fora da curva** descobrem uma anomalia que difere drasticamente dos outros pontos de dados. Uma aberração ou desvio da norma pode destacar uma oportunidade ou um problema, dependendo do contexto. Por exemplo, você pode mostrar que, em termos de compras repetidas, um produto específico supera significativamente todos os outros em uma linha de produtos.

Conforme avalia os seus próprios pontos da história, você descobre que os tipos de pontos da história podem se sobrepor; mas, na maioria dos casos, um tipo dominante surge. Uma coisa a se ter em mente é que você pode ter um ou mais pontos da história em uma única visualização de dados e que não precisa existir uma relação de um para um entre os pontos da história e as visualizações. É por isso que algumas visualizações de dados são capazes de contar uma história mais robusta do que outras: elas contêm mais de um ponto da história, como o mapa de Napoleão de Minard mostrado no Capítulo 4.

Quando for criar a sua história de dados, você precisa estar ciente do fluxo da narrativa e se os pontos da história formam uma história coesa. Estar familiarizado com os vários tipos de pontos da história pode lhe dar outra perspectiva sobre como a sua história de dados deve ser formada. Por exemplo, se você examinar os tipos de pontos da história usados na história de dados de e-commerce anterior, verá como diferentes tipos de pontos da história são utilizados para formar a história de dados (veja a Figura 6.8).

Figura 6.8 O exemplo do e-commerce com seus pontos da história

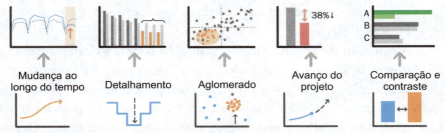

A história de dados de e-commerce usou vários tipos de pontos da história para transmitir a mensagem. Embora você talvez use com regularidade apenas alguns tipos, é útil conhecer toda a gama de opções disponível.

Agora que entende melhor os conceitos de uma estrutura narrativa e pontos da história, você está pronto para aprender como o roteiro, ou *storyboard*, ajuda a organizar os seus pontos da história em um enredo eficaz.

Como fazer o roteiro da sua história de dados

> *O principal valor do roteiro é que ele força você a ter uma razão e uma abordagem consistente para tudo o que faz.*
> DAVID BECKER, consultor de eLearning

No início da década de 1930, o Walt Disney Studio introduziu o uso de *storyboards*, ou roteiros, para planejar a sequência das cenas dos seus filmes de animação. Hoje em dia, a técnica é adotada em outras situações, como filmes de ação ao vivo, apresentações, cursos de treinamento, e assim por diante. Quando você planeja a estrutura da sua história de dados, o *storyboard* pode ajudá-lo a organizar o fluxo dos pontos da história e a determinar o que é essencial para a história de dados. Quer você use notas adesivas, blocos de notas ou um quadro branco, o *storyboarding* ajuda a determinar quais descobertas precisam fazer parte da sua história e qual é a melhor forma de sequenciá-las. Fazer o roteiro também ajuda a identificar lacunas em potencial em relação às quais você talvez precise coletar mais dados de apoio. Em um cenário de equipe, em que vários indivíduos podem fornecer pontos da história diferentes, o *storyboard* oferece uma visão unificadora para juntar todas as contribuições em uma história de dados coesiva.

Frequentemente, a tendência das pessoas é mergulhar de cabeça e "simplesmente começar a criar". Quando salta muito rapidamente para a visualização da sua história de dados, sem o *storyboard*, você perde a oportunidade essencial de dar um passo para trás e considerar como a estrutura narrativa geral deve se parecer. O processo de *storyboarding* ajuda a criar uma narrativa mais compacta e impactante, mas também permite economizar bastante tempo. Em vez de perder uma quantidade excessiva de tempo gerando conteúdo que pode ou não ser incluído na sua história de dados, você identifica de antemão o que exatamente é necessário. Embora histórias de dados mais simples costumem não exigir muito *storyboard*, você não pode se dar ao luxo de saltar esse importante método de pré-visualização da narrativa quando ela é complexa, com vários pontos da história.

Antes de entrar no processo de quatro etapas do *storyboarding*, eu quero enfatizar que o objetivo principal é *construir a história*, e não determinar quais visualizações de dados você criará. Até você estabelecer o fluxo da sua história de dados, concentrar o foco nas visualizações de dados será apenas uma distração. Embora você possa ter algumas ideias básicas sobre como deve visualizar as suas informações, é melhor suspender qualquer trabalho mais profundo de visualização até ter a sua estrutura narrativa no lugar. Dependendo da maneira como os seus pontos da história se juntam, você pode descobrir que um gráfico de dados interessante da sua análise exploratória não é mais essencial para a história. Com essa perspectiva em mente, vamos começar com a primeira etapa do processo de *storyboarding*.

Etapa 1: identifique o seu Momento "Eureka!"

O primeiro passo é identificar o principal insight ou argumento da sua análise (veja a Figura 6.9). Ele se tornará o clímax e o ponto focal da sua história de dados, o Momento "Eureka!". Antes de definir um insight específico, você deve realizar o teste "e daí?", abordado no capítulo anterior. Por que o seu público deveria se preocupar com esse insight? O que há de significativo nele? Quais são suas implicações? O Momento "Eureka!" não é apenas um ponto de dados interessante. Ele fica incompleto sem a explicação do que os números significam para o público. Por exemplo, você pode ter descoberto que 45% dos projetos de construção da sua empresa estão atualmente atrasados de 60 a 90 dias. Por mais relevante e interessante que esse ponto de dados seja para as partes interessadas internas, a menos que você responda com segurança à pergunta "e daí", ele é deficiente. Quando você explica que atrasos desse nível incorrem em custos adicionais de mão de obra e equipamentos ociosos de 5 milhões de dólares que não foram orçados, então você tem o Momento "Eureka!".

Figura 6.9 Momento "Eureka!" (etapa 1)

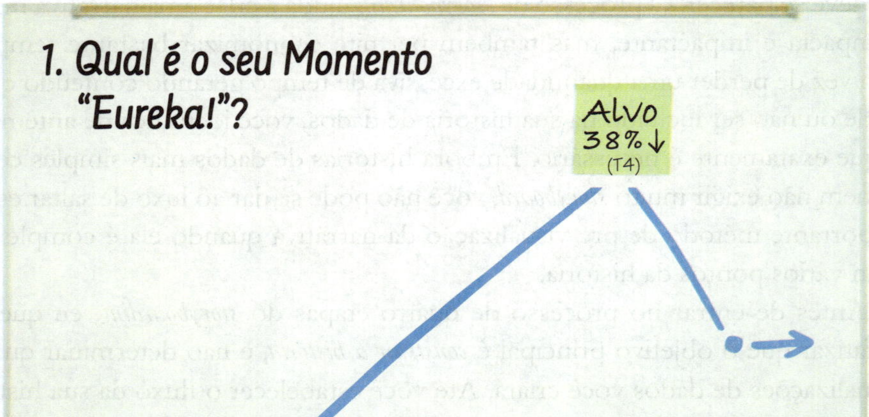

> 1. Qual é o seu Momento "Eureka!"?
>
> Alvo 38% ↓ (T4)

A primeira etapa na roteirização da sua história de dados é identificar o seu Momento "Eureka!".

Sempre que puder atribuir valor monetário à sua descoberta principal, você a torna significativamente mais concreta para o público. A maioria dos tomadores de decisão pensa em termos de dinheiro: receitas, lucros, custos, investimentos, e assim por diante. Portanto, você deve quantificar o que o insight significa para o demonstrativo de lucros e perdas, o patrimônio líquido, o orçamento ou as contas bancárias. Além disso, pode ser vantajoso transformar o valor mensal em valor anual, para enfatizar o valor potencial. Por exemplo, uma fonte de receita incremental de 100 mil dólares por mês chama mais atenção se for posicionada como um adicional de 1,2 milhão na receita *anual*. Tome cuidado para não vender o seu insight a descoberto reduzindo inadvertidamente seu valor percebido. Por outro lado, você também não deve inflar artificialmente o valor, escolhendo um prazo arbitrário ou irreal.

Por fim, para garantir que o seu Momento "Eureka!" seja memorizável, você deseja articulá-lo da forma mais sucinta possível, de preferência em uma única frase. Essa frase será a combinação do insight em si com o seu significado ou impacto. Na história de dados de e-commerce que compartilhei na seção anterior, o Momento "Eureka!" seria transmitido da seguinte forma:

> *Devido às vendas fracas da Marca X, nós deixamos de alcançar a nossa meta de vendas trimestral em 38%, o que coloca em risco os bônus de desempenho de toda a nossa equipe.*

Se você não consegue explicar o seu Momento "Eureka!" em uma ou duas frases, talvez ainda não tenha encontrado o insight central, ou talvez não tenha determinado totalmente por que o seu público deveria se importar com ele. Quando destila o seu insight em uma declaração concisa, clara e persuasiva, você se coloca numa posição melhor para ver a sua história de dados florescer.

A razão de começar com o Momento "Eureka!" é verificar se existe alguma coisa que mereça uma história de dados. Além disso, quando você já começa com um objetivo em mente, sabe onde precisa levar o público. Em última análise, você quer que o público tire as mesmas conclusões que você tirou da sua análise. Ter um destino claro ajuda a traçar o caminho certo. Cada ponto subsequente da história pode ser pesado e medido quanto à sua capacidade de conduzir a história em direção ao clímax ou Momento "Eureka!".

Etapa 2: encontre o seu começo (o Gancho e a Configuração do Caso)

Depois de determinar para onde é preciso levar o público, você deve determinar onde a sua história de dados começa (veja a Figura 6.10), para estabelecer o Gancho (primeiro) e a Configuração do Caso (segundo). Antes de identificar o Gancho, você não sabe o que precisará cobrir na Configuração do Caso a fim de encaixá-lo corretamente. Quando tentam contar suas histórias de dados, muitos analistas erroneamente refazem os passos de seus esforços de análise: com detalhes meticulosos, explicam tudo o que olharam antes de finalmente encontrarem algo digno de nota. Essa abordagem, que eu chamo de *Jornada da Análise*, pode se originar do desejo inconsciente de estabelecer a exatidão dos dados, ou de mostrar uma suposta sagacidade ou meticulosidade nas análises. Porém, isso não repercute na maioria do público, que deseja apenas "comer o bolo", e não escutar sobre os ingredientes ou as etapas da receita. Eles querem insights, não uma visão geral do processo de análise.

Figura 6.10 Momento "Eureka!" (etapa 2)

A próxima etapa é identificar o seu Gancho e a Configuração do Caso necessária.

Para não perder tempo com informações não essenciais, você deve chamar rapidamente a atenção com uma observação crucial que incentive o público a aprender mais. No storyboard, o motivo pelo qual você começa identificando o Momento "Eureka!", e não o Gancho, é garantir que o ponto mais importante da história de dados – o insight central – seja coberto. Mesmo com um Gancho convincente, se não tiver um destino claro (Momento "Eureka!"), a sua narrativa pode derrapar e não chegar a lugar nenhum. Em alguns casos, o Gancho potencial da sua história de dados pode se originar do público. Por exemplo, um líder pode detectar uma anomalia ou tendência em um relatório e questionar o que isso significa. O ponto de dados que desperta a curiosidade de alguém pode ser usado como ponto de entrada da história de dados da seguinte maneira:

> *Recentemente, você notou que os nossos números de vendas do quarto trimestre estão 28% abaixo dos resultados do ano passado. Eu gostaria de mostrar que essa tendência pode ter um impacto significativo sobre...*

Em outros casos, porém, a sua análise não será motivada pelas perguntas de um membro do público sobre algum ponto de dados. Nesse cenário, você precisa vasculhar as suas descobertas e refletir sobre o que inicialmente chamou a sua atenção durante a fase de análise. Se a sua análise fosse o caso de um detetive, o Gancho seria a primeira pista substancial descoberta. Voltando ao exemplo do varejista B2C, no Capítulo 1, o duplo pico inesperado (que fez a equipe de informática dizer "hmm") seria um ótimo gancho para preparar a descoberta do revendedor internacional da equipe (Momento "Eureka!").

Em muitos casos, você pode ter observado uma alteração ou mudança em uma métrica que indique um problema ou uma oportunidade em potencial. Nancy Duarte, autora de *Resonate*, descobriu que muitos apresentadores de sucesso, como Abraham Lincoln e Martin Luther King Jr., criavam conflitos ao justaporem "o que é" com "o que poderia ser" (Duarte, 2010). A comparação cria tensão dramática e ajuda a envolver o público em um tópico. Da mesma forma, você pode atrair o público para a sua história de dados contrastando "o que é" com "o que era", depois de alguma mudança significativa. Por exemplo, uma empresa pode estar acostumada a reter 85% dos clientes; porém, há algumas semanas o índice de retenção caiu para 68% (redução de 20%). Esse tipo de justaposição fornece tanto o contexto como o Gancho e não apenas estabelece a norma esperada (85%), mas transforma a variação (redução de 20%) em um mistério convincente, que pode ser usado para captar a atenção do público.

Por fim, uma vez tendo o Gancho, você deve avaliar quanta informação de fundo o seu público precisa para compreender e apreciar adequadamente o significado do Gancho: isso forma a sua Configuração do Caso. Se o público não tiver contexto suficiente para entender o Gancho, o impacto pode ser severamente reduzido ou mesmo negado. Por outro lado, se você fornece muita informação de fundo na sua Configuração do Caso, o seu contexto bem-intencionado pode se tornar ruído. Você deve selecionar *apenas* o contexto *suficiente* para que o público possa se orientar nos pontos da história que você vai compartilhar. Por exemplo, de modo a avaliar a recente redução nas vendas trimestrais, o público precisa estar familiarizado com o desempenho das vendas trimestrais nos últimos quatro a oito trimestres. O objetivo da seção Configuração do Caso é colocar qualquer pessoa do público na mesma página. Porém, se a sua Configuração do Caso não for concisa e direta, ela pode fazer com que o público perca o interesse antes que o seu Gancho o fisgue.

Etapa 3: selecione os seus Insights em Gestação

Agora você está pronto para construir a narrativa do Gancho até o Momento "Eureka!" (veja a Figura 6.11). Cada história de dados é diferente, então não existe padrão único nem número necessário de pontos da história na seção de Insights em Gestação. Dependendo da profundidade ou da amplitude das descobertas da sua análise, você pode ter vários Insights em Gestação ou nenhum. Porém, embora seja possível ir diretamente do Gancho para o Momento "Eureka!", a maioria das histórias de dados exigirá algum nível de dados de apoio, ou de pontos da história, para garantir que o público compreenda totalmente o insight principal.

Figura 6.11 Momento "Eureka!" (etapa 3)

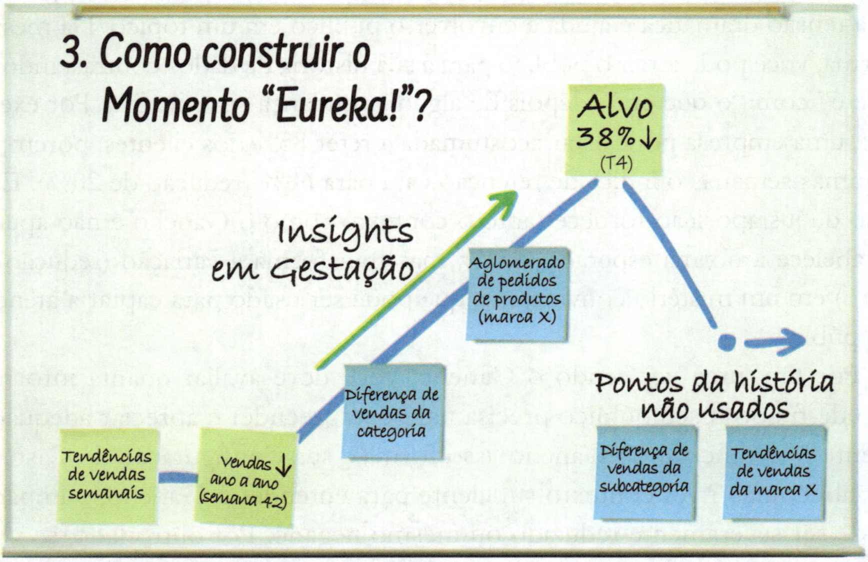

A próxima etapa é conectar o Gancho ao Momento "Eureka!" com pontos relevantes da história que se tornam os Insights em Gestação da sua história de dados.

Inicialmente, você deverá documentar todos os pontos da história da sua análise que poderiam potencialmente entrar na história de dados. Em seguida, seja seletivo sobre quais pontos da história se tornam Insights em Gestação. Qualquer coisa que não se encaixe no caminho entre o Gancho e o Momento "Eureka!" pode não fazer sentido para a história de dados. As perguntas a seguir podem ajudá-lo a determinar quais pontos da história você deve usar como Insights em Gestação:

- **Quais pontos de dados de apoio desenvolvem o enredo ou fornecem contexto crucial?** Alguns pontos de dados serão essenciais para a compreensão do Momento "Eureka!", pois fornecem insights mais profundos ou fazem a contextualização necessário.
- **Você é capaz de, com as suas descobertas, antever e responder preventivamente as perguntas do público?** Ao tentar construir a sua história, você pode incluir informações que abordem as principais questões que espera que o seu público tenha. Em alguns casos, o público pode resistir a certas descobertas e você talvez seja capaz de lidar estrategicamente com as suas preocupações mediante os pontos certos da história.
- **Quais descobertas foram inesperadas ou surpreendentes?** Embora você não queira incluir informações irrelevantes, convém destacar fatos extraordinários ou incomuns que possam surpreender o público e despertar o interesse deste.
- **Quais descobertas podem ser removidas sem prejudicar a narrativa?** Na verificação final a respeito do que deve incluir, você vai querer confirmar se algum ponto da história pode ser removido sem impactar a história. Talvez você descubra que algumas das descobertas são redundantes, têm menos peso ou acabam sendo tangenciais à ideia principal. Como acontece com a maioria das comunicações, menos é mais na contação da história de dados. Como foi destacado no final do capítulo anterior, você pode não precisar de tantos pontos da história quanto pensa que precisa para transmitir a sua mensagem. Ensaiar a apresentação da sua história a um colega pode ajudá-lo a identificar informações supérfluas na sua narrativa.

Ao fazer o *storyboard* dos seus Insights em Gestação e sequenciá-los na ordem do compartilhamento, você garante que os pontos da história formem um fluxo narrativo suave. Sequencie os pontos de maneira lógica e que espelhe o caminho que a curiosidade do público naturalmente seguiria. Por meio do processo de *storyboarding* você pode descobrir lacunas, ou transições difíceis nos seus Insights em Gestação. Talvez você precise realizar mais análises para fechar as lacunas ou suavizar alguma transição na sua narrativa. Antes de colocar os pontos da história em uma estrutura, pode ser difícil prever lacunas narrativas ou transições estranhas. Esse tipo de atenção aos detalhes, porém, é a diferença entre apenas compartilhar as suas descobertas e elaborar uma história de dados que seja coerente e engajadora.

Etapa 4: capacite seu público para agir

Depois de construir a sua história até o clímax, o Momento "Eureka!", ela ainda não terminou. Se você fornece aos tomadores de decisão no público apenas uma lição esclarecedora e nada mais, talvez eles não saibam o que fazer com as novas informações. A maioria dos tomadores de decisão vai pesar as opções para então tomar uma decisão informada. Porém, como eles talvez não tenham habilidades analíticas, tempo ou os recursos necessários para investigar todas as soluções potenciais, o seu insight central pode acabar chegando a lugar nenhum. É importante bater enquanto o ferro proverbial está quente (apelo ao *kairos*), senão o interesse inicial gerado pelo seu Momento "Eureka!" pode diminuir e ser colocado de lado conforme questões mais urgentes chamem a atenção do público.

De modo a gerar mudança e ação, nesse ponto você precisa cobrir a *Solução e Etapas Seguintes* (veja a Figura 6.12). Uma história de dados *completa* fornece orientação sobre como o público pode seguir em frente com a sua ideia ou o seu insight. Por exemplo, na história de dados de e-commerce, a análise de custo-benefício de cada solução alternativa pode capacitar o público a considerar as diferentes opções e tomar uma decisão mais rápida sobre as etapas seguintes. Junto com a análise das várias alternativas, o público também pode receber uma recomendação a respeito da melhor solução ou caminho a seguir. Se você faz o trabalho completo de analisar os dados e elaborar a história, o público valoriza o seu juízo. Embora as pessoas talvez não concordem totalmente com a sua avaliação, pelo menos elas estarão interessadas na sua perspectiva se você investir tempo e esforços significativos na preparação da história dos dados.

Mesmo depois de você examinar várias opções e fornecer uma recomendação forte, o público ainda pode atrasar uma tomada de decisão. Nessas situações, o custo percebido de *não tomar uma decisão* é visto como sendo menor do que o de *tomar uma decisão imediata*. Outra parte crítica da sua história

Figura 6.12 Momento "Eureka!" (etapa 4)

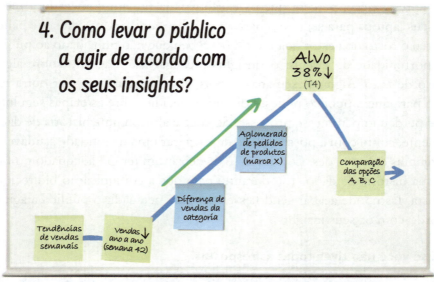

Se busca gerar ação e mudança, você precisa ajudar o público a entender o que isso pode fazer com os seus insights, auxiliando-o a identificar uma solução e as etapas seguintes.

de dados pode ser criar um senso de urgência para resolver o problema que você identificou ou aproveitar a oportunidade antes que a janela se feche. Frequentemente, se você puder quantificar o custo de *não tomar uma decisão* a partir de uma perspectiva diária ou semanal, isso pode ajudar a motivar o seu público a agir de acordo com os insights que você compartilhou com ele. Por exemplo, depois de compartilhar uma recomendação sobre como a equipe de e-commerce poderia melhorar as vendas de produtos, você pode enfatizar que o atraso das mudanças propostas custa à empresa 2 milhões de dólares por semana em receita potencial perdida. Com a inclusão de valores monetários ao custo do atraso de uma decisão, o público entenderá melhor por que a decisão deve ser tomada em tempo hábil. Em última análise, quanto melhor você entender o público, mais poderá adaptar a seção Solução e Etapas Seguintes de acordo com o estilo e as preferências de tomada de decisões desse público.

Por fim, se estiver apresentando a sua história de dados diretamente para o público, você precisa deixar tempo suficiente para questionamentos e discussões. Essa pode ser uma etapa crítica para você obter a adesão e o alinhamento de um grupo de partes interessadas com opiniões diversas. Em uma apresentação da qual participei, um gestor contou uma história de dados impressionante para um grupo de executivos. Quando ele estava terminando sua apresentação, percebi que os executivos já tinham começado a fechar os seus laptops para seguirem para a próxima reunião. Uma onda de pânico varreu o rosto do gestor quando ele percebeu que não tinha dado ao público a oportunidade de discutir os insights e chegar a um acordo sobre algum curso de ação. Algumas semanas depois, ele conseguiu agendar outra reunião para que o público pudesse discutir e decidir sobre as etapas seguintes, mas perdeu ímpeto nesse processo. Se você elaborou uma história de dados atraente, conte com a possibilidade de ela gerar uma quantidade saudável de perguntas e discussões. Certifique-se de deixar um tempo adequado no final da sua história de dados (ou durante) para que a comunicação bidirecional ocorra. Isso pode acabar sendo essencial para persuadir o público a agir de acordo com os seus insights.

> **E se você não tiver todas as respostas?**
> Em algumas situações, talvez você tenha descoberto um grande Momento "Eureka!", mas pode se encontrar com dificuldades para desenvolver recomendações significativas. Isso pode ser devido ao fato de não ter a autoridade, a experiência ou o conhecimento específico necessários para propor soluções legítimas. Você definitivamente não vai querer minar a sua credibilidade sugerindo opções impraticáveis ou insustentáveis apenas para que a sua narrativa esteja de acordo com o Arco de Contação da História de Dados. Em alguns cenários, pode ser mais conveniente compartilhar a história até o Momento "Eureka!" e depois aproveitar o know-how coletivo e os recursos do público para determinar o melhor curso de ação. A estrutura narrativa pode preparar o cenário para a solução colaborativa dos problemas e assegurar que o grupo compreenda claramente a natureza da situação, o nível de urgência e os resultados desejados. Apesar de nem sempre ter todas as respostas à disposição, você pode liderar a busca de soluções e recrutar a ajuda de um público capaz e dedicado.

Quando o público quer apenas os fatos

Na casa dos 20 anos, eu era uma pessoa do tipo hiperintensa e muito impaciente.
BILL GATES, fundador da Microsoft e filantropo

Quando eu compartilhava o Arco de Contação da História de Dados em apresentações e seminários (workshops), muitas vezes me perguntavam como os contadores de histórias de dados lidavam com executivos impacientes que "querem apenas os fatos". É improvável que essas pessoas com desafiadores problemas de tempo esperem pacientemente que você chegue ao seu Momento "Eureka!". Talvez você não tenha mais do que 10 a 15 minutos (às vezes menos) para transmitir o seu ponto principal antes que eles percam o interesse e desviem a atenção para outro tópico urgente. Nessas situações, a prática geralmente aceita é fornecer um resumo executivo no qual você analisa as informações mais importantes no início. Porém, como observei no Capítulo 4, essa abordagem nega muitos benefícios que você ganharia com uma estrutura narrativa. Imagine criar um resumo executivo para o popular filme *Guerra nas estrelas: o Império contra-ataca*. Ouvir que "Darth Vader é o pai de Luke Skywalker" no início certamente arruinaria a experiência cinematográfica para a maioria das pessoas. O mesmo efeito pode ocorrer quando você dá ao público "os fatos" de antemão, sem nenhuma história.

Para um público desse tipo, você não pode simplesmente lançar a sua história de dados. Ainda que você saiba que as pessoas se importam com as suas descobertas, elas não estão condicionadas a receber as informações em formato de história. Para despertar o interesse de um executivo impaciente, você precisa criar um *trailer de dados* da sua história de dados (veja a Figura 6.13). Semelhante aos trailers do cinema, que são projetados para promover os filmes e atrair o público, o seu trailer de dados tem que ser projetado para *despertar o*

Figura 6.13 Cenário do executivo impaciente: "apenas mostre os números"

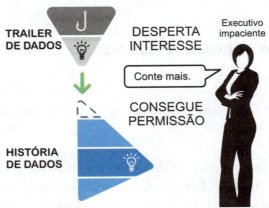

O trailer de dados é projetado para despertar o interesse do executivo impaciente e conseguir permissão para contar a história de dados. Quando consegue permissão, como já configurou a história de dados, você pode mergulhar imediatamente nos Insights em Gestação.

interesse e *conseguir permissão* do público para contar a história inteira. Enquanto o trailer de um filme tenta não dar *spoilers* para não arruinar a história, o trailer de dados inclui uma breve Configuração do Caso e um Gancho com um *spoiler* importante: o Momento "Eureka!". Nas situações em que um chefe ou executivo impaciente precisa ser convencido da recompensa por ouvir uma história de dados, você revela por que o seu insight vale 20 minutos de atenção. Depois de ouvir o trailer de dados, o executivo tem a opção de dizer "conte mais" ou de indicar que não está interessado em saber mais nada. Um trailer de dados não é uma alternativa à história de dados completa: é simplesmente uma ferramenta para ganhar a adesão do executivo e convidá-lo a explorar o resto da sua história de dados.

O storytelling com dados ainda é uma abordagem relativamente nova na comunicação de dados. Até agora, a maioria dos executivos foi repetidamente exposta a despejos de dados entorpecentes ao longo dos anos. A insistência deles em pedir "apenas os fatos" pode ser apenas um mecanismo de enfrentamento para evitar que sejam sobrecarregados e inundados com muito ruído. Se você vê uma abertura potencial, eu o encorajo a testar uma história de dados simples com esse tipo de executivo, mesmo que isso signifique começar pela abordagem do trailer de dados modificado. Todo mundo – mesmo aqueles com a cara fechada – adora uma boa história, está no DNA de todos nós. Depois que os executivos experimentarem uma comunicação de dados eficaz, não se surpreenda se eles defenderem que as histórias de dados sejam compartilhadas por toda a sua organização.

Desvendando os heróis na sua história de dados

> *Acho que as melhores histórias sempre acabam sendo sobre as pessoas e não sobre o evento, o que quer dizer que elas são conduzidas pelos personagens.*
> STEPHEN KING, autor

Os personagens são os elementos essenciais das histórias. Como seria *Orgulho e Preconceito* sem Elizabeth Bennet? Como seria a série *Harry Potter* sem Lord Voldemort? Embora o enredo da história seja importante, são os personagens – o protagonista e o antagonista – que dão vida ao que está sendo contado e o tornam verdadeiramente interessante. Quando nos voltamos para os nossos dados brutos, eles podem parecer frios, distantes e impessoais. Alguns indivíduos analíticos podem preferir manter os dados um tanto distantes e neutros. Porém, para tornar os seus insights mais envolventes e relacionáveis, você deve considerar a *humanização* dos dados para o público, revelando os rostos por trás dos números. Embora você possa estar apaixonado por um insight específico que descobriu, o público se relacionará melhor com pessoas do que com pontos de dados abstratos. No Capítulo 2, vimos como a história de Rokia, a menina de 7 anos do Mali, era muito mais convincente do que um aglomerado de estatísticas sobre o sofrimento das crianças em toda a África. Quanto mais você puder trazer à tona os personagens ou heróis escondidos nos dados, mais a sua história vai repercutir no público.

Felizmente, a maioria dos dados está direta ou indiretamente relacionada a pessoas: os seus clientes, os clientes em potencial, os funcionários, os parceiros, os pacientes, os cidadãos, e assim por diante. Alguns dos seus dados mais úteis e esclarecedores serão baseados nos comportamentos, atitudes e atributos das pessoas. Mesmo quando os seus dados parecem gerados por processos ou máquinas, mesmo que não pareçam humanos, ainda assim é comum que possam ser vinculados a seres humanos. Em vez de olhar para os dados transacionais (gerados por processos) como resultados de um sistema de negócios, você pode imaginá-los como o comportamento de compra de consumidores individuais ou de compradores organizacionais. Em vez de ver os dados dos sensores (gerados por máquina) de carros conectados como informações do veículo, você pode vê-los como reflexos dos padrões de uso dos motoristas. Muito provavelmente, os heróis da sua história de dados estão diante de você, que só precisa ajustar a sua estrutura de referência para enxergá-los.

> **A confusão sobre quem é o "herói" de uma história de dados**
> De tempos em tempos, ouço pessoas dizerem que o "público é o herói da história de dados". Acredito que esse ponto de vista possa levar a uma confusão, direcionando mal o foco da história de dados. A intenção original disso provavelmente seria enfatizar que a história deve ser tão relacionável quando possível para o público. Acredito que esse objetivo pode ser alcançado sem necessariamente colocar o público no papel principal da história de dados.
>
> Para ser honesto, a maioria das pessoas não quer ser o foco das atenções. As pessoas não querem ter uma luz brilhante sobre suas realizações ou (especialmente) sobre seus fracassos. Imagine como seria desconfortável assistir a um filme ou peça que descrevesse a história da sua vida. Entre dolorosas imprecisões e verdades, igualmente dolorosas, você gostaria de fugir pela saída

de emergência. Porém, o público gosta de personagens com quem possa se relacionar e se importar. Os vendedores se preocupam com os clientes potenciais. Os médicos se preocupam com os pacientes. Os gestores de contratação se preocupam com os candidatos aos empregos. Você entendeu a ideia. Dependendo do público, você escolhe nos dados os heróis que importam para esses públicos.

Embora provavelmente o público não seja o personagem principal da sua história de dados, acredito que ele ainda pode ser um herói de uma maneira diferente, mas crítica. Em última análise, você precisa que o público aja heroicamente na execução das suas soluções e recomendações. A sua história de dados pode preparar o público para ser o verdadeiro herói à medida que este adota e aplica os seus insights para gerar valor dentro de uma organização.

Na minha carreira em análise de marketing, descobri que é altamente eficaz destacar pessoas – e não apenas números – nas histórias de dados. Descobri que o público de marketing gosta de conseguir insights mais profundos sobre os seus clientes e sobre os clientes em potencial. Então, apresentá-los como personagens em minhas apresentações foi uma maneira eficaz de conquistar interesse, atenção e adesão. O processo a seguir, em cinco etapas (veja a Figura 6.14), revela como você poderá acrescentar heróis à sua próxima história de dados:

Figura 6.14 Como acrescentar um herói à sua história de dados

Esse processo em cinco etapas ajuda a desenvolver o herói da sua história de dados.

1. **Determine onde os seus insights se interseccionam com as pessoas.** Em alguns casos, pode ser fácil identificar o grupo de pessoas que a sua análise toca. Nesses casos, o desafio é identificar o quão amplo ou restrito deve ser o seu foco. Por exemplo, você pode enfatizar os clientes em geral ou um segmento mais direcionado de clientes que

se encaixe em um determinado perfil (on-line, feminino ou repetido). Em outros casos, quando os seus dados são um pouco mais abstratos, você talvez precise avaliar como seus dados se relacionam com as pessoas com as quais o seu público se preocupa. Cada público terá interesse em diferentes grupos cruciais. Se puder vincular os seus insights a pessoas importantes para o público, vai conquistar a atenção dele com a sua história.

2. **Crie um perfil baseado em dados do seu herói.** Em marketing e design de experiência do usuário, é comum desenvolver personas ou personagens para ajudar os profissionais de marketing e os designers a avaliarem os objetivos, atributos e comportamentos de seus clientes ou usuários. Cada personagem é tipicamente retratado como um indivíduo, mas é representativo de um segmento específico de pessoas. Ao sintetizar todos os dados quantitativos existentes sobre o segmento pretendido, você pode desenvolver características cruciais para o seu herói e construir uma persona. Dependendo do que é relevante ou importante para a sua história de dados, você pode traçar o perfil com diferentes aspectos, como gênero, etnia, localização, nível de renda, interesses, e assim por diante. Às vezes, pode incluir detalhes que talvez não sejam essenciais para a história, mas que são úteis para estabelecer um personagem interessante e memorizável.

3. **Dê uma identidade ao seu herói.** Quer você seja ou não fã de fotos de bancos de imagens, uma tática útil na criação dos seus heróis é mostrar imagens representativas deles. Como seres humanos, somos naturalmente envolvidos por fotos de outras pessoas. Pesquisadores do Georgia Institute of Technology e do Yahoo Labs descobriram que fotos do Instagram com rostos humanos tinham 38% mais chances de gerar curtidas do que aquelas sem. Elas também tinham 32% mais probabilidade de ser comentadas (Georgia Tech, 2014). Em outro estudo, os pesquisadores descobriram que incluir a foto de um paciente nos exames de imagem tornava os radiologistas mais empáticos e completos em suas análises dos resultados. Os radiologistas ficavam mais propensos a enxergar os pacientes como seres humanos, e não apenas como indivíduos anônimos (Radiological Society of America, 2008). Uma foto de um banco de imagens cuidadosamente escolhida pode ser útil para atrair o público, assim como uma foto extravagante pode afastá-lo. O uso de diferentes imagens de um mesmo modelo pode ser útil para mos-

trar diferentes emoções (frustração, felicidade), ou situações/atividades (trabalho, recreação). As imagens tornam o seu herói parte integrante e visível da história de dados.
4. **Dê voz ao seu herói.** Conforme constrói a personalidade do seu herói, você deve considerar apoiar-se também em dados qualitativos (não numéricos), e não apenas em dados quantitativos (numéricos). Se for capaz de acessar pesquisas, entrevistas, redes sociais ou dados de avaliação de produtos, você tem o que precisa para dar voz ao seu herói. Por exemplo, se a sua análise incide sobre a insatisfação dos clientes com a nova mudança de política, uma das melhores maneiras de demonstrar o descontentamento deles é compartilhar o feedback de clientes reais. Alguns comentários perspicazes dos clientes podem ser aquela alavanca extra de que você precisa para convencer o público a fazer a mudança.
5. **Mostre a jornada do seu herói.** Embora o público possa estar familiarizado com *as pessoas* que o herói representa, talvez ele não esteja familiarizado com a jornada desse grupo. Em vez de depender apenas de pontos de dados para destacar os resultados de uma experiência boa ou ruim, você pode mostrar ao público o que o herói realmente encontra. Ao colocar o público no lugar do herói, ele sente a dor ou o prazer na própria pele. Por exemplo, você pode usar capturas de tela para ilustrar como um processo de inscrição on-line é fragmentado e confuso. Você pode fazer um diagrama da natureza do vaivém de um processo ineficiente de definição de folgas. Ao ajudar o público a experimentar alguma coisa de uma perspectiva diferente, você pode abrir os olhos desse público para questões que não seriam tão aparentes ou urgentes se ele visse apenas gráficos e números. Além do mais, você pode revelar o final feliz do herói vinculado às suas recomendações.

Inserir na sua história de dados personagens identificáveis e reconhecíveis ajuda a humanizar a narrativa e permite que o público veja os seus insights de uma perspectiva centrada em pessoas. Embora isso nem sempre seja possível ou fácil para todos os conjuntos de dados, qualquer oportunidade de mostrar como os seus insights impactam os seres humanos deve ser buscada, especialmente quando o público se preocupa com esses indivíduos. Ao dar um rosto humano aos seus números, você torna os dados muito mais acessíveis e envolventes para o público.

Como o conflito amplifica o impacto do storytelling com dados

O conflito está para a história como o som está para a música.
ROBERT MCKEE, autor e especialista em roteiros

Na narrativa, o conflito é o desafio ou o problema que os personagens principais da história devem superar para atingir seus objetivos. O conflito é frequentemente visto como um ingrediente essencial na elaboração de uma história *convincente*. Quão interessante seria *Oliver Twist* se o garoto não fosse um pobre órfão fugitivo? Em *O senhor dos anéis*, o que aconteceria se Frodo não sentisse nenhum peso ou fardo, ou influência corruptora, em seu papel de portador do anel? Sem lutas ou obstáculos, você fica com uma história chata e pouco inspiradora.

Felizmente, as histórias de dados costumam ter conflitos em sua essência, visto que se concentram principalmente na resolução de problemas ou na captura de oportunidades inexploradas. A fonte do conflito pode ser *interna* – a sua empresa, o seu departamento ou a sua equipe não estão desempenhando à altura de resultados anteriores, das expectativas, de alguma meta ou de um alvo específico – ou pode ser *externa* – o seu grupo está abaixo do desempenho em comparação com um grupo de mesmo nível, com um concorrente ou com a indústria em geral. Mesmo que o conflito seja parte inerente da sua história, como escritor ou diretor você ainda precisa decidir como vai empregá-lo estrategicamente no seu storytelling com dados.

O simples fato de existir um problema ou oportunidade inexplorada que gera conflito não garante o envolvimento do público. A maneira como você embala e divulga o conflito determina se ele será impactante. William Archer, dramaturgo, certa vez afirmou: "Drama é expectativa misturada com incerteza". Se for usado de forma eficaz no seu storytelling com dados, o conflito pode gerar no público efeitos dramáticos semelhantes, como intriga, tensão e suspense. Por exemplo, em vez de apenas fornecer o resumo básico de um problema, você pode abordá-lo de diferentes perspectivas ou ângulos para descobrir seus recursos exclusivos:

- Há quanto tempo isso é um problema?
- Com que frequência ocorre?
- O problema é muito difundido?

- Quem é afetado pelo problema?
- Quais são os fatores contribuintes?
- É difícil lidar com isso?
- Quais serão as consequências se o problema não for corrigido?

A cada revelação adicional, o problema – ou questão – ganha um significado e uma significância mais profundos para o público. Embora talvez não seja possível explorar todos os pontos de vista, alguns insights específicos podem repercutir de modo especial junto ao público e *intrigá-lo* a aprender mais. À medida que adquire uma apreciação mais profunda do problema, o público pode sentir a tensão crescente enquanto espera para descobrir como o problema pode ser resolvido. A tensão evoca uma resposta emocional nos membros do público, atraindo-os para a sua narrativa conforme os níveis de ansiedade e estresse aumentam. Embora o estresse crônico seja prejudicial, pequenas doses de estresse agudo podem ser benéficas e aguçar a atenção do público.

O conflito pode gerar *suspense* à medida que o público fica mais curioso sobre o problema e como ele será resolvido. Pesquisadores do Georgia Institute of Technology descobriram que, quando as pessoas vivenciam momentos de grande suspense, elas se concentram menos nas informações periféricas para se concentrarem mais na história (Georgia Tech, 2015). Nesse estudo, eles mostraram aos participantes cenas diferentes de filmes de suspense, como *Alien* e *Louca obsessão*. Enquanto os participantes assistiam às cenas, um padrão quadriculado piscante era mostrado ao redor das bordas da tela. Conforme monitoravam em máquinas MRI a atividade cerebral dos participantes, os pesquisadores observaram que o foco visual deles se estreitava quando o suspense aumentava e se ampliava quando o suspense diminuía. Basicamente, temos uma "visão de túnel" à medida que o suspense canaliza essa atenção para as informações visuais mais críticas.

Ao se preparar para acrescentar tensão e suspense ao storytelling com dados, você pode recorrer à *Teoria Unificadora do 2 + 2* como princípio-guia. Em uma TED Talk de 2012, Andrew Stanton, diretor e escritor da Pixar, descreveu essa teoria de storytelling da seguinte maneira:

> Nós nascemos solucionadores de problemas. Somos compelidos a deduzir e a abstrair porque é isso o que fazemos na vida real. É essa ausência bem organizada de informações que nos atrai [...]. Faça o público juntar as

coisas. Não dê 4 ao público, dê 2 + 2. Os elementos que você fornece e a ordem em que os coloca são cruciais para o seu sucesso ou fracasso em envolver ou engajar o público. (Stanton, 2012)

Mais do que simplesmente fornecer respostas ("4") para um público passivo, você pode ativar a curiosidade e as habilidades de resolução de problemas dele fazendo com que participe de um exame mais detalhado dos números ("O que 2 + 2 quer dizer?"). Se o público puder chegar à mesma conclusão por conta própria ("Que a soma é 4"), ele se envolverá mais com a narrativa e experimentará uma forma branda da carga cognitiva pertinente. Em um capítulo anterior, aprendemos que essa forma de carga cognitiva pode ajudar a tornar a mensagem mais memorizável e que não é uma coisa ruim. Aqui estão algumas maneiras pelas quais você pode empregar estrategicamente a *Teoria Unificadora do 2 + 2* no seu storytelling com dados:

1. **O que acontece depois?** Neste cenário, você mostra os resultados anteriores para fornecer algum contexto de fundo e depois pede ao público para tentar prever o que vai acontecer em seguida. Por exemplo, você pode mostrar os resultados da campanha de maio e, então, perguntar o que se espera para os resultados de junho. Essa abordagem também fornece insights mais profundos sobre as crenças e expectativas preconcebidas do público. Além disso, introduz tensão e suspense, pois geralmente o público não quer se enganar e fica ansioso para saber o que realmente aconteceu.
2. **Preencha os espaços em branco.** Com essa técnica, você revela parcialmente alguns resultados e pede ao público para preencher alguns pontos de dados que foram estrategicamente ocultos por você. Por exemplo, você pode revelar o desempenho de vendas de três regiões e pedir ao público que estime o que acontece na região restante. Alternativamente, você pode revelar os excelentes resultados de vendas de uma região, mas reter as baixas pontuações de satisfação dos funcionários. Embora essa abordagem dependa de especulação, ela traz as crenças e suposições do público à clara visão de todos os envolvidos: você e o próprio público. Quando o público fica chocado ou surpreso com os resultados reais, a atenção e o interesse pela sua narrativa se aprofundam.
3. **Você vê o que eu vejo?** Nessa estratégia, com o uso de um gráfico de dados que carece de qualquer destaque ou anotação, você pede ao

público para lhe dizer o que é incomum ou o que se destaca. Depois de dar algum tempo para o público avaliar o gráfico, você muda para uma versão diferente do gráfico de dados, com destaque para os principais insights. Vários resultados diferentes podem ocorrer com esse método. Primeiro, o público pode apontar os insights que você encontrou e se sentir inteligente por ter sido capaz de fazer as mesmas observações. Segundo, o público pode notar algo que você não indicou e contribuir com algo novo para a discussão. Terceiro, o público pode não encontrar nada significativo no gráfico e ficar surpreso quando você conecta os pontos. O público sentirá tensão ao descobrir algo nos dados e suspense ao tomar conhecimento do que você descobriu.

O romancista William Landay observou: "Boas histórias são geradas por conflitos, tensão e riscos elevados". Em certas situações, e com um público que você conhece bem, essas técnicas podem tornar a sua história de dados mais atraente. Porém, você deve usá-las com tato e cautela. Ao convidar o público a participar da avaliação dos dados, você precisa estar amplamente preparado para um *feedback* inesperado e observações alternativas. Além disso, o objetivo não é embaraçar alguém que porventura adivinhe algo errado nem frustrar com uma abordagem interativa mais lenta pessoas que estejam ansiosas e prontas para aprender mais. Quando empregados com sabedoria pelo contador de histórias de dados, o conflito e a tensão podem ser úteis para manter o público envolvido e focado na mensagem.

Torne as suas ideias mais digeríveis com analogias

As analogias não decidem nada, é verdade, mas podem fazer as pessoas se sentirem mais em casa.
SIGMUND FREUD, neurologista, fundador da psicanálise

Sempre que o storytelling com dados trata de um assunto novo ou complexo, existe outra ferramenta narrativa que pode ser útil: a *analogia*. Uma analogia é a comparação de um assunto complexo ou desconhecido com outro *mais simples* ou *mais familiar*. Por exemplo, no Capítulo 5, quando apresentei o conceito de memória de trabalho, comparei o cérebro humano a um computador, com base na entrada de dados, no processamento e nos componentes da memória.

Como a maioria das pessoas têm um bom conhecimento de como os computadores funcionam, elas podem compreender mais facilmente as diferentes funções do cérebro quando estas são comparadas aos componentes de um computador. As analogias servem como atalhos úteis que podem reduzir significativamente o tempo que o público leva para aprender conceitos novos ou abstratos. Dudley Field Malone, advogado americano, reconhece: "Uma boa analogia vale por três horas de discussão".

No storytelling com dados, as analogias também podem ser usadas para comunicar conceitos cruciais ou insights de maneira mais fácil e rápida para o público acompanhar e absorver. Elas podem ser usadas em qualquer etapa da história de dados, ajudando a aguçar ou acelerar a compreensão do público sobre os insights. Em vez de ter que investir um tempo significativo explicando novas informações para outras pessoas, você pode agilizar o processo de *transferência de conhecimento* amarrando ideias cruciais a analogias relacionáveis. Por exemplo, você pode comparar os desafios atuais na cadeia de suprimentos de um fabricante com uma prova de triatlo. Quando um triatleta tem dificuldade em uma de suas transições (T1: de nadar para pedalar), os problemas podem se espalhar em efeito cascata durante a corrida, como acontece na cadeia de suprimentos. Assim como transições suaves e eficientes em cada etapa são importantes para os triatletas de elite, podem ser igualmente importantes para um fabricante e sua cadeia de suprimentos.

As analogias também podem ser usadas para reforçar o tema central ou a mensagem da sua história com dados, tornando-a significativamente mais memorizável e repetível. Na apresentação da história de dados, elas também podem criar oportunidades para o uso de imagens visuais e acrescentar poder emocional à narrativa. A própria imagem mental provocada por uma analogia bem escolhida pode tornar a história de dados mais potente. Por exemplo, as suas descobertas podem ser sobre um novo concorrente que surgiu recentemente em seu setor e que está conquistando clientes importantes. Como alternativa, os seus insights podem ser sobre um processo interno problemático que inibe o crescimento das vendas. Qualquer um desses exemplos pode ser posicionado como o vilão que deve ser confrontado e derrotado. A criação de um antagonista a partir das suas descobertas pode ser uma ótima maneira de chamar a atenção para uma nova ameaça ou problema.

Mary Catherine Bateson, antropóloga cultural, disse: "A espécie humana pensa em metáforas e aprende por meio de histórias". Boas analogias complementam os insights, facilitam o aprendizado e injetam mais narrativa na história de dados. Por outro lado, analogias ruins podem facilmente confundir o público e enfraquecer a história como um todo. Para verificar se você tem uma analogia sólida, considere os seguintes atributos:

1. **É relacionável?** Dependendo de conhecer bem o público, você deve ter bom senso a respeito da relevância da sua analogia. Por exemplo, se você sabe que uma parte interessada importante é entusiasta de corridas de automóveis, a analogia com base em corridas de Fórmula 1 pode realmente repercutir junto a ela, ao passo que poderia não dar certo com um público não muito familiarizado com esse tipo de evento esportivo.
2. **É consistente?** A consistência ou "adequação" de uma analogia se baseia em quantos atributos paralelos ambos os assuntos compartilham. Quanto mais semelhanças são compartilhadas, mais sólida será a analogia. Já uma incompatibilidade crítica ou falha lógica pode enfraquecer uma analogia que de outra forma seria sólida e minar sua utilidade geral.
3. **É clara?** Se você não tomar cuidado, algumas analogias podem acabar sendo mais complexas do que as ideias abstratas que elas pretendem explicar. Você busca uma analogia um tanto familiar, que seja clara e simples. Se for um esforço muito grande para o público compreender as semelhanças, ela provocará um fardo desnecessário e provavelmente fracassará por completo.
4. **É concisa?** Quanto mais rapidamente a analogia se comunica, mais poderosa ela é. Quando ela demora muito tempo para ser desenvolvida e explicada, a recompensa pode não valer a pena, pois as pessoas podem perder o interesse ao longo do caminho.
5. **É interessante?** Quanto mais instigante for a sua analogia, mais as pessoas se lembrarão dela. Exemplos secos, usados demais, serão facilmente esquecidos. Já algo *pessoal, atual* ou *inesperado* deixará o público mais curioso. Por exemplo, se você tivesse acabado de ter seu primeiro filho, a analogia com o "novo pai" assumiria um tom pessoal, que a maioria do público teria dificuldade de ignorar. Ou então, se você comparar a sua atual política de preços com um desfile desvairado de carnaval, o público ficará intrigado para saber por que você fez uma comparação tão incomum.

As analogias representam mais uma forma poderosa de você se conectar com o público por meio da narrativa e de tornar as suas ideias mais envolventes e acessíveis. A analogia pode ser usada para esclarecer um aspecto secundário das suas descobertas ou para ajudar a destacar um tema principal na sua história de dados. Esteja ciente de que nem todo assunto pode ser facilmente vinculado a uma analogia. Por exemplo, no popular desenho animado *Os Simpsons*, Homer Simpson diz certa vez a seu filho, Bart, que as mulheres são como geladeiras: "Elas têm cerca de um 1,80 metro de altura, pesam 150 quilos e são geladas. Bem, espere um minuto... Na verdade, pensando melhor, a mulher é mais como uma cerveja" (O'Brien e Archer, 1992). Embora a maioria das analogias não falhe de modo tão épico, cada uma terá limites inerentes. É o quanto você força a comparação que determina se ela apoia a sua história ou se desaba sob pressão.

Sendo o escritor e o diretor da sua própria história de dados, você controla a maneira como os seus insights se revelam para o público. Embora a maioria das pessoas dê muita ênfase aos aspectos de visualização do storytelling com dados, a narrativa desempenha um papel integral na elaboração de histórias de dados eficazes. Se você deseja se tornar um contador de histórias de dados, deve dominar os fundamentos da narrativa, e não apenas a análise ou a visualização de dados. O modo como você desenvolve o enredo da sua história de dados é tão importante quanto os gráficos que escolhe para comunicar os seus insights.

Nesse capítulo, você aprendeu que a narrativa forma uma estrutura robusta sobre a sua base de dados, preparando o caminho para os elementos visuais a serem adicionados agora. Embora as histórias de dados nem sempre incorporem todas as características das histórias tradicionais, quanto mais semelhantes a histórias ou centradas na narrativa elas forem, mais envolventes e atraentes se tornarão. Os próximos dois capítulos examinam o último pilar do storytelling com dados: os recursos visuais, que dão vida ao seu enredo.

Referências

Duarte, N. 2010. *Resonate*: Present Visual Stories That Transform Audiences. Hoboken, NJ: John Wiley & Sons.

Freytag, G. 1895. *Freytag's Technique of the Drama*: An Exposition of Dramatic Composition and Art (trad. E. J. MacEwan). Chicago: S.C. Griggs & Company.

Georgia Institute of Technology. 2015. Why Alfred Hitchcock grabs your attention. *EurekAlert!*, 27 de julho. https://www.eurekalert.org/pub_releases/2015-07/giot-wah072415.php.

Georgia Institute of Technology. 2014. Face it: Instagram pictures with faces are more popular. *Georgia Tech News Center*, 20 de março. https://www.news.gatech.edu/2014/03/20/face-it-instagram-pictures-faces-are-more-popular.

Jones, B. 2015. Tapestry 2015: Seven data story types. *DataRemixed*, March 4. http://dataremixed.com/2015/03/tapestry-2015-sevendata-story-types/.

O'Brien, C. e Archer, W. 1992. New Kid on the Block (67). *The Simpsons*. Los Angeles, CA: 20th Century Fox Television.

Radiological Society of North America 2008. Patient photos spur radiologist empathy and eye for detail. *Science Daily*, 14 de dezembro. https://www.sciencedaily.com/releases/2008/12/081202080809.htm.

Rosen, J. 2014. Super Bowl ads: Stories beat sex and humor, Johns Hopkins researcher finds. *Hub*, 31 de janeiro. https://hub.jhu.edu/2014/01/31/super-bowl-ads/.

Rowling, J. K. 1999. *Harry Potter and the Sorcerer's Stone*. New York: Scholastic.

Seastron, L. 2015. Mythic discovery within the inner reaches of outer space: Joseph Campbell meets George Lucas—Part I. *Starwars.com*, 22 de outubro. https://www.starwars.com/news/mythic-discoverywithin-the-inner-reaches-of-outer-space-joseph-campbell-meetsgeorge-lucas-part-i.

Stanton, A. 2012. The clues to a great story. Palestra proferida na TED2012 em Long Beach, CA (28 de fevereiro de 2012).

7
Recursos visuais (parte I): como configurar as cenas da sua história de dados

> *O maior valor de uma imagem se dá quando ela nos força a perceber o que nunca esperamos ver.*
> JOHN W. TUKEY, matemático

EM 1989, NUMA PARTE REMOTA da República Democrática do Congo (antigo Zaire), um médico sueco de 41 anos enfrentava uma situação de vida ou morte. Pouco antes, ele tinha estabelecido um laboratório de campo para fazer pesquisas sobre uma doença paralítica rara chamada *konzo*, quando uma multidão furiosa empunhando facões aproximou-se do acampamento. Seu tradutor sugeriu que tentassem escapar, mas o médico sabia que a fuga só colocaria suas vidas em perigo ainda maior. Em vez disso, ele decidiu enfrentar cara a cara os exaltados aldeões. Com recursos limitados e a significativa barreira do idioma, as habilidades de comunicação do médico seriam essenciais para sua sobrevivência.

Depois de rapidamente remexer em sua mochila, o médico sueco tirou uma série de fotos de pessoas que tinham sido afetadas pela mesma doença em Moçambique e na Tanzânia. Ele se lembrou de ter visto várias crianças exibindo os mesmos efeitos reveladores do *konzo* quando chegou à aldeia local. Com a ajuda do nervoso tradutor, disse aos hostis moradores da localidade que acreditava saber qual era a causa da doença debilitante mostrada nas fotos, a mesma que afetava os filhos deles. O médico então explicou que gostaria de coletar amostras de sangue daquela população para ajudar a verificar sua pesquisa. Enquanto os aldeões murmuravam entre si, um dos homens mais agressivos, empunhando um facão, começou a gritar de novo para incitar a multidão.

Com a vida em risco, o médico prendeu a respiração quando uma mulher idosa deu um passo à frente do grupo. Ela se virou para os outros aldeões e os lembrou como o *konzo* tinha impactado a aldeia e, em particular, as crianças, notando que o próprio neto tinha ficado cruelmente aleijado pela doença. Também observou que as vacinas externas tinham sido capazes de proteger a aldeia de várias outras doenças. Então arregaçou a manga e ofereceu o braço ao médico, e aconselhou os outros a apoiarem a pesquisa doando sangue. Muitos aldeões avançaram depois que a sábia idosa falou, e a multidão silenciosamente se dispersou (Rosling, Rosling e Roennlund, 2018). Graças a uma combinação de imagens relevadoras e narrativas apaixonadas, uma situação tensa em uma remota aldeia africana foi pacificada e retornou a uma direção positiva.

O poder do storytelling com recursos visuais pode ter um efeito semelhante em ambientes mais familiares a nós, como uma sala de reuniões, a sala de aula ou a câmara municipal. Você pode não ter uma multidão enfurecida o encarando, mas sim um grupo preocupado e agitado de funcionários, parceiros ou investidores que pode ser igualmente intimidador. Embora os seus recursos visuais sejam, na maioria, gráficos de dados, eles também podem ajudá-lo a atrair e esclarecer o público de uma forma que só palavras ou números não conseguiriam. Esse médico de raciocínio rápido tornou-se um dos maiores defensores do uso de visualizações de dados para gerar mudanças positivas em todo o mundo. Nos próximos dois capítulos, você aprenderá como pode desenvolver habilidades semelhantes no storytelling com recursos visuais.

Se já assistiu a algum TED Talk relacionado a visualização de dados, talvez conheça esse médico sueco. Ele foi o último grande contador de dados, Hans Rosling (1948-2017). Antes de ser professor de Saúde Internacional no Karolinska Institute da Suécia e popular palestrante dos TED Talks, Rosling passou duas décadas estudando a fome e as doenças na África. Ao longo dessa jornada única, Rosling dominou o uso de estatísticas e visualizações para formar histórias atraentes. Ele demonstrou essas habilidades em várias palestras que desmascararam equívocos a respeito do mundo em desenvolvimento e da saúde pública. Seu TED Talk de 2006, "As melhores estatísticas que você já viu", foi visualizado mais de 13 milhões de vezes. O perfil de Rosling no TED.com descreve sua fantástica habilidade de transformar dados aparentemente monótonos em histórias poderosas:

> Uma apresentação que rastreia as tendências globais de saúde e pobreza só pode ser, em uma palavra, enfadonha. Mas, nas mãos de Rosling, os dados cantam, as tendências ganham vida. E o quadro geral – geralmente nebuloso, na melhor das hipóteses – atinge um foco nítido. (TED, 2019)

Figura 7.1 Hans Rosling (1948–2017)

Fonte: Jörgen Hildebrandt. Baseado em material de Gapminder.org.

Usando fotografias de vítimas de *konzo* ou gráficos de bolhas de índices de fertilidade em nível de país, Rosling entendeu o poder persuasivo que os recursos visuais têm sobre nós. Para transmitir os insights de Hans sobre saúde e pobreza de maneiras mais significativas, seu filho Ola liderou uma equipe de desenvolvedores na criação de uma ferramenta de visualização de dados, o Trendalyzer, que transforma dados públicos globais em poderosos gráficos animados. Hans não se limitou aos gráficos de bolhas animados, porém; ele usou vários objetos físicos – caixas de papelão, seixos, papel higiênico e coisas assim – para explicar seus pontos cruciais. Rosling reconheceu que os seres humanos são criaturas visuais que precisam ver os números, e não apenas ouvi-los ou lê-los. Em vez de esperar que o público atingisse seu nível de conhecimento e especialização, ele levou os seus conceitos e insights para as massas por meio do uso criativo de recursos visuais. Embora Rosling fosse um talento raro, muito de seu sucesso veio de sua compreensão sagaz de como as pessoas processam as informações visuais. A familiaridade com o funcionamento interno da percepção humana ajuda a discernir por que certas abordagens visuais funcionam e outras não.

A percepção humana e as nossas habilidades inatas para buscar padrões

A percepção ampliada é o objetivo: torne-se mais consciente da maneira como você vê, e não apenas daquilo que vê.
MICHAEL KIMMELMAN, autor

Como seres humanos, somos altamente dependentes da visão para interpretar e compreender o mundo. Conforme foi destacado no Capítulo 2, mais de 50% do córtex cerebral é dedicado à tarefa de processar informações visuais. Com tanta capacidade intelectual dedicada à visão, não deveria surpreender que um estudo de 2014 do MIT descobriu que podemos processar uma imagem em 13 milissegundos (Trafton, 2014). O rápido processamento da informação visual permite que o nosso cérebro determine rapidamente para onde nossos olhos devem olhar em seguida. Mary Potter, professora do MIT, declarou: "O que a visão faz é encontrar conceitos. Isso é o que o cérebro fica fazendo o dia todo: tenta entender o que estamos olhando". Portanto, quando se trata de avaliar conjuntos de dados, pode ser um desafio apreciar completamente o que os números e as estatísticas significam se não houver o auxílio das visualizações de dados.

Os gráficos de dados modernos foram introduzidos em 1786 pelo engenheiro escocês William Playfair. O importante papel que eles desempenhavam na análise não foi reconhecido até a última parte do século XX. No início da década de 1970, o estatístico inglês Frank Anscombe ficou cada vez mais preocupado com o fato de os estatísticos se concentrarem demais em estatísticas resumidas, desconsiderando a importância de representar graficamente os dados em suas análises. Ele lamentava que ele próprio e seus colegas tinham sido falsamente doutrinados na ideia de que "os cálculos numéricos são exatos, mas os gráficos são aproximados" (Anscombe, 1973). Embora os programas estatísticos daquela época não oferecessem as mesmas ricas opções de visualização que temos hoje, ainda assim podiam ser utilizados para traçar pontos de dados e gerar gráficos básicos.

Em 1973, Anscombe publicou um artigo marcante para ilustrar a importância de visualizar os dados em vez de depender exclusivamente de cálculos estatísticos. Ele criou uma tabela com quatro conjuntos de dados exclusivos que tinham valores quase idênticos para as suas estatísticas de resumo básicas (média, variância, correlação, coeficiente de determinação). Anscombe representou graficamente cada conjunto de dados para demonstrar que eles eram amplamente diferentes uns dos outros quando inspecionados visualmente com um gráfico de dados (veja a Figura 7.2). Nos quatro gráficos que ficaram conhecidos como Quarteto de Anscombe, o estatístico inglês foi capaz de mostrar que a visualização de dados é uma etapa essencial no processo de análise: uma etapa que se tornou crítica tanto para analisar dados quanto para comunicá-los com eficácia.

Figura 7.2 Quarteto de Anscombe

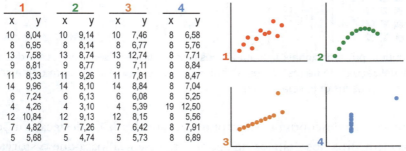

Embora as estatísticas resumidas sejam semelhantes para os quatro conjuntos de dados, Frank Anscombe revelou que eles exibem padrões muito diferentes quando são representados graficamente. Essas diferenças não seriam tão perceptíveis sem a ajuda da visualização de dados.

Quando você examina gráficos de dados como o Quarteto de Anscombe, está confiando nas mesmas habilidades de busca por padrões que ajudaram os nossos ancestrais a sobreviver em seus ambientes naturais. A parte subconsciente de nosso pensamento, conhecida como Sistema 1 (mencionada no Capítulo 3), está constantemente processando estímulos visuais de acordo com várias regras ou heurísticas inatas. Antes que a atenção focalizada se faça necessária, o Sistema 1 tira uma impressão inicial com base em vários atributos "pré-atencionais", como: cor, forma e intensidade. Especialistas em visualização de dados, como Colin Ware e Stephen Few, destacaram a importância desses atributos pré-atencionais para o design de informações. Ware observou: "Quando os dados são apresentados de determinadas maneiras, os padrões podem ser prontamente percebidos. Se pudermos entender como a percepção funciona, o nosso conhecimento pode ser traduzido em regras de exibição de informações" (Ware, 2013).

Cada exemplo a seguir usa um atributo pré-atencional simples para chamar a atenção para um objeto em particular dentro de um conjunto de objetos (veja a Figura 7.3).

Figura 7.3 Atributos pré-atencionais comuns

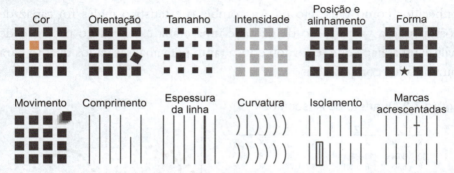

Os atributos pré-atencionais ajudam as pessoas a discernir semelhanças e diferenças nas visualizações de dados. Esses atributos podem ser essenciais para que a comunicação dos seus insights seja eficaz.

Como você descobrirá neste capítulo, a capacidade de destacar ou ocultar certos elementos nos gráficos de dados será essencial para que o storytelling com dados seja eficaz. Ao codificar estrategicamente os seus principais insights com pistas visuais específicas, você torna mais fácil para o público ver e acompanhar os pontos principais. Os atributos pré-atencionais podem subsidiar o design dos seus gráficos de dados na medida em que chamam a atenção do público para as principais semelhanças ou diferenças. Por exemplo, duas cores podem ser usadas em um gráfico de barras para distinguir entre o Canadá (vermelho) e o resto dos países (cinza). Por outro lado, o conhecimento desses atributos pré-atencionais pode ajudá-lo a evitar usos indevidos deles, usos que inadvertidamente enganem ou confundam o público. Basicamente, ao prestar atenção aos atributos pré-atencionais no design dos seus recursos visuais, você se torna capaz de fortalecer o sinal e reduzir o ruído.

Assim como o conceito de atributos pré-atencionais, os princípios da Teoria da Gestalt melhoraram a nossa compreensão da percepção humana relacionada ao design visual e ao agrupamento perceptivo. Na década de 1920, os psicólogos da Gestalt, na Alemanha, estudaram como as pessoas entendem elementos visuais distintos organizando-os subconscientemente em grupos ou padrões (Sistema 1 em ação novamente). A palavra alemã *gestalt* significa "formato ou forma". Um dos seus fundadores, o psicólogo Kurt Koffka, descreveu a Teoria da Gestalt como "o todo é alguma coisa a mais do que a soma das partes", o que significa que o todo unificado ganha um significado diferente do que as partes individuais. Como os gráficos e as tabelas de dados normalmente apresentam vários elementos de dados, os princípios de Gestalt podem nos ajudar a preparar e antecipar como os dados em sua totalidade serão percebidos pelo público.

Figura 7.4 Princípios comuns de Gestalt

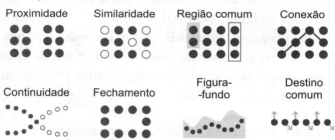

Esses princípios de Gestalt ilustram como a percepção humana agrupa as informações de maneiras diferentes.

1. **Princípio de proximidade.** Nós percebemos os elementos de dados próximos uns dos outros como sendo um grupo relacionado.
2. **Princípio de similaridade.** Quando os itens são semelhantes em suas propriedades, nós os agrupamos. A semelhança pode ser baseada em atributos diferentes, como tamanho, forma, cor e assim por diante.
3. **Princípio de região comum.** Se vários elementos estiverem rodeados por algo como uma linha ou objeto, serão percebidos como um grupo.
4. **Princípio de conexão.** Nós vemos os elementos conectados por linhas como relacionados entre si.
5. **Princípio de continuidade.** Quando olhamos para os pontos, nós os percebemos como curvas suaves ou linhas contínuas em vez de linhas pontilhadas e tracejadas.

6. **Princípio de fechamento.** Quando vemos lacunas em linhas ou formações, nós as organizamos em formas completas em vez de vermos as partes como componentes separados.
7. **Princípio de figura-fundo.** Nós vemos os objetos que aparecem em primeiro plano como separados dos que estão no fundo.
8. **Princípio de destino comum.** Se os objetos se movem juntos na mesma direção e velocidade, são percebidos como um grupo (aplicável principalmente a gráficos animados).

No diagrama a seguir (veja a Figura 7.5), você pode ver como os atributos pré-atencionais e os princípios da Gestalt desempenham um papel ativo na maneira como as pessoas detectam padrões e agrupamentos. Mesmo que cada conjunto tenha o mesmo número de objetos, a disposição destes muda a forma como vemos os agrupamentos dos objetos. No storytelling com recursos visuais, os atributos pré-atencionais são fundamentais para isolar ou destacar a *importância* de certos pontos de dados. Os princípios de Gestalt indicam *agrupamentos*, então você pode usá-los estrategicamente para indicar quais itens estão relacionados e quais não estão.

Figura 7.5 Qual é o atributo visual dominante em cada cenário?

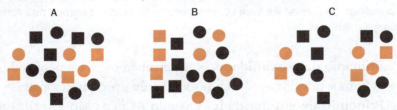

Nas primeiras duas configurações, o princípio da similaridade influencia a forma como percebemos os agrupamentos. Porém, o agrupamento é diferente para cada cor (A) e forma (B). Na última configuração (C), o princípio da proximidade define como percebemos os agrupamentos formados.

Ao projetar os recursos visuais, você precisa estar ciente de como o público perceberá as informações dentro e fora dos seus gráficos. Por exemplo, colocar um rótulo de texto perto de uma linha cria uma associação. Um relacionamento pode ser sugerido colocando-se dois gráficos próximos ou colorindo-os de maneira semelhante. Você precisa ser preciso no seu storytelling com recursos visuais, ou inadvertidamente transmitirá algo não pretendido e confundirá o público nesse processo. Agora que está ciente desses conceitos cruciais de percepção, você verá a influência deles no resto dos exemplos deste livro.

Subjacente a todos esses princípios de Gestalt, está a Lei de Prägnanz, que sugere que as pessoas interpretam informações visuais ambíguas ou complexas da maneira mais simples possível. A palavra alemã *prägnanz* significa vigor ou concisão. Em alguns aspectos, a Lei de Prägnanz é semelhante ao Princípio da Navalha de Occam: a solução ou explicação mais simples é provavelmente a correta. Os recursos visuais simples, completos e reconhecíveis são mais facilmente aceitos pelo público do que os complexos, incompletos ou desconhecidos. Mesmo quando as suas visualizações de dados são complexas, o objetivo mais abrangente do storytelling com recursos visuais deve ser agilizar a interpretação dos gráficos. Como contador de histórias de dados, você – e não o público – deve arcar com o fardo da compreensão. O seu objetivo é tornar o mais fácil possível para o público o entendimento dos seus recursos visuais e o acompanhamento da história. Ao organizar e projetar os seus gráficos para que trabalhem *com* em vez de *contra* a percepção humana, você está no caminho certo para se tornar um contador de histórias de dados mais eficaz.

Facilitando comparações significativas com recursos visuais

Sempre compreendemos as coisas ao nosso redor numa relação com outras coisas.
DAN ARIELY, economista comportamental e autor

O contexto é essencial para a solidez de qualquer análise e respectivas recomendações. Ele ajuda a esclarecer a Configuração do Caso, as circunstâncias ou o ambiente do assunto que você está examinando. Sem o contexto adequado, você pode facilmente se desviar por alguma estreita faixa de dados e saltar para conclusões erradas. Além disso, é difícil para o público tomar decisões se as informações que você compartilha carecem de uma estrutura de referência relevante. Frequentemente, você encontrará a falta de contexto na raiz da maioria das dúvidas do público. Quando você e o público têm o contexto amplo, todos ficam mais confiantes nas conclusões tiradas dos dados.

O contexto também anda de mãos dadas com uma tarefa comum na análise: fazer comparações. Quando está equipado com amplas informações básicas a respeito de um tópico, você é capaz de explorar mais completamente os dados e examinar variados fatores em busca de diferenças e semelhanças importantes. Por exemplo, sem qualquer contexto adicional, saber que uma empresa tem 1.000 funcionários não tem nenhum sentido especial. Porém, se descobre que a empresa tinha apenas 500 funcionários há seis meses, você tem um insight de como ela cresceu rapidamente. Quando descobre que outros concorrentes com receitas semelhantes têm dez vezes mais funcionários, você descobre que a sua empresa é muito produtiva. Nesse caso, o número total de funcionários só se torna interessante quando *o contexto é adicionado e comparações podem ser feitas.*

O objetivo da maioria das análises é decompor o todo em seus componentes separados, para um exame mais detalhado. Quando você não tem a estrutura de referência, pode ser mais difícil entender os dados. Porém, quando você alinha conjuntos de itens relacionados uns ao lado dos outros, tem o contexto de que precisa para descobrir insights.

A visualização de dados é uma maneira poderosa de mostrar o contexto. Os gráficos de dados podem revelar desvios ou afinidades cruciais nos dados que podem levar a insights. Por exemplo, gráficos de dados são usados em muitos tipos comuns de comparações (veja a Figura 7.6).

Figura 7.6 Cinco tipos comuns de comparações

Nós usamos variados tipos de comparação em nossas comunicações de dados. Quase sempre, elas se encaixam em um desses cinco tipos. Dependendo do cenário, podemos comparar elementos individuais (funcionários, produtos) ou grupos de elementos (equipes, categorias de produtos).

Mesmo quando a comparação não é o foco principal da sua análise, você costuma examinar as diferenças e semelhanças entre elementos de dados individuais, ou entre conjuntos de dados relacionados. Por exemplo, se estiver analisando uma série temporal, você pode comparar pontos de dados individuais para obter perspectiva (por exemplo, um ponto fora da curva muito distante da tendência geral). Como alternativa, pode obter insights comparando uma tendência encontrada num gráfico de linhas com aquelas encontradas em outros gráficos de linhas. O especialista em visualização de dados Edward Tufte destacou a importância das comparações para a análise quando disse: "A tarefa fundamental da análise de dados é fazer comparações inteligentes. Estamos sempre tentando responder à pergunta 'Comparado com o quê?'. [...] Então, temos sempre que fazer, e mostrar, comparações inteligentes" (Tufte, 2016).

Em seu livro *Previsivelmente irracional*, Dan Ariely – economista comportamental – descobriu que as comparações são um fator crucial na tomada de decisões e que "não apenas tendemos a comparar as coisas umas com as outras, mas também nos concentramos em comparar coisas que são facilmente comparáveis, e evitamos comparar coisas que não podem ser comparadas facilmente" (Ariely, 2009). Independentemente da amplitude ou profundidade da sua análise, a comunicação das suas descobertas depende de uma coisa simples: *da sua capacidade de facilitar comparações significativas para o público.* Se examinar os pontos da história das suas histórias de dados, você verá que a maioria deles se baseia em comparações ou contrastes. Eles representam as cenas principais na sua história de dados – muitas delas serão Insights em Gestação –, que captam a atenção, despertam a curiosidade e esclarecem a mente do público.

Quando fornece ao público uma comparação gráfica, você o convida a se juntar a você por um breve momento em sua jornada de análise. É uma oportunidade para o público obter um insight sobre si mesmo, fazendo a mesma comparação por conta própria. É como disse Galileu Galilei, o astrônomo italiano: "Você não pode ensinar nada a nenhum homem; você só pode ajudá-lo a encontrar isso dentro de si mesmo". Para ajudar o público a ver o que você viu, é fundamental que os recursos visuais sejam projetados para tornar as comparações claras e fáceis de seguir. Edward Tufte afirmou: "Todo o propósito de uma exibição analítica é auxiliar a tarefa cognitiva do espectador que olha para as evidências" (Tufte, 2016). Assim, quanto mais difícil for ver e compreender os pontos cruciais, menos provável será que o público aprecie o que você tem para compartilhar.

Qualquer visualização de dados que você criar vai funcionar para pelo menos uma pessoa: *você*. Porém, não há garantia de que ela se comunicará igualmente bem para os outros. Se a carga cognitiva for muito pesada, o público pode desistir mentalmente e sair sem nada: *sem nenhum insight e sem inspiração para fazer nada*. Muitas vezes, ocorre comunicação visual deficiente quando gráficos de dados da análise exploratória são usados – *sem modificação* – para fins explicativos. Uma comparação bruta será mais difícil de digerir e interpretar do que aquela que foi projetada para destacar uma diferença ou uma semelhança específica. A capacidade de mudar da etapa exploratória para a etapa explicativa no processo de análise é o que separa os contadores de histórias de dados eficazes de todos os outros que tentam compartilhar dados. Para ajudá-lo a navegar por essa transição crucial e a construir cenas visuais eficazes para os seus pontos da história, este capítulo e o próximo concentrarão o foco em sete princípios essenciais (veja a Figura 7.7).

Figura 7.7 Sete princípios essenciais para um melhor storytelling com recursos visuais

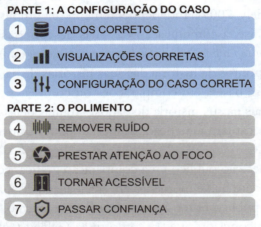

Os sete princípios cruciais do storytelling com recursos visuais são divididos em duas seções ou partes principais: a Configuração do Caso e o Polimento.

Vou mergulhar em cada um desses princípios do storytelling com recursos visuais com o objetivo de fornecer a você táticas de visualização que fortalecerão as suas comparações e comunicarão melhor os seus pontos cruciais. O storytelling com recursos visuais geralmente falha quando uma carga mental muito pesada para acompanhar e interpretar os dados é colocada sobre o público. Esses sete princípios ajudam você a se afastar das práticas ineficazes de storytelling com recursos visuais os quais exigem que o público faça uma matemática mental cansativa, jogos de memória complicados e referências cruzadas incômodas.

Embora outros livros a respeito de visualização de dados possam cobrir com mais profundidade aspectos desses princípios, eu vou me concentrar exclusivamente nos cenários explicativos relacionados ao storytelling com dados. Entre os diferentes princípios, você verá a influência orientadora dos modelos de percepção humana, como os atributos pré-atencionais e a Teoria de Gestalt. Compreender os princípios por trás do processamento mental das informações visuais ajuda a avaliar melhor aquilo que pode impedir ou amplificar a eficácia dos gráficos de dados. Em última análise, ao concentrar o foco nesses princípios quando for contar a sua história usando recursos visuais, você pode alcançar o que o cartógrafo alemão Alexander von Humboldt defendeu: "Controle o olho sem cansar a mente".

> **Nota:** todos os exemplos de gráficos desta seção foram criados no Microsoft Excel, com eventual ajuda do Microsoft PowerPoint. Embora eu pudesse ter usado ferramentas de visualização de dados mais avançadas, acho importante mostrar o que você pode conseguir com uma ferramenta como o Excel, que está amplamente disponível e é familiar para a maioria das pessoas. Embora o Excel seja bastante flexível, nem sempre é fácil criar gráficos fora do padrão. Às vezes, foi necessária certa força bruta para criar alguns recursos visuais. Na página deste livro em nossa plataforma Conecta, você pode baixar um arquivo Excel que contém todos os exemplos da primeira e da segunda partes.

Princípio n. 1: visualize os dados corretos

> *A excelência em gráficos estatísticos consiste em ideias complexas comunicadas com clareza, precisão e eficiência.*
> EDWARD TUFTE, estatístico e autor

Como um dos três pilares do storytelling com dados, os dados formam a base de cada história. Se você não tiver dados confiáveis, será difícil encontrar insights significativos. Ao descobrir um insight, você presume que já possui os dados certos para a sua história de dados. Como resultado, acaba recorrendo ao gráfico original criado em sua análise exploratória, sem questionar se uma visão diferente dos dados pode pintar uma imagem ainda mais vívida para o público. Por exemplo, frequentemente trabalhamos com valores totais (contas ou somas), mas pode existir uma maneira mais significativa de expressar o mesmo insight usando dados diferentes (veja a Figura 7.8). Às vezes, um simples ajuste nos dados subjacentes pode tornar um bom gráfico excelente.

Figura 7.8 Cinco variações de dados a considerar

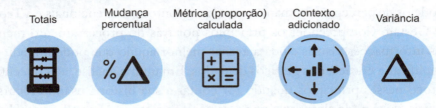

Às vezes, ajustar os dados subjacentes pode transmitir melhor o seu insight principal para o público.

Na Figura 7.9, você pode ver como a receita mensal e o número de clientes crescem nessa empresa. Geralmente, quando métricas desses tipos aumentam com o tempo, vê-se como sinal positivo de um negócio em crescimento. Porém, nesse gráfico de barras de eixo *y* duplo, é difícil perceber que a receita mensal não se expande tão rapidamente quanto a base de clientes, pois cada métrica tem uma escala diferente. Embora essa empresa esteja conquistando mais clientes, os novos clientes não gastam tanto dinheiro na organização, o que pode ser uma tendência preocupante ao longo do tempo.

Figura 7.9 Valores totais talvez não comuniquem os seus pontos de forma eficaz

Nesse gráfico de eixo *y* duplo, a receita e o número de clientes aumentaram ao longo do ano. Porém, a receita não cresce tão rápido quanto a base de clientes se expande.

Para mostrar as diferenças entre os índices de crescimento de cada métrica, em vez de usar os valores totais, você deve alterar os dados para *mudança percentual* (veja a Figura 7.10). Na mudança percentual, você pode ter métricas com unidades de base diferentes compartilhando um eixo comum, tornando mais fácil comparar as mudanças entre as métricas. Porém, nesse caso, o uso da mudança percentual também esconde um pouco o impacto para o negócio.

Figura 7.10 A mudança percentual coloca métricas diferentes no mesmo eixo de %

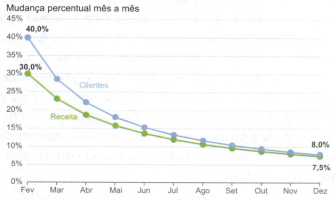

Ao exibir a mudança percentual dos clientes e as métricas de receita, ambas as medidas podem compartilhar o mesmo eixo *y* para facilitar a comparação.

Uma abordagem alternativa é criar uma *proporção ou métrica calculada*, como a receita por cliente, para contar a história de forma mais dramática. Na Figura 7.11, você pode ver que a receita por cliente diminuiu significativamente durante o ano, embora a receita mensal tenha aumentado continuamente. Em vez de depender apenas de totais, mostrar a mudança percentual, ou criar uma métrica calculada pode ser a melhor opção para comunicar os seus pontos cruciais.

Figura 7.11 Métricas calculadas podem ajudar a esclarecer um problema

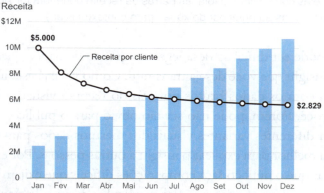

Pela tendência da receita por cliente no segundo eixo, é fácil ver que a empresa está adquirindo mais clientes que gastam menos com a organização.

Ter os dados *certos* pode significar adequar os dados contextuais na visualização a fim de melhor tratar o seu ponto principal. Jeff Jonas, cientista de dados da IBM, disse: "Contextualizar é dar uma olhada nas coisas ao redor de algo para entender melhor a coisa" (Jonas, 2012). Quase sempre, quando pensamos no contexto dos dados, pensamos na fonte dos dados (sistemas internos ou externos), na maneira como eles foram coletados (observação, relatórios) e nos fatores externos que podem influenciá-los (eventos sazonais, mudanças de políticas). Porém, os próprios dados são uma forma de contexto. Por exemplo, o público ganha uma nova perspectiva quando pode comparar as tendências de receita por cliente entre os dois anos (veja a Figura 7.12). Embora os dados de 2018 em ambos os gráficos sejam iguais, a presença dos dados contextuais altera a forma como os resultados são interpretados. Para o público, talvez ajude a reconhecer rapidamente quando determinado resultado é positivo, negativo ou neutro.

Figura 7.12 O contexto acrescentado pode mudar a mensagem

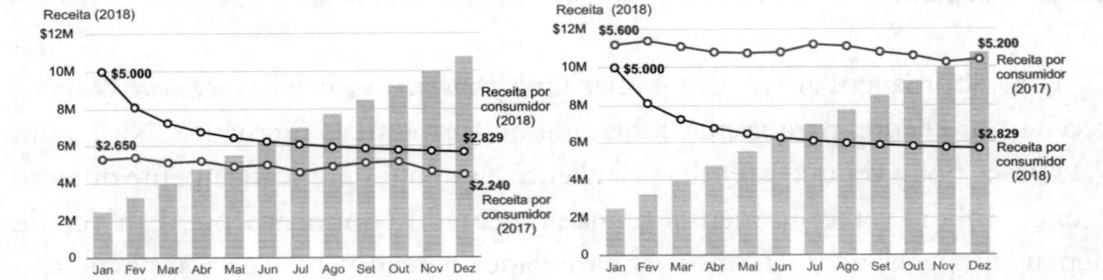

Nesses dois cenários contrastantes, o contexto acrescentado contendo o resultado do ano anterior (2017) muda a mensagem em cada gráfico. Mesmo que os dados de 2018 sejam exatamente os mesmos em ambos os gráficos, a presença dos dados contextuais impacta o que eles comunicam. (Nota: as barras de receita poderiam ter sido removidas desses exemplos, mas eu optei por deixá-las para contextualizar.)

Por fim, pode ser difícil se desapegar do gráfico de dados que o ajudou a descobrir o insight que você deseja transmitir. Como você já está intimamente familiarizado com os dados brutos por trás do recurso visual, o insight será óbvio para você. Porém, pode não ser tão óbvio para o público, e você deve experimentar diferentes variantes visuais dos mesmos dados para encontrar a que funciona melhor para explicar o insight a outras pessoas. Por exemplo, em vez de esperar que o público faça comparações difíceis que exijam certa matemática mental, pode ser benéfico já dar os cálculos mastigados, concentrando o foco no *desvio* ou na *variância* entre cada par de valores. Na Figura 7.13, o gráfico à esquerda mostra o número de incidentes de segurança em cinco fábricas durante dois anos. Se a mudança de ano para ano for importante para a sua história, pode ser melhor mostrar o gráfico certo – aquele que fornece uma visão destilada da mudança nos incidentes de segurança entre os anos –, para que o público veja facilmente as diferenças.

Figura 7.13 Variância: faça a matemática para o público

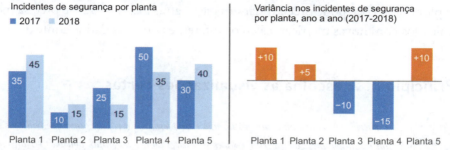

O gráfico à esquerda exige que o público compare as diferenças entre os dois anos para cada planta. O gráfico certo faz as contas para o público e enfoca o desvio entre os dois anos por planta.

Em alguns casos, passar da comparação dos valores totais para variâncias ou desvios também pode tornar os seus pontos mais salientes e impactantes. Por exemplo, na Figura 7.14, você pode ver no gráfico à esquerda as receitas totais correntes para o ano de 2017 e para o ano de 2018. Embora o gráfico à

Figura 7.14 Mostrar a variância pode acrescentar ênfase ao seu ponto crucial

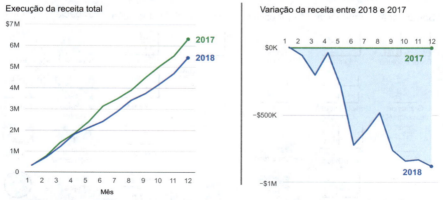

O gráfico à esquerda revela que 2018 está com desempenho inferior ao ano anterior. Porém, o gráfico certo, com o foco na variação da receita, destaca de forma mais enfática o quanto o ano de 2018 se desviou dos resultados de vendas do ano anterior.

esquerda mostre claramente que as vendas do ano de 2018 tiveram um desempenho inferior às do ano anterior, a magnitude da diferença entre os anos é tênue. Porém, o gráfico correto que apresenta a tendência da variância corrente fornece uma representação mais nítida da queda crescente na receita e tem maior probabilidade de chamar a atenção do público. Melhorias simples nos dados subjacentes podem ter um impacto significativo na maneira como os gráficos se comunicam. Em vez de apenas reutilizar os gráficos da análise exploratória, você pode precisar dar um passo atrás e considerar se precisa modificá-los com novas métricas, cálculos diferentes ou mais dados contextuais.

Princípio n. 2: escolha as visualizações certas

> *O critério importante para um gráfico não é simplesmente a rapidez com que podemos ver um resultado; mais do que isso, é saber se através do uso do gráfico podemos ver algo que teria sido mais difícil de ver de outra forma ou que não poderia ter sido visto sem ele.*
> WILLIAM CLEVELAND, estatístico e autor

Com os dados certos em mãos, você está pronto para escolher uma visualização de dados para exibir os seus insights. Porém, com centenas de variações à disposição, pode ser um desafio decidir qual delas usar. Na maioria dos casos, é útil primeiro considerar as diferentes categorias de visualizações de

Figura 7.15 Principais categorias de tipos de gráficos para profissionais de negócios

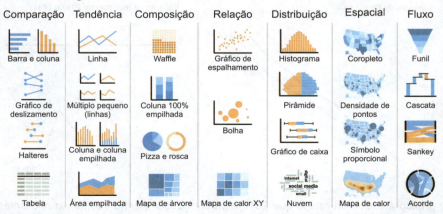

Isolando a categoria certa de gráfico para o seu uso específico, você pode então selecionar o gráfico mais adequado para os seus insights.

dados e determinar qual se encaixa no caso do seu uso específico. Depois de identificar o tipo de gráfico certo, você pode decidir qual gráfico específico comunica melhor o seu insight. Nas sete categorias a seguir, você reconhecerá alguns dos gráficos mais comuns que os profissionais de negócios utilizam ou consideram úteis (veja a Figura 7.15):

1. **Comparação:** esses gráficos são usados para exibir semelhanças e diferenças entre valores discretos de itens ou categorias de itens. Por exemplo, você pode usar um gráfico de barras para mostrar os vendedores por receita e para ver os melhores e os piores desempenhos.
2. **Tendência:** esses gráficos representam o comportamento ou desempenho de algo ao longo do tempo. Por exemplo, você pode usar um gráfico de linhas para mostrar as flutuações mensais nos níveis de estoque nos últimos 12 meses.
3. **Composição:** esses gráficos são usados para mostrar os tamanhos relativos das partes de um todo. Por exemplo, você pode usar um gráfico de pizza para mostrar como o seu orçamento foi dividido pelas várias áreas de despesas.
4. **Relacionamento:** esses gráficos exibem o relacionamento entre as variáveis para identificar pontos fora da curva, correlações e aglomerados. Por exemplo, você pode usar um gráfico de espalhamento para ver a relação entre o tamanho do contrato do cliente e a pontuação da satisfação deste.
5. **Distribuição:** esses gráficos são usados para mostrar a frequência com que os valores são distribuídos em um intervalo e revelar a tendência central e a forma deles. Por exemplo, você pode usar um histograma para ver a dispersão dos pacientes do hospital por faixa etária.
6. **Espacial:** esses gráficos sobrepõem dados em mapas geográficos e outros mapas espaciais para revelar comportamentos, padrões e valores discrepantes. Por exemplo, você poderia usar um mapa de densidade de pontos para ver as concentrações de um segmento crucial de clientes em uma grande cidade.
7. **Fluxo:** esses gráficos são usados para descrever o fluxo de um conjunto de valores para outro, por meio de vários nós, conexões ou etapas. Por exemplo, você pode usar um diagrama de Sankey para exibir o fluxo de tráfego da página inicial do seu site para outras páginas ou seções.

Embora essa lista de tipos de gráficos e visualizações de dados não seja exaustiva, ela fornece um bom ponto de partida para avaliar quais gráficos você precisa para transmitir os seus pontos cruciais. Mais do que trabalhar com os gráficos exploratórios que já construiu, você precisa dar um passo para trás e fazer a si mesmo duas perguntas básicas:

- Cada caso de uso se alinha com um tipo de gráfico apropriado?
- Se o caso de uso corresponde à sua categoria de gráficos, você está usando a opção de visualização de dados mais eficaz dentro dessa categoria para comunicar os seus pontos?

Depois de avaliar os seus casos de uso e os seus gráficos atuais, você pode achar que precisa mudar para um tipo de gráfico diferente ou selecionar uma visualização que seja mais benéfica para o seu caso de uso específico. Ao avaliar se tem o melhor gráfico para as suas necessidades, você descobrirá que alguns gráficos parecem dar apoio a comparações precisas mais prontamente do que outros. E pode se perguntar por que isso acontece.

Nos primeiros 200 anos depois que os gráficos de dados foram introduzidos, ninguém conseguia explicar por que alguns gráficos funcionavam melhor do que outros. A intuição e as regras práticas guiaram a maior parte do design de gráficos até 1984, quando William S. Cleveland e Robert McGill, estatísticos do AT&T Bell Labs, publicaram o primeiro exame científico da percepção gráfica humana (Cleveland e McGill, 1984). Com base na teoria e na experimentação, Cleveland e McGill desenvolveram uma lista das dez tarefas perceptivas elementares comumente encontradas nos designs de gráficos. Uma *tarefa perceptiva* é o esforço mental e visual que empregamos para decodificar ou extrair as informações quantitativas de um gráfico. Os pesquisadores testaram cada um dos métodos gráficos para ver com que precisão os participantes das pesquisas detectavam diferenças nos dados. Eles descobriram que algumas formas gráficas levavam a juízos mais precisos do que outras, sendo que os dados subjacentes eram os mesmos. A Figura 7.16 resume as principais descobertas deles.

Dependendo da natureza da sua comparação, o método gráfico que você usa deve levar em consideração a maneira como você visualiza os seus insights. Por exemplo, se você deseja que o público faça comparações precisas entre um conjunto de valores, um gráfico de barras ou de colunas será uma escolha melhor do que um mapa de calor. Porém, se você deseja comparar padrões mais abstratos em vez de pontos de dados específicos, um gráfico que emprega sombreamento ou saturação de cor pode ser uma escolha melhor. Essa

Figura 7.16 Modelo de percepção gráfica de Cleveland e McGill

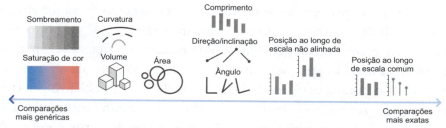

Cleveland e McGill descobriram que as visualizações de dados que se alinhavam mais com as tarefas perceptivas no lado direito do eixo de comparação subsidiavam comparações mais detalhadas e precisas, enquanto aquelas que se alinhavam mais com as tarefas perceptivas à esquerda facilitavam as comparações genéricas e mais abstratas.

talvez seja a abordagem preferida nos casos em que um método gráfico mais preciso pode fazer o público perder a relação geral por concentrar muito o foco em pontos de dados específicos. Além disso, você descobrirá que muitos gráficos requerem mais de uma tarefa de percepção para ser interpretados. Por exemplo, com um gráfico de colunas empilhadas (veja a Figura 7.17), o público pode perceber o valor mais próximo do eixo horizontal, por sua posição na escala vertical. Porém, os valores restantes só podem ser comparados pelo comprimento de suas barras, pois não estão alinhados a uma linha básica comum.

Figura 7.17 As tarefas perceptivas podem diferir no mesmo gráfico

Apenas os valores inferiores na coluna empilhada podem ser comparados por posição através da escala comum. Os valores restantes precisam ser comparados pela percepção do comprimento, o que dificulta fazer comparações precisas.

Alberto Cairo, especialista em visualização de dados, reconheceu a classificação de tarefas perceptivas de Cleveland e McGill como "uma ferramenta inestimável para fundamentar decisões em fato e razão, e não no gosto estético exclusivamente" (Cairo, 2013). Embora nenhuma estrutura seja perfeita ou aplicável a todas as situações, o modelo de Cleveland e McGill oferece uma orientação útil para contadores de histórias de dados cujo objetivo principal é facilitar comparações significativas. Usando essa estrutura, você pode olhar em perspectiva para as várias opções de visualização de dados e avaliar de forma mais objetiva como elas comunicam os seus dados. Por exemplo, se examinar os métodos gráficos que constituem um gráfico de pizza, você notará que eles requerem uma combinação das tarefas perceptivas de *ângulo* e de *área*, que residem no meio da classificação da tarefa perceptiva. Num exame mais criterioso, você percebe que os gráficos de pizza e de rosca codificam também uma *posição* na circunferência (escala circular), porque se parecem com algo que observamos regularmente: um relógio ou o mostrador de um relógio. Por essa razão, quando existem apenas algumas fatias, é fácil para nós deduzir à primeira vista 25%, 50% ou 75%.

Porém, de modo semelhante ao desafio que enfrentamos com barras empilhadas ou gráficos de colunas, fica mais difícil julgar a posição de vários cortes quando eles não se alinham a uma linha básica comum, nesse caso, a posição das 12 horas. Se os comprimentos já são moderadamente difíceis de comparar, os comprimentos de arco são ainda mais difíceis. Na maioria dos casos, as fatias no gráfico de pizza ou de rosca devem ser rotuladas, especialmente

Figura 7.18 Gráficos de pizza *versus* gráficos de barras

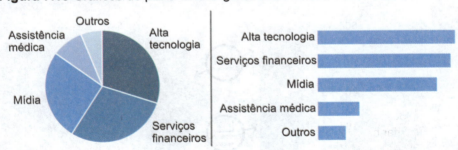

Se você deseja mostrar a proporção das vendas provenientes de diferentes setores verticais, pode visualizar os dados em um gráfico de pizza; mas, sem os rótulos dos valores reais, as diferenças de tamanho são difíceis de determinar. Por outro lado, um gráfico de barras oferece comparações mais precisas, mesmo sem rotulagem.

se as fatias tiverem tamanhos semelhantes. Em contraste, quando visualiza os mesmos dados em um gráfico de barras (não empilhadas), você pode saber rapidamente quais valores são maiores ou menores sem rotular, mesmo que eles sejam muito semelhantes em tamanho (veja a Figura 7.18). Na maioria dos casos, você rotula as visualizações de dados, mas essa comparação ilustra o fato de que alguns tipos de gráficos dependem do texto para se comunicar. Para algumas visualizações de dados, rotular torna-se uma necessidade, enquanto para outras é apenas uma amenidade.

Familiaridade *versus* novidade

Ao decidir quais gráficos de dados vai usar na sua história de dados, você também precisa levar em consideração o público-alvo. Para a maioria das comparações básicas, os gráficos de barras e de colunas serão os pilares da sua caixa de ferramentas de visualização de dados. Eles não apenas são amplamente usados e familiares para o público, como também se alinham à tarefa perceptiva mais eficaz do modelo de Cleveland e McGill – posicionamento ao longo de uma escala comum. Porém, se você nota que o público está cansado de gráficos de barras, existem outras opções que podem comunicar os seus dados de maneira semelhante. Por exemplo, em vez de usar outro gráfico de barras, você pode usar um gráfico de pontos ou pirulito (veja a Figura 7.19).

Figura 7.19 Alternativas aos gráficos de barras: os gráficos de pirulito e de pontos

Os gráficos de pirulito e os gráficos de pontos são duas alternativas aos gráficos de barras. Ambos propiciam comparações por posição numa escala comum, mas são mais difíceis de criar no Microsoft Excel (não impossíveis, apenas mais difíceis).

Quando você tem um grande número de valores altos, o gráfico de pirulito pode ser uma opção visual melhor do que o gráfico de barras. Com o gráfico de barras, a densidade do gráfico aumentará devido ao comprimento e à espessura das barras; porém, como as hastes dos pirulitos são apenas linhas finas, elas podem transmitir os mesmos valores com muito menos tinta. Mas, antes de trocar os gráficos de barras e de colunas pelos gráficos de pirulito, saiba que estes têm uma desvantagem inerente: cada valor é mostrado no centro do círculo do pirulito, que é menos preciso do que a borda reta de uma barra. Ambas as alternativas aos gráficos de barras estão alinhadas à mesma tarefa perceptiva baseada na posição que torna os gráficos de barras úteis para comparações precisas. Entretanto, enquanto não forem incluídos entre as opções de gráficos padrões em mais ferramentas de visualização de dados, os gráficos de pirulito não serão tão populares quanto os onipresentes gráfico de barras.

Além dos gráficos de pontos e dos gráficos de pirulito, existem outras variações de gráficos não padrão que podem ser úteis para fazer comparações. O gráfico de deslizamento é um gráfico de comparação que recentemente cresceu em popularidade, e oferece uma alternativa viável a gráficos de colunas emparelhadas ou gráficos de barras (veja a Figura 7.20). Ele exibe as diferenças ou mudanças relativas entre um conjunto pareado de valores dimensionais em duas categorias usando uma série de linhas conectadas. Embora as escalas de categoria em cada lado dos valores pareados possam ser diferentes (receitas e despesas), os gráficos de deslizamento funcionam especialmente bem para mudanças ao longo do tempo, quando as escalas são as mesmas (unidades vendidas em 2017 e 2018). Embora a escala possa ser menos óbvia em gráficos de deslizamento, é uma forma de posição ao longo de uma escala comum combinada com o método gráfico de deslizamento. Os gráficos de deslizamento podem ser usados para destacar índices significativos de mudança ou alternâncias importantes de ordem/classificação entre duas categorias.

Figura 7.20 Gráfico de barras *versus* gráfico de deslizamento

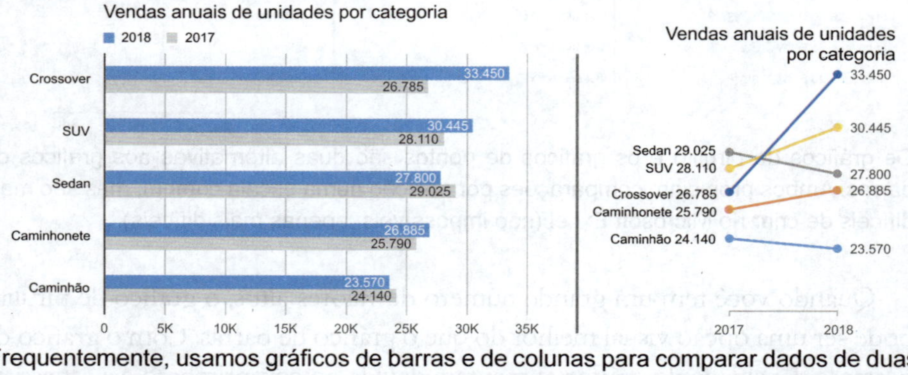

Frequentemente, usamos gráficos de barras e de colunas para comparar dados de duas categorias ou períodos de tempo. Em vez disso, um gráfico de deslizamento pode ser usado para representar as diferenças ou mudanças entre os valores emparelhados.

Outro gráfico útil para comparações é o *gráfico de halteres*, que é uma variação do gráfico de pontos com foco nas diferenças entre dois (ou mais) valores. Com os gráficos de halteres, usamos a tarefa perceptiva de *comprimento* para interpretar as variações. Para que o público não precise mensurar as diferenças entre os comprimentos de duas barras, o gráfico de halteres simplifica a carga cognitiva ao converter a variação em sua própria linha (veja a Figura 7.21). Outra variante do gráfico de halteres é o gráfico de girinos, que ajuda a esclarecer a direção do movimento para comparações baseadas no tempo.

Figura 7.21 Alternativas de variância: gráficos de halteres e de girinos

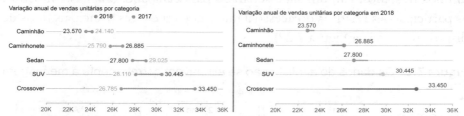

O gráfico de halteres, à esquerda, mostra a diferença nas vendas por unidade de cada categoria automotiva. O gráfico de girinos, à direita, mostra os mesmos dados, mas enfatiza o ano mais recente (2018).

Qualquer que seja o tipo de gráfico escolhido para exibir os pontos da sua história, o que você quer é tornar as suas informações tão fáceis de serem seguidas pelo público quanto possível (Lei de Prägnanz). A clareza é o objetivo, e não a simplicidade. Dependendo da curiosidade, do conhecimento em dados e da paciência do público, você pode usar um gráfico de dados menos familiar ou mais complexo e que não seja necessariamente simples, desde que seja claro. Porém, você deve levar em consideração quais tarefas perceptivas ele toca e se os dados serão intrinsecamente fáceis ou difíceis de perceber. O modelo de Cleveland e McGill pode ajudá-lo a navegar pela vasta gama de opções de gráficos e guiá-lo até as visualizações de dados corretas para a sua próxima história de dados.

Princípio n. 3: calibre os recursos visuais da sua mensagem

> *Os gráficos informativos devem ser esteticamente agradáveis, mas muitos designers pensam na estética antes de pensarem na estrutura, na informação em si, na história que o gráfico deve contar.*
> ALBERTO CAIRO, autor e professor de jornalismo de dados

Depois de determinar a visualização de dados certa, você precisa calibrar o seu gráfico para a mensagem que deseja transmitir. Às vezes, você verá pessoas tentando contar histórias de dados sem que os recursos visuais correspondam às palavras ou à mensagem. Mesmo um pequeno desalinhamento pode interferir no poder da história de dados. Por exemplo, eu participei de um café da manhã patrocinado por uma conhecida empresa de pesquisas de mercado; durante o evento, um analista de pesquisas compartilhou dados sobre como as preferências das pessoas por dispositivos para acessar conteúdo digital tinham mudado de desktop para smartphone e tablet nos últimos três anos. Em um slide separado para cada ano, o analista mostrou as participações relativas do acesso à internet para os três principais tipos de dispositivos (veja a Figura 7.22).

Figura 7.22 Os dados do analista não se alinhavam corretamente à mensagem

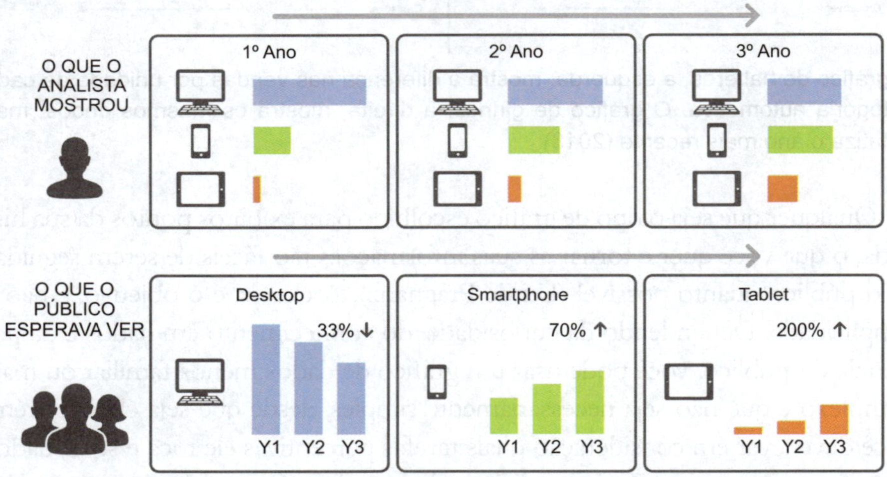

O analista optou por concentrar o foco nas mudanças anuais para os diferentes tipos de dispositivos. O público, porém, esperava ver também as mudanças por tipo de dispositivo ao longo do período de três anos, para apreciar plenamente a mensagem.

Quando ele finalmente apresentou os dados do ano mais recente, eu comecei a querer olhar para o período de três anos, para ver como a participação de cada tipo de dispositivo tinha evoluído ao longo do tempo. Infelizmente, tudo o que o público podia fazer para avaliar as mudanças gerais era se lembrar dos slides anteriores. Embora o analista de pesquisas tenha afirmado que o consumo digital está mudando cada vez mais de desktop para dispositivos móveis, ele falhou em nos mostrar as tendências gerais por tipo de dispositivo que poderiam reforçar a sua mensagem. Curiosamente, os dados para ambas as visualizações seriam exatamente os mesmos. Porém, a orientação ou estrutura do conteúdo limitou as comparações que o público poderia fazer. Consequentemente, o analista perdeu a oportunidade de vincular com mais firmeza os recursos visuais aos seus principais insights e assim fortalecer a história.

Conforme configura as visualizações de dados para a história de dados, você precisa ter uma compreensão clara do ponto principal de cada recurso visual. Com base na mensagem que estiver tentando transmitir através de cada gráfico, é preciso antecipar como o público vai consumir as informações e obter o insight desejado por você. Caso existam comparações essenciais na configuração da mensagem, elas devem ser claras e óbvias para o público. Você não pode permitir que a estrutura ou a orientação de uma visualização de dados interfira na compreensão dos principais insights. Em outras palavras, o público não deve ter que se engalfinhar com a forma como as informações são exibidas para conseguir captar pontos importantes.

Quando você avalia se a mensagem e os recursos visuais estão devidamente calibrados, existem três áreas principais nas quais deve concentrar o foco:

1. **Mantenha as comparações em estreita proximidade.** Sempre que possível, coloque os elementos de dados que estão sendo comparados em estreita proximidade uns dos outros. É muito mais fácil comparar dois pontos de dados que estão lado a lado do que se estiverem nas pontas opostas de um gráfico. Por exemplo, se você estivesse apresentando dados de compra de vários produtos de três segmentos de clientes diferentes (veja a Figura 7.23), seria mais difícil para os gestores de produto compararem o desempenho de seus produtos individuais em todos os segmentos. Porém, se, em vez disso, você reorganizar o gráfico de barras agrupado para ter os produtos divididos por segmento de cliente, será muito mais fácil para os gestores de produto individuais avaliarem o desempenho de seus produtos nos vários segmentos de clientes. Ambas as visualizações ou orientações dos dados são precisas, porém, dependendo da mensagem que tenta transmitir, você vai querer alinhar a estrutura do gráfico de modo que as comparações desejadas fiquem próximas e fáceis de demonstrar ao público.

Figura 7.23 Torne as comparações mais fáceis para o público

No gráfico de barras à esquerda, é mais fácil comparar os produtos dentro de um segmento. Na versão à direita, é mais fácil comparar segmentos de um produto específico. Os dados são os mesmos; apenas a estrutura é diferente. Dependendo da mensagem, uma versão pode se alinhar melhor a ela. (Nota: no gráfico à direita, eu tive que mudar de monocromático para um esquema de cinco cores, pois os gradientes de azul não forneciam contraste suficiente entre os valores categóricos.)

Em alguns casos, você vai querer acomodar diversas comparações no mesmo recurso visual, o que é uma prática comum para recursos visuais exploratórios. Com recursos visuais explicativos, porém, você não pode ser tão ambicioso. Você deve determinar qual comparação é central para a sua história. Todas as outras opções de comparação podem oferecer contexto adicional, mas devem ser secundárias à sua história. Em última análise, se o gráfico de dados não torna a comparação principal fácil de perceber e extrair, você deve recalibrá-lo para a sua mensagem ou escolher um gráfico melhor. Por exemplo, o gráfico de barras consecutivas a seguir mostra os salários médios anuais de homens e mulheres em um departamento (veja a Figura 7.24). Ele seria propício para mostrar o padrão global por gênero (posição), mas não para comparar os valores entre gêneros em um ano específico (comprimento).

2. **Forneça uma linha básica comum para comparações.** Para gráficos de colunas e de barras empilhadas, os valores mais fáceis de comparar são aqueles que se alinham com uma linha básica compartilhada. Se você sabe com antecedência em qual série de dados deseja que o público concentre o foco, certifique-se de que haja uma linha básica comum. As comparações serão mais precisas e menos tediosas para

Figura 7.24 Alinhe as tarefas perceptivas com o insight a ser comunicado

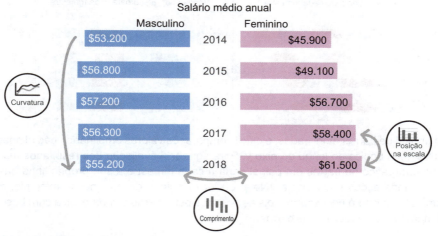

Com esse gráfico de barras consecutivas, você pode comparar os padrões globais (curvatura) dos salários médios para ambos os sexos. O gráfico também suporta comparações entre anos para um gênero específico (posição). Porém, não é muito útil para comparações entre ambos os gêneros (comprimento).

o público. Por exemplo, em vez de usar um gráfico de barras empilhadas (em que os valores empilhados são mais difíceis de comparar), considere o uso de um gráfico de barras em painel, que oferece a cada série de dados a sua própria linha básica para facilitar comparações (veja a Figura 7.25). Quando você apresenta dados em um gráfico de barras ou de colunas 100% empilhadas, é fácil para o público comparar os segmentos nas duas pontas do gráfico. Porém, os valores no meio podem ser difíceis de comparar quando não existe a linha básica compartilhada. Para os dados da escala Likert, que são usados para medir atitudes e opiniões em pesquisas, um gráfico de barras empilhadas divergentes pode aliviar alguns desses desafios de comparação. No exemplo (veja a Figura 7.26), as pontas mais extremas da escala Likert estão posicionadas no meio, próximas ao eixo, para uma comparação mais fácil. Os valores neutros foram representados graficamente em separado, por isso é fácil ver os níveis comparativos de insatisfação e satisfação nas diferentes categorias de feedback. Dependendo da mensagem ou dos insights, ajustar o alinhamento dos dados pode ajudar na comparação dos valores cruciais.

Figura 7.25 Gráfico de barras empilhadas *versus* gráfico de barras em painel

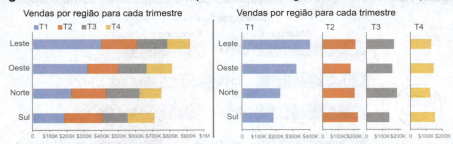

No gráfico de barras empilhadas, é difícil comparar os valores empilhados não alinhados com a linha básica ao longo do eixo *y*. Para agilizar a avaliação dos resultados trimestrais, um gráfico de barras em painel daria a cada trimestre a sua própria linha básica para comparações mais fáceis. (Nota: eu incluí a linha do eixo nesse exemplo, mas nem sempre isso é necessário, pois as pessoas perceberão a linha básica com base no alinhamento à esquerda das barras.)

Figura 7.26 Gráfico de barras 100% empilhadas *versus* gráfico de barras divergentes

No gráfico de barras 100% empilhadas, é fácil comparar os valores nas pontas, mas os valores no meio não têm uma linha básica comum. O gráfico de barras divergentes pode aliviar alguns desses problemas se os valores neutros (cinza) forem removidos. Embora não seja tão fácil comparar os segmentos "um pouco", essa configuração permite ver os níveis gerais de insatisfação e de satisfação consecutivamente, com os valores extremos mais próximos do eixo do meio.

3. **Certifique-se de que os gráficos sejam consistentes para comparações.** Quando você pede ao público para comparar vários gráficos ao mesmo tempo, é importante estruturar os seus recursos visuais de modo que sejam consistentes. Mesmo inconsistências sutis ou insignificantes podem cansar desnecessariamente o público, sendo que você deseja que ele consuma os dados sem esforço e siga os pontos cruciais. Quando há pequenos desvios ou diferenças *na forma como* os dados são exibidos, o público fica se perguntando se você está fazendo isso intencional ou

acidentalmente. Tudo, desde escalas de eixo, cores até rótulos, deve ser consistente nos gráficos que estão sendo comparados. Por exemplo, se você for pedir ao público para comparar o preço das ações de duas empresas (veja a Figura 7.27), a formatação e a estrutura dos dados não devem interferir nos insights gerais que você pretende transmitir.

Figura 7.27 A consistência facilita as comparações

À esquerda, diferenças sutis entre os dois gráficos de linhas podem interferir nas comparações. À direita, os recursos visuais são consistentes, de modo que o público pode se concentrar na interpretação das diferenças de dados, e não nas estranhas disparidades do design. (Nota: o uso intencional de uma cor exclusiva para os resultados de cada empresa em 2019 seria aceitável para diferenciá-los.)

Conforme projeta os recursos visuais que formam as cenas da sua história de dados, às vezes você precisa fazer concessões na forma como apresenta os dados. Dependendo de quais elementos de dados você deseja enfatizar, pode ser necessário alterar a estrutura do gráfico para que ele se alinhe melhor à mensagem. Prestar atenção a detalhes gráficos sutis – como proximidade, alinhamento e consistência – aumenta a eficácia das comunicações visuais, introduzindo harmonia, em vez de dissonância, entre as visualizações de dados e as mensagens principais.

Fim da parte 1: as cenas estão configuradas

Nessa primeira parte, os três primeiros princípios trataram da montagem das cenas visuais grosseiras a fim de formar a história de dados. Você começa confirmando se tem os dados corretos para visualizar cada ponto da história. A escolha dos dados que serão visualizados pode calar ou amplificar os pontos que você tenta produzir. A etapa seguinte é selecionar a visualização de dados que comunicará de forma clara e eficaz o seu insight. Embora seja possível visualizar o mesmo conjunto de dados de várias maneiras, você vai escolher uma que corresponda aos tipos de comparações que está tentando demonstrar (precisas ou genéricas). A última etapa é garantir que cada gráfico esteja alinhado com o que você deseja comunicar ao público. Mesmo que você tenha o gráfico certo, a sua configuração ou orientação pode fazer com que o público precise se esforçar mais do que você gostaria.

Depois de aplicar esses três primeiros princípios, você está pronto para passar à próxima etapa, de polimento. Na indústria cinematográfica, um diretor de cinema segue um processo semelhante depois de captar a filmagem bruta do filme. Embora uma boa fotografia seja extremamente importante, ela por si só não garante o sucesso do filme. Na fase de pós-produção, vários editores desempenham um papel fundamental na transformação do vídeo, do áudio e dos efeitos especiais brutos em uma aventura épica que envolverá e entreterá o público. Na segunda parte sobre recursos visuais, você aprenderá a polir e refinar os gráficos que escolheu para que os seus insights e as suas mensagens principais cheguem de forma clara e convincente ao público.

Referências

Anscombe, F. J. 1973. Graphs in statistical analysis. *The American Statistician* 27(1):17-21.

Ariely, D. 2009. *Predictably Irrational*: The Hidden Forces That Shape Our Decisions. New York: HarperCollins.

Cairo, A. 2013. *The Functional Art*: An Introduction to Information Graphics and Visualization. Berkeley, CA: New Riders.

Cleveland, W. S. e McGill, R. 1984. Graphical perception: Theory, experimentation, and application to the development of graphical methods. *Journal of the American Statistical Association* 79:531-554.

Jonas, J. 2012. Why data matters: Context reveals answers. *YouTube*, 14 de março. https://www.youtube.com/watch?v=ipxRA7ira4c.

Rosling, H. Rosling, O. e Roennlund, A. G. 2018. *Factfulness*: Ten Reasons We're Wrong about the World – and Why Things Are Better than You Think. New York: Flatiron Books.

TED. 2019. TED Speaker: Hans Rosling. https://www.ted.com/speakers/hans_rosling (acessado em 22 de maio de 2019).

Trafton, A. 2014. In the blink of an eye. *MIT News*, 16 de janeiro. http://news.mit.edu/2014/in-the-blink-of-an-eye-0116.

Ware, C. 2013. *Information Visualization*: Perception for Design. Waltham, MA: Elsevier.

Tufte, E. 2016. Keynote Session: Dr. Edward Tufte – The future of data analysis. Presentation at Microsoft Machine Learning & Data Science Summit 2016 in Atlanta, GA (28 de setembro de2016).

8
Recursos visuais (parte 2): como polir as cenas da sua história de dados

> *Essa é minha parte favorita da análise: pegar dados simples e enfadonhos e dar-lhes vida por meio de visualizações.*
> JOHN W. TUKEY, matemático

TENDO EM VISTA UM WORKSHOP DE STORYTELLING com dados que ocorreria em uma empresa Fortune 500, eu estava preparando alguns exemplos de "remodelação" para mostrar como os gráficos produzidos no passado pelo pessoal da empresa poderiam ser aprimorados, tornando-se mais eficazes. Esse workshop era para um grupo de cientistas PhD que ofereciam às equipes de vendas e marketing da empresa conhecimento técnico e análise de pesquisa aprofundados. Eles trabalhavam intensamente com dados, então eu sabia que a alfabetização em dados não seria problema para esse grupo. Porém, ao examinar um gráfico que estava sendo considerado para exemplo de remodelação, descobri que ele tinha uma falha que ocorre com mais frequência do que seria de se esperar.

Na Figura 8.1, você pode ver a versão "antes" do gráfico de pizza e também a versão "depois" – que eu pretendia produzir se não tivesse descoberto a falha. Antes de continuar a leitura, você consegue identificar o que há de errado nesses dois gráficos de pizza?

Figura 8.1 Ambos os gráficos apresentam a mesma falha

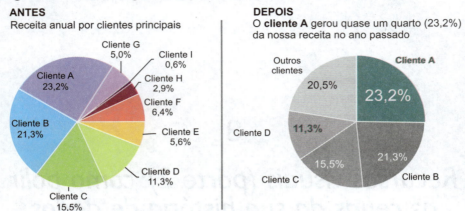

O gráfico de pizza original, à esquerda, apresenta muitos problemas de design. O gráfico de pizza redesenhado, à direita, resolve muitos dos problemas do gráfico original. Porém, uma falha fundamental prejudica ambos os gráficos.

Ao observar mais de perto os gráficos de pizza em questão, você descobre que as fatias não somam 100%, mas apenas 91,8%! As partes de um gráfico de composição devem sempre somar o todo (100%). Depois de ministrar o workshop (no qual destaquei esse erro crítico), fui abordado por uma gestora constrangida que admitiu ter sido ela quem criara o gráfico de pizza enganoso. Na pressa para mostrar os dados, ela acidentalmente esqueceu de incluir o valor agregado "Outros clientes". Um erro simples, mas significativo. Seja por descuido ou falta de conhecimento em dados, esse tipo de erro acontece com mais frequência do que deveria.

Esse exemplo destaca como é importante acertar a configuração do caso – dados, tipo e configuração do gráfico – antes de prosseguir para a etapa de polir e refinar os recursos visuais. Se o gráfico estiver fundamentalmente quebrado ou desalinhado com a mensagem, não haverá polimento que o salvará. Com os fundamentos dos recursos visuais discutido no Capítulo 7 estabelecidos para subsidiar os seus insights e as suas mensagens principais, os próximos quatro princípios de storytelling com recursos visuais podem fornecer os toques finais de "pós-produção" que esclareçam e fortaleçam os sinais que vão emanar da sua história de dados (veja a Figura 8.2).

Figura 8.2 Sete princípios essenciais para um melhor storytelling com recursos visuais

Depois de configurar corretamente os seus recursos visuais, você precisa se concentrar em refiná-los para que eles contem uma história clara e convincente.

Princípio n. 4: remova o ruído desnecessário

> *O sinal é a verdade. O ruído é o que nos distrai da verdade.*
> NATE SILVER, autor e estatístico

Durante a fase de análise exploratória, a maioria dos dados aos quais você tem acesso não será relevante ou útil para responder às suas perguntas. O ruído nos dados pode atrapalhar a localização de um sinal; pode mascarar o que você está procurando, ou até mesmo desviá-lo do caminho. E, ainda que você tenha sucesso em cortar o ruído e encontrar um sinal valioso, a batalha contra o ruído ainda não terá acabado. Ao fazer a transição da fase *exploratória* para a *explicativa*, você precisa ter cuidado com duas coisas: primeiro, não *trazer ruídos desnecessários* da análise para a história; e, segundo, não *criar ruído* inadvertidamente ao tentar visualizar os pontos da história. Seguindo o conselho do famoso pintor abstrato Hans Hofmann, você precisa simplificar os recursos visuais eliminando "o desnecessário para que o necessário possa falar".

A primeira etapa na redução do ruído nos recursos visuais é avaliar os dados que estão sendo visualizados. Se puder simplificar e decantar as suas informações, você será capaz de reduzir a quantidade de ruído que interfere no sinal. No Capítulo 5, você aprendeu a respeito dos diferentes tipos de cargas cognitivas. Ao simplificar a forma como os dados são representados nos recursos visuais, você está basicamente gerindo o quanto de esforço mental será necessário para o público interpretá-los. A variabilidade e o volume dos dados produzem ruídos intrínsecos, que podem interferir na história. Para minimizar essa forma latente de ruído, podemos olhar para as lições aprendidas no campo do jornalismo de dados. Em seu livro informativo *The Wall Street Journal Guide to Information Graphics* (2010), Dona Wong apresenta várias regras básicas que podem ser úteis para todos os contadores de histórias de dados, e não apenas para jornalistas de dados. A partir de suas boas práticas em jornalismo de dados, podemos extrair três formas fundamentais de fortalecer a relação sinal-ruído dos recursos visuais e reduzir o ruído intrínseco:

1. **Remova o excesso de dados.** Ao analisar os dados, é improvável que você limite a quantidade dos dados a examinar. Você continuará explorando mais e mais dados até que surja algum insight. Porém, conforme lança uma rede cada vez mais ampla no processo de exploração, você potencialmente obtém mais categorias, séries de dados, períodos de tempo e dados granulares do que precisa para formar a história de dados. Uma boa etapa depois de visualizar os dados é determinar quais elementos de dados são necessários para definir o ponto. Basicamente, se alguma informação visualizada não estiver diretamente ligada à mensagem, ou se não fornecer nenhum contexto essencial, ela pode

Figure 8.3 Simplifique o "gráfico de espaguetes" para reduzir o ruído

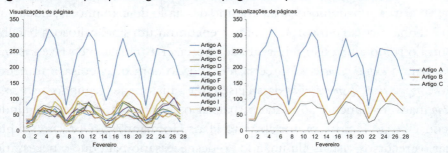

Para simplificar e organizar o confuso gráfico de espaguetes (à esquerda) que mostra os níveis de tráfego de diferentes páginas da web, apenas três linhas são plotadas. Com essa abordagem de remoção, o gráfico de linhas à direita tem menos ruído, mas ainda fornece contexto para fins de comparação.

ser removida. Por exemplo, em vez de incluir várias séries de dados em um gráfico de linhas, você pode reduzi-las e incluir algumas específicas para fins de comparação (veja a Figura 8.3). Você pode priorizar certos elementos por familiaridade, relevância, exclusividade, importância ou utilidade para o benchmarking. Wong recomenda manter "o número máximo de linhas em três, ou possivelmente quatro, se as linhas não estiverem se cruzando em muitos pontos" (Wong, 2010).

2. **Agregue os dados menos importantes.** Em seus resultados de análise, você geralmente terá uma "cauda longa" de valores pequenos e insignificantes. O Princípio de Pareto, ou a Regra 80/20, sublinha a suposição de que a maioria das consequências ou resultados vem de uma pequena minoria de causas ou entradas (80% das vendas vêm de 20% dos clientes). Isso significa que, fora das informações que contribuem diretamente para a sua história, existe uma grande parte dos dados que é menos relevante e, potencialmente, apenas ruído. Ao usar um gráfico de composição, como um gráfico de pizza, um gráfico de rosca ou de barras empilhadas, você pode agregar os segmentos menores em um grupo combinado. Por exemplo, Wong sugere que um gráfico de pizza não deve ter mais do que cinco fatias e recomenda combinar segmentos menores e menos significativos em uma quinta fatia rotulada como "outros" (veja a Figura 8.4).

Figure 8.4 Combine os valores menos importantes no agrupamento "outros"

Para simplificar o gráfico de rosca à esquerda, as fatias menores são combinadas na fatia "Outros" na versão à direita.

3. **Separe os dados sobrepostos.** Para certos gráficos nos quais você pode ter dados tumultuados e sobrepostos, como os gráficos de linhas, os gráficos de deslizamento ou os gráficos de espalhamento, talvez você queira reduzir o ruído visualizando diferentes aspectos separadamente

com uma técnica chamada *facetamento* (também conhecida como gráfico em painel, ou em pequenos múltiplos). No capítulo anterior, usei um gráfico de barras em painel para separar um gráfico de barras empilhadas (Figura 7.25), mas o facetamento pode ser usado com todos os tipos de gráficos. Por exemplo, gráficos de linhas com várias linhas podem ser difíceis de decifrar e costumam ser chamados de gráficos de espaguete. Porém, quando você cria facetas, ou painéis, para os diferentes cortes de dados, os gráficos individuais facilitam a identificação de padrões e as comparações (veja a Figura 8.5). Outra instância na qual você verá dados sobrepostos é com um gráfico de eixo *y* duplo. A menos que exista uma relação significativa entre as duas métricas que estão sendo visualizadas, é melhor exibir os dados em gráficos separados.

Figure 8.5 Use um gráfico em painel para separar as camadas de ruído

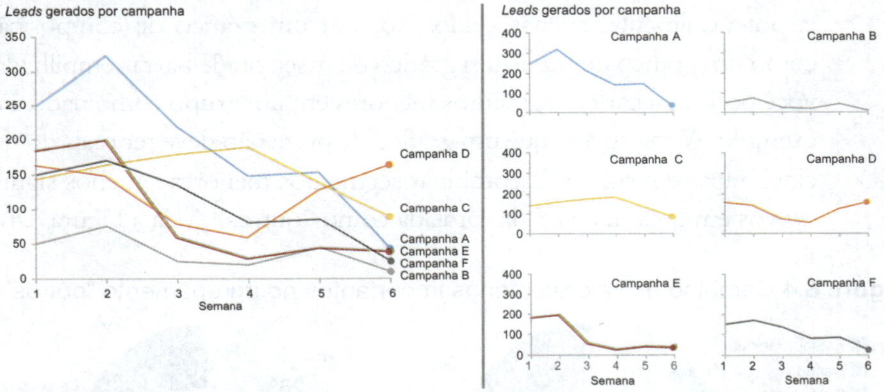

A separação do tumultuado gráfico de linhas à esquerda em facetas ou gráficos de linhas em painel facilita as comparações.

Além de gerir a maneira como os dados são visualizados para reduzir o ruído, você pode diminuir a interferência visual minimizando a carga cognitiva estranha. Nesses casos, as informações não relevantes e os elementos de design que cercam os dados podem causar *ruído estranho*. Decisões ruins de exibição ou de design por parte do contador de histórias de dados podem interferir inadvertidamente na comunicação do sinal pretendido. Essa forma de ruído pode ocorrer tanto no nível macro quanto no nível micro.

De uma perspectiva *macro*, os pontos da história da sua história de dados formarão uma série de cenas visuais. Cada ponto da história será o ponto focal de sua própria cena. Uma única cena inclui o(s) recurso(s) visual(is) e o texto necessários para explicar um ponto específico da história. Dependendo de como você divulga a história de dados, as cenas podem assumir diferentes formas (veja a Figura 8.6). A forma mais comum de uma cena é um slide de apresentação ou uma imagem estática. Porém, as cenas podem ser entregues sequencialmente em um vídeo ou apresentadas como seções, em um relatório ou infográfico. As cenas também podem fazer parte de uma experiência interativa na qual o público usa rolagem, alternância de guias ou abas, cliques ou outros métodos para se mover entre os diferentes pontos da história.

Figure 8.6 Diferentes métodos de divulgar as cenas de uma história de dados

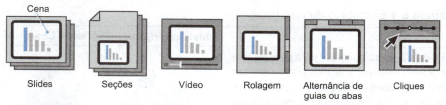

Existem várias maneiras diferentes de apresentar as cenas de uma história de dados.

Dentro desse contexto de cenas visuais, ruídos estranhos ocorrem em nível macro quando mais de um ponto da história é apresentado em uma única cena. Basicamente, isso significa que você precisa limitar a cena à apresentação de apenas um visual. Você pode ter vários gráficos na mesma cena, desde que eles estejam vinculados a um único ponto da história. Por exemplo, você pode ter gráficos lado a lado mostrando o desempenho de duas equipes de vendas. Mesmo sendo dois gráficos separados, juntos eles subsidiam o seu ponto de que a Equipe A está superando amplamente a Equipe B. Porém, se ambos os gráficos realmente apoiarem pontos diferentes da história – desempenho de vendas da Equipe A e problemas de retenção com os vendedores que a compõem –, você acaba com uma cena desconexa e ruidosa, mais difícil de o público acompanhar. Individualmente, cada ponto da história não é ruído, mas cada um pode interferir no sinal do outro se eles ocuparem a mesma cena. Para reduzir esse ruído externo macro, você precisa ser seletivo; só use vários gráficos quando eles forem realmente necessários para a compreensão do insight pretendido. Se estiver em dúvida, é melhor atribuir os recursos visuais às suas próprias cenas exclusivas, evitando provocar aglomeração.

Em nível *micro*, você pode introduzir ruídos estranhos pelas escolhas de design quanto às visualizações de dados. Edward Tufte disse que "aglomeração e confusão não são atributos dos dados, são deficiências do design". Em

1983, Tufte cunhou o termo *chartjunk* ("lixo do gráfico"), que se refere a todos os elementos visuais em um gráfico que não são necessários para compreender as informações e que podem até prejudicar a percepção ou compreensão (Tufte, 1983). Desde que Tufte introduziu esse conceito, houve muito debate na comunidade de visualização de dados sobre até onde se pode ir. Em vez de aderir estritamente à filosofia do design minimalista, é importante considerar como os elementos do design ajudam ou atrapalham a mensagem. A Tabela 8.1 mostra exemplos de formas comuns de *chartjunk* que podem acrescentar ruído estranho às histórias de dados.

Tabela 8.1 Exemplos de *chartjunk*

	Mais *chartjunk*	Menos *chartjunk*
Efeitos 3-D: acrescentar uma perspectiva tridimensional a um gráfico pode distorcer as informações e dificultar a interpretação. Se você estiver tentando facilitar as comparações, os gráficos 3-D devem ser evitados a todo custo.		
Linhas de grade escuras: as linhas de grade escuras ou grossas podem competir com as informações em primeiro plano. As linhas de grade podem servir para um propósito válido, ajudando as pessoas na avaliação de dados. Porém, elas devem ser sutis (finas e de cor clara) para não sobrecarregar as informações essenciais.		
Uso não estratégico da cor: a cor é uma ferramenta poderosa em sua caixa de ferramentas de storytelling com dados, mas com muita frequência ela é usada de maneira descuidada ou aleatória nos gráficos. A cor deve ser aplicada com o propósito de transmitir os pontos cruciais em seu gráfico (veja o Princípio n. 5).		
Escalas granulares: talvez a questão não seja que os seus dados são muito complexos, mas sim que a escala de um eixo vertical ou horizontal seja excessivamente detalhada para o que é necessário. Considere simplificar a escala para não sobrecarregar o público com detalhes desnecessários.		

Efeitos artísticos: diferentes efeitos de design, como sombreamento, chanfro ou gradientes, às vezes são usados para dar aos gráficos mais "impacto visual". Porém, esses efeitos devem ser evitados se forem distração, pois tornam as comparações mais difíceis.

Uso excessivo de rótulos: embora seja necessário anexar rótulos aos pontos de dados, a rotulagem sistemática pode acrescentar uma quantidade significativa de ruído textual. Em vez disso, é melhor concentrar o foco da rotulagem estrategicamente nos valores cruciais que importam para a sua história.

Infelizmente, quando você trabalha com diferentes ferramentas de análise, os gráficos recomendados desses produtos geralmente incluem várias formas de *chartjunks*. Ao explorar os dados, você pode ver além do ruído estranho criado por esses elementos visuais não essenciais. Porém, ao se preparar para compartilhar os insights com outras pessoas, pode ser necessário editar ou recriar os recursos visuais. Você não quer um *chartjunk* incomodando o público com ruídos indesejados que podem interferir na mensagem. Mesmo que sutil, o ruído estranho pode acrescentar pequenas quantidades de atrito mental à comunicação de dados. O design visual deficiente sobrecarrega o público com carga cognitiva desnecessária, podendo impedi-lo de seguir a mensagem.

Princípio n. 5: concentre o foco da atenção no que é importante

> *A pessoa talentosa enxerga o ponto essencial e descarta o resto.*
> THOMAS CARLYLE, filósofo e escritor

Mesmo depois que você remove o ruído dos recursos visuais, o público ainda pode achar um desafio absorver todas as informações valiosas que você tem para compartilhar com ele. O economista Herbert Simon, vencedor do Prêmio Nobel, observou que a informação "consome a atenção de seus destinatários. Consequentemente, a riqueza de informações cria falta de atenção" (Simon, 1971). Uma tarefa crítica de qualquer contador de histórias de dados é direcionar a atenção do público para o que realmente importa em cada recurso visual. Os seus dados não serão igualmente importantes. Alguns pontos de dados estão diretamente ligados às conclusões ou argumentos, enquanto outros estão simplesmente presentes por motivos de contextualização ou comparação. Você precisa estabelecer uma hierarquia de informações para que o público saiba onde você quer que ele concentre a atenção. Nesta secção, eu examinarei quatro métodos eficazes de dirigir a atenção do público para o que importa: *contraste de cores*, *texto*, *tipografia* e *estratificação*.

Contraste de cores

Como um atributo pré-atencional, a cor é uma das ferramentas mais poderosas que você tem à disposição. Quando usada estrategicamente, a cor ajuda o público a perceber coisas que, de outra forma, ele não veria. Porém, trata-se menos de cores, e mais de contraste de cores. Por exemplo, se você precisasse contar o número de oitos em cada conjunto de números a seguir, seria mais fácil fazê-lo no conjunto do meio, devido ao contraste de cores (veja a Figura 8.7).

Figure 8.7 A cor tanto pode ser sinal como ruído

1094839875	1094839875	1094839875
8930431716	8930431716	8930431716
2394851204	2394851204	2394851204
1158902859	1158902859	1158902859
9387284016	9387284016	9387284016

Com o contraste de cores entre os números em azul e cinza-claro no conjunto de números do meio, fica mais fácil notar e contar o número de oitos.

Sendo você o diretor das suas próprias histórias de dados, o contraste de cores lhe permite controlar o que é apresentado no primeiro plano e no plano de fundo de um recurso visual. Você pode usar uma cor distinta para destacar certos pontos de dados, colocando-os assim em primeiro plano, e então usar tons de cinza para mover para o fundo o que for menos importante. Por exemplo, no gráfico anterior de *leads* por campanha (veja a Figura 8.5), você poderia colorir a campanha crucial que deseja apresentar, mas usar a escala de cinza nas outras campanhas, para preservá-las como contexto relevante (veja a Figura 8.8).

Figura 8.8 Escolha quais dados estão no primeiro plano e quais estão no plano de fundo

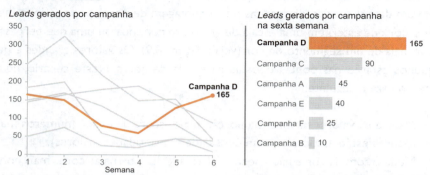

Ao destacar com cores o insight principal e usar tons de cinza para as informações menos importantes, você estabelece o que ocupa o primeiro plano e o que ocupa o plano de fundo nos recursos visuais.

Como você vai usar estrategicamente as cores em seus recursos visuais, é importante estar ciente de como elas podem codificar as informações nos gráficos. Na Figura 8.8, o laranja foi associado à Campanha D. Durante todo o resto da história de dados, você precisa usar essa mesma cor para a Campanha D, caso contrário o uso inconsistente das cores acrescentará carga cognitiva desnecessária. Se, nos gráficos subsequentes, você concentrar o foco em uma campanha diferente (Campanha A), uma cor diferente deve ser usada para que o público possa reconhecer facilmente a mudança de foco. A cor pode ser poderosa para destacar pontos específicos, especialmente se for usada de forma consistente e intencional. Porém, você precisa estar ciente de que usar muitas cores ao mesmo tempo pode gerar ruído. Se você usar cores fortes com moderação, elas se destacarão quando forem usadas.

O poder da paleta

Por Alan Wilson, designer de visualização de dados

A cor é frequentemente mal utilizada nas visualizações de dados. Porém, ela pode ser uma ferramenta poderosa para atrair o público e ajudá-lo a entender melhor os seus dados. O importante é entender o tipo de dados que você está visualizando e como a cor pode melhorar a compreensão do público. Existem três maneiras principais pelas quais as cores representam informações; e, se você entendê-las, pode evitar a maioria das armadilhas criadas pelo uso inadequado de cores.

Paleta de cores sequenciais: quando você tem uma série de números (como em um demonstrativo de receitas ou na contagem de itens), pode atribuir-lhes uma cor que esteja em uma escala de gradiente contínua ou uma que perpasse por mais de um segmento de cor (veja a Figura 8.9). Os valores grandes e pequenos estarão nas pontas opostas da escala de cores. Neste cenário, fique atento para o seguinte:

- Mapeie os valores maiores na porção mais escura da escala (números mais escuros estão associados com densidade e quantidades maiores).
- Mude o tom da cor, e não apenas a claridade. Isso torna as cores mais bonitas, e também torna os dados mais fáceis de ser lidos, já que quaisquer duas partes da sua escala serão distintas umas das outras.
- Use tons naturalmente mais escuros (mais frios), como azul e roxo, no lado escuro da escala; e tons naturalmente mais claros, como verde e amarelo, no lado claro.
- Não use uma escala em arco-íris com muitas cores. Pesquisas mostram que essas escalas fazem um trabalho pobre de representação exata.

Figura 8.9 Diferentes escalas de cores sequenciais

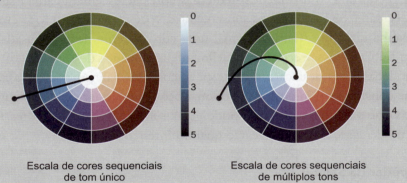

Escala de cores sequenciais
de tom único

Escala de cores sequenciais
de múltiplos tons

A escala de cores à esquerda usa um único tom, enquanto a da direita combina dois tons exclusivos.

Paleta de cores divergentes: essa escala é usada para representar uma faixa de números com um ponto médio significativo (por exemplo, retorno sobre o investimento, ROI) (veja a Figura 8.10). Muitas regras das cores sequenciais se aplicam aqui, com algumas considerações adicionais:
- Entenda a faixa como duas escalas sequenciais que compartilham um valor baixo (cor clara), que se torna o ponto médio da paleta de cores divergentes.

- Certifique-se de que os tons de cada escala não cheguem muito perto um do outro, ou a distância do ponto médio ficará oculta, em vez de ser acentuada.

Figura 8.10 Escala de cores divergentes

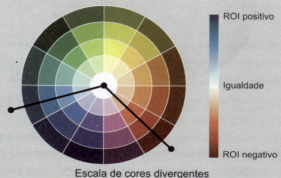

Escala de cores divergentes

A paleta de cores divergentes pode ser útil com uma série de valores cujo ponto médio seja significativo.

Paleta de cores categóricas: quando você tem dados nominais ou categóricos (como tipos de clientes ou regiões de vendas), cores diferentes podem ser usadas para distinguir os grupos uns dos outros (veja a Figura 8.11). Embora seja útil, essa paleta específica é a mais frequentemente abusada; então, você precisa considerar o seguinte:

- Use o mínimo de cores possível. Pesquisas mostram que a cognição humana é melhor com três a quatro cores e começa a falhar seriamente a partir de seis.
- Escolha cores que sejam tons únicos, fáceis de distinguir. O objetivo principal das cores categóricas é permitir que os usuários separem uma categoria da outra, portanto os tons precisam ser distintos.
- Organize as cores por tom sempre que possível. Alinhá-las na ordem natural das cores (como um arco-íris) melhora a aparência delas.
- Atribua cores com a mesma luminosidade/luminescência relativa. Elas devem parecer uma "família" de cores.
- Tome cuidado com esquemas de cores sequenciais, pois o público pode associar as cores mais escuras a números maiores.
- Evite paletas que sejam difíceis para as pessoas daltônicas lerem, como vermelho/verde.

Figura 8.11 Escala de cores categóricas

Escala de cores categóricas

Com a paleta de cores categóricas, você tem tons distintos que se destacam uns dos outros.

O uso adequado da cor é difícil, e até mesmo designers experientes gastam bastante tempo verificando se as cores estão alinhadas com a mensagem. Felizmente, existem várias ferramentas de cores excelentes de que você pode lançar mão na visualização dos seus dados. Confira os seguintes recursos: ColorBrewer 2.0, Chroma.js Color Scale Helper, Viz Palette e Colorgorical.

Texto

Você pode achar que o texto tem importância secundária para os gráficos, mas as palavras podem servir como guias essenciais, ajudando a conduzir o público na direção certa. O texto pode ser usado estrategicamente para chamar a atenção de duas maneiras principais: *títulos* e *anotações*.

O título de um gráfico é uma das seções mais proeminentes e ainda assim mal utilizadas de uma visualização de dados. Frequentemente, desperdiçamos esse valioso patrimônio rotulando os gráficos com títulos descritivos, *e não explicativos*. Por exemplo, você vê títulos descritivos mas genéricos como "representantes de vendas por receita mensal", "despesas orçamentárias anuais" ou "número de reclamações por local". Para fins gerais, esses rótulos são funcionais. Porém, ao contar uma história com os seus dados, você deve capitalizar os títulos para reforçar o ponto principal de cada recurso visual. Em vez de "representantes de vendas por receita mensal", você destaca o ponto principal do gráfico: "a região noroeste tem 7 dos 10 principais representantes de vendas" (veja a Figura 8.12). No storytelling com dados, os títulos reforçam a narrativa e ajudam a estruturar o foco em que você deseja que o público se concentre.

Figura 8.12 Títulos explicativos podem ajudar a contar a história

Embora você possa deduzir a intenção do gráfico à esquerda, o título explicativo ajuda o público a se orientar rapidamente para o resultado visual pretendido. Como a "região noroeste" é colorida em azul, a legenda é opcional.

Além dos títulos dos gráficos, as anotações são outro meio de usar palavras para guiar o público pelo caminho certo. Num estudo de jornalismo de dados de mais de 130 gráficos relacionados a notícias, os pesquisadores descobriram que as anotações caíam em duas categorias principais: *observacionais* e *aditivas* (Diakopoulos, 2013). A anotação observacional chama atenção para as características interessantes dos dados. Por exemplo, a anotação observacional pode destacar um valor atípico específico ou um conjunto de valores extremos nos dados que o público deve observar. Em contraste, a anotação aditiva fornece contexto relevante que não está representado nos dados. Por exemplo, esse tipo de anotação pode explicar por que houve uma queda acentuada em uma métrica devida a um problema de coleta de dados. Em alguns casos, você pode usar a anotação híbrida, que oferece tanto a observação como o contexto adicional.

Cada anotação deve incluir texto com algum tipo de conector que o ligue a um ponto de dados específico ou a conjunto de pontos (veja a Figura 8.13). Anotações "flutuantes" ou desconectadas podem ser confusas se o público não compreender a qual parte do recurso visual os comentários se referem. Em alguns casos, você pode usar cores para vincular mais fortemente as anotações a partes específicas codificadas por cores de uma visualização. As anotações não devem obscurecer nenhum dado nem ficar muito longe dos dados reais. É importante ser criterioso sobre o que é anotado, porque um comentário excessivamente entusiasmado pode rapidamente se transformar em ruído. Em geral, você deseja manter o texto da anotação o mais conciso possível, mas ele pode ser mais longo se você estiver divulgando a história de dados indiretamente ao público.

Figura 8.13 Use anotações para orientar as pessoas através dos dados

Nesse gráfico de área, a combinação de anotações observacionais (194%), aditivas (concorrente X, nova campanha) e híbridas (aumento de 232% depois da atualização do produto) guia o público através das partes mais salientes dos dados.

Quando posiciona as anotações dentro ou ao redor de um gráfico, você deve garantir a existência de um fluxo lógico ou uma hierarquia visual que seja fácil para o público seguir. Normalmente, as pessoas examinam um recurso visual em busca de pontos focais, começando na posição superior esquerda, movendo-se para a direita e para trás diagonalmente, em uma série de movimentos em "Z". Se você não quiser que o público siga esse fluxo, pode ser necessário aplicar outras técnicas visuais para conduzi-lo pelo caminho desejado (numeração, diferenças de tamanho). Se não tiver certeza de como alguém seguirá as suas anotações, peça feedback a um colega sobre como ele leria o conteúdo de seu gráfico.

Tipografia

Como o texto é parte integrante de todos os recursos visuais, elementos de tipografia podem ser usados para destacar informações essenciais que chamam a atenção do público. Em particular, o tipo, o tamanho, o peso e a cor da fonte podem ser usados para enfatizar determinado texto, de modo que ele se destaque do resto do conteúdo (veja a Figura 8.14). O objetivo de modificar um ou mais dos elementos tipográficos é criar um *contraste perceptível* entre as palavras ou números destacados e o resto do texto. O uso estratégico da tipografia pode facilitar a varredura do conteúdo visual, de modo que o público capte rapidamente a essência do ponto da história. Porém, para que o texto modificado chame a atenção do público, deve existir amplo contraste. Assim, os tratamentos tipográficos devem ser usados seletivamente e reservados apenas para o conteúdo crítico que você deseja destacar. Por exemplo, se todo o texto em um gráfico estiver em **negrito**, nada será exclusivo ou especial. Como não codifica nenhum significado, o texto em negrito apenas adiciona *chartjunk* ao visual.

Figura 8.14 Use elementos tipográficos para focar a atenção

Elementos tipográficos como peso, tamanho e cor podem ser usados para chamar a atenção para informações específicas em uma visualização de dados. Você também pode combinar esses elementos para acrescentar ainda mais contraste, se necessário.

Estratificação

Algumas visualizações de dados serão inevitavelmente complexas, de modo que será um desafio conduzir as pessoas por determinado caminho e ajudá-las a interpretar os dados da maneira certa. Antes mesmo de você ter a chance de destacar os seus insights, a complexidade ou riqueza das informações pode deixar o público confuso ou distraído. Em vez de exibir na íntegra um gráfico de dados detalhado, você pode dividi-lo em camadas (estratos) ou seções mais administráveis. As informações podem ser reveladas de maneira controlada, para que o público as absorva com mais facilidade, camada por camada. Você ganha o benefício de garantir que o público compreenda cada nova camada antes de prosseguir para a camada seguinte de informações.

A abordagem por estratificação pode ser especialmente útil se você estiver introduzindo um tipo de gráfico desconhecido, ou alguma métrica calculada. Você pode reduzir a velocidade e verificar se o público absorve os dados antes de passar para o próximo bloco de informações. Na Figura 8.15, os dados dos pedidos de empréstimos foram divididos para não sobrecarregar o público com muitos detalhes de uma só vez. A cena é construída conforme cada nova camada é introduzida. Eventualmente, você revelará a visualização de dados completa para o público. A magia das camadas é que você segura a atenção e perde menos pessoas no caminho até os pontos principais. Porém, a disposição em camadas pode ser mais difícil para comunicações indiretas (relatórios estáticos, infográficos), nas quais você tem menos controle sobre como as pessoas consomem o conteúdo.

Figura 8.15 Camadas podem dividir tabelas complexas em *chunks* administráveis

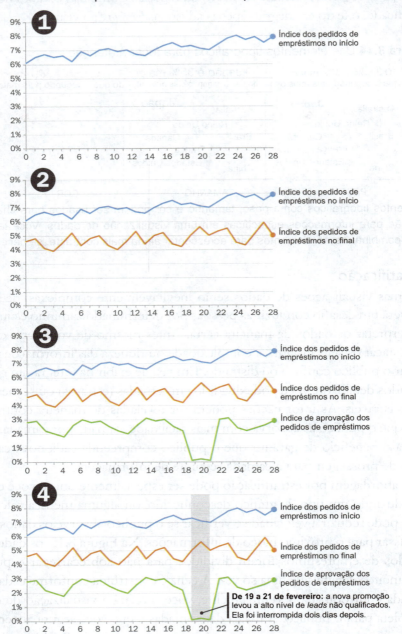

Com a estratificação em camadas você pode transformar uma visualização de dados complexa em blocos de informações mais administráveis, mais fáceis para o público acompanhar e compreender. Essas camadas todas, juntas, também formam uma cena única.

Princípio n. 6: torne os seus dados acessíveis e envolventes

As pessoas reagem positivamente quando as coisas são claras e compreensíveis.
DIETER RAMS, designer industrial

No final da década de 1970, o designer industrial alemão Dieter Rams ficou preocupado com o estado de desleixo do design, que ele descreveu como "uma confusão impenetrável de formas, cores e ruídos" (Few, 2011). Ao refletir sobre seu renomado trabalho de design na Braun, ele elaborou dez princípios de bom design. Embora Rams tenha concentrado o foco principalmente no design industrial, dois de seus princípios de design se aplicam bem ao storytelling com recursos visuais:

N. 4. O bom design torna o produto compreensível. Ele esclarece a estrutura do produto. Melhor ainda, pode fazer o produto falar. Na melhor das hipóteses, é autoexplicativo.
N. 8. O bom design é minucioso até o último detalhe. Nada deve ser arbitrário ou deixado ao acaso. O cuidado e a precisão no processo de design mostram respeito com relação ao usuário.

No storytelling com recursos visuais, o bom design torna os seus produtos (as histórias de dados) mais legíveis e compreensíveis. Embora o design não reduza a complexidade de um determinado tópico, ele pode garantir que o público siga as suas ideias e insights de forma mais ágil. Quando respeita os usuários (o público), você presta atenção a detalhes que à primeira vista podem parecer sutis ou insignificantes. Você rapidamente descobre que eles podem ter um impacto significativo na eficácia dos recursos visuais. Mesmo depois de você minimizar o ruído e destacar as principais informações em seus recursos visuais, o polimento dos elementos do design pode ajudar muito a agilizar e aprimorar a sua história de dados.

O bom design visual pode reduzir o atrito cognitivo potencial e tornar os dados mais envolventes. Como contador de histórias de dados, você quer tornar o conteúdo acessível e fácil de avaliar para uma ampla gama de pessoas, do CEO e do cientista de dados até a sua avó. Nesta seção, examinarei como o design pode aprimorar a usabilidade dos seus gráficos em quatro áreas principais: *rotulagem, linhas de referência, formatação* e *adesão às convenções*.

Rotulagem

Imagine viajar de carro sem sinalizações de trânsito (e sem GPS). Mesmo que você tenha toda a infraestrutura rodoviária implantada, é muito caótico navegar para destinos desconhecidos sem nenhuma sinalização. A rotulagem é importante também para o bom design de gráficos. Embora muitos rótulos possam acrescentar ruído para os gráficos, um nível mínimo de rotulagem sempre será necessário para descrever quais informações estão sendo compartilhadas. As dicas na Tabela 8.2 podem ajudar a otimizar a legibilidade dos seus gráficos.

Tabela 8.2 Dicas para agilizar a legibilidade dos gráficos

	Mais desafiador	Menos desafiador
Rótulos dos eixos: para dar sentido aos dados em um gráfico, é fundamental que todos os eixos estejam claramente identificados. Se um eixo ou sua escala forem ambíguos, isso apenas diminui a capacidade do público de compreender as informações em seu gráfico. A exceção a essa regra podem ser as unidades das datas, como meses, ou anos, que são diretas e fáceis de entender, sem rótulos.	eixo y: ???, eixo x: ???	eixo y: Receita, eixo x: Semanas
Rótulos diretos: sempre que possível, é melhor rotular os valores diretamente, evitando forçar o público a fazer referência a uma legenda que posteriormente é removida dos dados. Embora olhar para a frente e para trás entre os valores de dados e a legenda seja menos eficiente, em certas situações, pode ser a única opção (gráficos de colunas agrupadas).	legenda: A — B — C —	rótulos diretos: A, B, C
Texto legível: é mais difícil ler o texto em ângulo vertical ou em diagonal do que na horizontal. Para categorias ou valores que exigem rótulos mais longos, considere o uso de um gráfico de barras em vez de um gráfico de colunas, porque é mais fácil acomodar rótulos mais longos em um formato horizontal.	gráfico de colunas com rótulos na diagonal: Nova York, Los Angeles, Chicago, Londres, Paris	gráfico de barras horizontais: Nova York, Los Angeles, Chicago, Londres, Paris

Incrementos simples: você deve usar incrementos de escala que sejam naturais e fáceis para o público processar. Por exemplo, incrementos de 1, 2, 5 ou 10 são menos difíceis de navegar do que incrementos de 3, 6 ou 12.

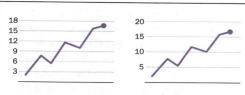

Linhas de referência

Se você já tentou nadar longas distâncias, sabe como é importante ter um ponto de referência para garantir que está seguindo em linha reta. Em comparações visuais, as linhas de referência podem ajudar o público a fazer comparações com mais facilidade nos gráficos, contanto que as linhas sejam sutis e usadas estrategicamente. As dicas na Tabela 8.3 revelam as diferentes maneiras como as linhas de referência podem ser usadas em benefício de vários tipos de comparações.

Tabela 8.3 Dicas para o uso das linhas de referência

	Mais desafiador	Menos desafiador
Linhas-guia: quando você tem uma longa lista de valores numa tabela ou em um gráfico de barras, o público pode ter dificuldade na comparação de itens individuais. Ao acrescentar linhas-guia estreitas entre grupos de três a cinco itens, você torna mais fácil para o público localizar e comparar diferentes itens, especialmente quando os rótulos de valor são justificados no mesmo ponto.		
Linhas de âncora: ao destacar um ponto em um gráfico de espalhamento, você pode acrescentar linhas finas para as posições *x* e *y* do ponto. Essas linhas horizontais e verticais podem oferecer um apoio melhor às comparações entre os principais pontos de dados. As linhas de âncora também podem ser usadas em gráficos de barras, de colunas e de linhas, para fornecer mais contexto em uma visualização (valor médio, meta).		

Linhas de tendência: em gráficos de linhas e de espalhamento, você pode considerar o acréscimo de uma "linha de melhor ajuste" que exiba a tendência da relação entre as duas variáveis. Também ajuda a comunicar a relação positiva ou negativa através da inclinação da linha.

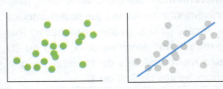

Regiões sombreadas: em alguns casos, você vai querer destacar um determinado intervalo ou faixa de valores em um gráfico. Por exemplo, você pode usar uma área sombreada para indicar o território negativo ou o resultado desejado. As regiões podem ajudar o público a interpretar mais rapidamente os dados com seu contexto visual adicional.

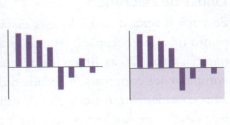

Linhas de grade e seções: as linhas de grade finas nos gráficos de barras, de colunas ou de linhas podem ajudar o público a fazer comparações entre valores diferentes. O gráfico de barras ou de colunas também pode ser dividido em seções comparáveis, que provocam efeito semelhante, mas isso é menos comum do que o uso das linhas de grade.

Formatação

Mesmo que você tenha o conteúdo e o tipo de gráfico corretos, a escolha do formato ou estrutura para os seus dados pode fazê-los ainda mais legíveis para o público. As considerações de formatação na Tabela 8.4 ajudam a tornar as suas informações mais acessíveis.

Tabela 8.4 Dicas de formatação

	Mais desafiador	Menos desafiador
Esquema de cores: por padrão, muitas ferramentas analíticas empregam várias cores em seus gráficos recomendados, o que pode ser uma distração. O esquema monocromático, que usa vários tons de um único matiz, talvez exija menos esforço para ser processado.		

Daltonismo: cerca de 8% dos homens e 0,5% das mulheres têm deficiência de visão de cores (daltonismo), o que torna mais difícil para eles distinguir entre tons de verde e vermelho. Você pode garantir que essas pessoas continuem a interpretar os seus gráficos corretamente usando cores como azul e laranja, que são mais fáceis de diferenciar. No exemplo à direita, veja a diferença que a escolha da cor pode fazer para alguém com deuteranopia (um tipo de daltonismo para a cor verde, que faz com que os indivíduos vejam apenas dois ou três tons, em comparação com os sete tons usuais).

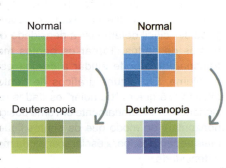

Classificação: organizar os itens por classificação, do maior para o menor, pode tornar os seus dados mais fáceis de serem lidos e seguidos. Porém, em alguns casos, ainda pode ser mais importante manter a ordem específica (alfabética), para facilitar a busca por determinados valores.

Proporção de aspectos: para que os seus dados se comuniquem de maneira eficaz, pode ser necessário ajustar a proporção entre largura e altura, para que o público possa discernir mais facilmente as principais tendências ou padrões nos dados. Com um pouco mais de espaço para respirar entre os pontos de dados, um gráfico de linhas detalhado pode ser mais fácil de se examinar e entender.

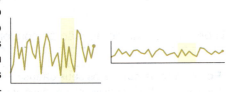

Suavização: quando você fornece dados granulares, as irregularidades causadas pelas flutuações de curto prazo nos dados podem tornar mais difícil a avaliação dos padrões gerais em gráficos de colunas ou de linhas. Se você aplicar a média ponderada para suavizar os dados, as linhas curvas resultantes tornarão mais visíveis os movimentos gerais nos dados.

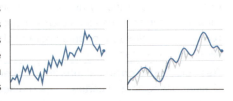

Transparência e tremulação (*jittering*): em situações de superlotação, quando múltiplos valores são plotados uns sobre os outros, pode ser difícil determinar a densidade dos pontos de dados. Tornar os pontos mais transparentes pode ajudar a corrigir esse problema. Em alguns gráficos de pontos, talvez você queira "tremular" os dados (designando-os aleatoriamente em uma posição horizontal), de modo que os pontos fiquem mais separados, para esclarecer ainda mais a densidade.

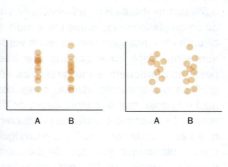

Adesão às convenções

Os designers costumam ter uma relação estranha com as convenções e as normas. Por um lado, talvez eles tentem desafiar certas convenções para chamar atenção com seus projetos; mas, por outro lado, muitas vezes adotam tais práticas comuns para tornar seus designs mais diretos e fáceis de consumir. A menos que você tenha bons motivos, eu recomendaria adesão às convenções estabelecidas quando se trata do design de gráficos. Os exemplos na Tabela 8.5 ilustram algumas convenções que você deve considerar.

Tabela 8.5 Dicas de adesão às convenções

	Mais desafiador	Menos desafiador
Polaridade da cor: se os seus dados mostram um resultado positivo ou negativo, você pode considerar atribuir uma cor apropriada a eles (verde = bom, vermelho = ruim). Se você atribuir a cor errada, o público ficará confuso com o gráfico. Para evitar problemas de daltonismo, use tons claros e escuros e/ou símbolos redundantes para esclarecer as diferenças.		
Associação de cores: alguns itens podem já estar associados a certas cores (países, empresas, partidos políticos etc.). Em vez de atribuir cores aleatórias a eles, fortaleça as informações codificadas com as cores familiares correspondentes.		

Variável independente no eixo *x*: uma prática comum é colocar a variável independente (variável de "causa") no eixo *x* e a variável dependente (variável de "efeito") no eixo *y*. Por exemplo, é comum medir o tempo ao longo do eixo *x* horizontal, uma vez que ele não é alterado pelos outros fatores que você estiver medindo.

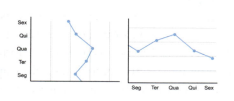

Direção: normalmente, associamos as direções esquerda e para baixo com os valores negativos e as direções direita e para cima com os valores positivos. Em uma análise de quadrante, o quadrante superior direito é frequentemente visto como o local mais desejável.

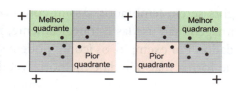

Posição inicial: no caso dos gráficos radiais (de pizza, de rosca, de radar), a posição das 12 horas ou 0° é o ponto de partida natural para visualizações de dados. Em geral, a maior fatia fica localizada na posição de 12 horas e as demais fatias seguem no sentido horário, classificadas por tamanho.

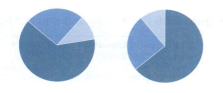

Além de tornar as suas informações mais acessíveis, o tratamento cuidadoso dos elementos do design oferece a oportunidade de tornar os recursos visuais mais envolventes para o público. Por mais de 130 anos, a National Geographic Society tem sido líder no storytelling baseadas em fatos por meio de recursos visuais. De acordo com Claudia Malley, diretora de marketing, o sucesso da National Geographic para envolver mais de 730 milhões de pessoas mensalmente se resume ao "conteúdo relevante, identificável e oportuno" (Stein, 2016).

Nas suas histórias, enquanto a relevância e a conveniência do conteúdo são atributos dos dados reais, a abordagem do design influencia o quão relacionável esse conteúdo é. Quanto mais compreensível for a sua informação, mais ela terá repercussão junto ao público, em um nível emocional mais profundo. Para tornar os seus dados mais relacionáveis, eu sugiro duas técnicas complementares: as imagens e os exemplos do mundo real.

Imagens

Algumas pessoas podem desprezar as imagens como sendo outra forma de *chartjunk*, uma vez que elas não são essenciais para a compreensão dos dados subjacentes. Do ponto de vista racional, essas pessoas estariam corretas; mas não da perspectiva emocional. No Capítulo 2, o *Efeito de Superioridade da Imagem* destacou como as imagens são mais memorizáveis do que as palavras por si só. As imagens em forma de ícones, diagramas e fotos podem acrescentar uma clareza visceral às informações, aumentando a probabilidade de os insights serem lembrados. Assim como os outros elementos visuais, quando as imagens são usadas estrategicamente, podem dar vida às cenas da história de dados. Por exemplo, os ícones podem ser usados para comunicar informações de forma mais rápida e memorizável do que o texto. Emparelhar um insight com uma foto evocativa pode amplificar o impacto emocional e fazer com que os dados pareçam mais reais (veja a Figura 8.16).

Figura 8.16 Para engajar o seu público, use ícones e fotos criteriosamente

Ícones e fotos podem ajudar a tornar seu conteúdo mais envolvente para o público.

Em uma importante marca de bens de consumo, o diretor de análise descobriu que sua equipe poderia captar melhor a atenção e o interesse das várias equipes de produtos se incorporassem as imagens dos produtos em suas apresentações de dados. Em uma cultura de trabalho que era mais criativa do que quantitativa, a equipe de análise teve que adaptar a maneira como compartilhava os insights com as partes interessadas internas para obter a adesão desejada. Em vez de oferecer apenas visualizações de dados sobre unidades de produtos mantidos em estoque sem especificação, eles descobriram que as imagens dos produtos podiam atrair a atenção dos gestores de produto para os dados. Dependendo do público, você pode considerar a integração, em seus recursos visuais, de fotos de produtos, de funcionários ou de locais para aumentar o engajamento (veja a Figura 8.17). As imagens só devem ser usadas se colorirem de significados o assunto. Se elas forem vistas apenas como decoração, evite-as, para preservar o foco nos insights.

Figura 8.17 Os três sapatos femininos mais desejados da coleção de outono

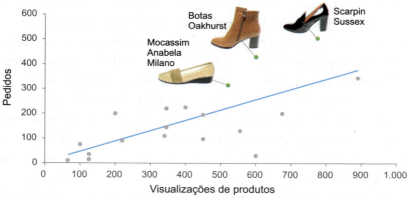

As três imagens do produto chamam a atenção para os principais pontos de dados neste gráfico.

Exemplos do mundo real

Na cobertura da Olimpíada de 2012, o *New York Times* fez um trabalho magistral ao revelar a importância do recorde olímpico de Bob Beamon em 1968 no salto em distância masculino (Quealy e Roberts, 2012). Ao reconhecer que a maioria das pessoas não teria a verdadeira dimensão do recorde de Beamon, que estabeleceu um salto de 8,9 metros, os jornalistas compararam a distância de um salto além da linha de três pontos em uma quadra de basquete da NBA (veja a Figura 8.18). Ao tornar a distância mais compreensível, eles garantiram que o feito de Beamon fosse menos duvidoso e mais impressionante.

Figura 8.18 Use comparações confiáveis

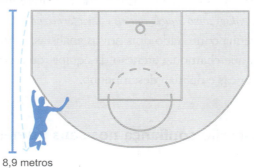

Para tornar mais compreensível a distância do recorde olímpico que Bob Beamon estabeleceu em 1968 no salto em distância, o *New York Times* comparou-o a um salto além da linha de três pontos no basquete.

249

Quando informações desconhecidas são apresentadas ao público, ele talvez não receba o contexto necessário para compreender completamente o que os insights significam. Além disso, quando você compartilha números muito grandes ou pequenos, as pessoas podem ter dificuldade em compreender totalmente a magnitude ou a minúcia do que os dados representam. Em vez de deixar os seus insights um tanto abstratos na mente do público, você deve conectar os pontos de dados com exemplos do mundo real que sejam mais relacionáveis. Quando você usa itens reconhecíveis, da vida real, em uma escala que os seres humanos são capazes de imaginar, os seus exemplos repercutem mais facilmente. Porém, tome cuidado para não ser muito generalista na abordagem. Por exemplo, o problema com o uso de analogias como "chegar à Lua" ou "dar a volta na Terra" é que poucas pessoas – a não ser, talvez, astronautas e pilotos de avião – sabem realmente avaliar essas distâncias. Tente encontrar exemplos que sejam familiares e concebíveis.

Para tornar os seus pontos de dados mais concretos, pode ser necessário reformulá-los em termos mais identificáveis para o público. Por exemplo, um consultor de pesquisas pagas trabalhava com uma empresa na gestão de um grande orçamento. Todo mês, ele percebia que a empresa pagava por palavras-chave genéricas do setor que *nunca* se convertiam em vendas on-line. Quando ele compartilhou que a remoção dessas palavras-chave de baixo desempenho poderia economizar 10 mil dólares mensais para a empresa, essa recomendação foi apenas "uma gota no oceano" para uma equipe de marketing que gastava anualmente milhões de dólares em publicidade de pesquisas pagas. Em vez disso, ele tentou uma abordagem diferente e anualizou o custo de continuar pagando por essas palavras-chave (12 meses × US$ 10.000 = US$ 120.000), destacando que a economia poderia ser usada para contratar dois profissionais graduados *para a realização de mais análises como aquela que ele estava fornecendo*. Mesmo que a equipe de marketing não tenha contratado dois novos analistas, o problema foi enquadrado de tal forma que chamou a atenção da equipe, que parou de anunciar as palavras-chave genéricas e de mau desempenho.

Princípio n. 7: instile confiança nos seus números

Existem dois objetivos ao apresentar dados: transmitir a história e estabelecer credibilidade.
EDWARD TUFTE, autor e estatístico

Se você tenta catalisar mudanças com as histórias de dados, o público precisa confiar nos seus números. Como a mudança potencial pode ser incerta e ameaçadora, as pessoas procuram qualquer motivo para rejeitar ou desacreditar novas descobertas. Presumindo que a base de dados da sua história de dados seja sólida – viés mínimo, qualidade de dados aceitável, análise completa, e assim por diante –, os seus recursos visuais também devem estabelecer credibilidade junto ao público. Um simples descuido nos recursos visuais pode desfazer horas de trabalho de análise e fechar uma janela de oportunidade que pode nunca reabrir. Por exemplo, erros de ortografia, erros de digitação e de gramática podem transmitir ao público indiferença, o que pode levá-lo a questionar se você foi detalhista na fase de análise. Erros humanos, como ter partes de um gráfico global que não somam 100% ou mesmo rotular incorretamente um eixo, podem prejudicar a sua mensagem. Certifique-se de reservar um tempo para revisar e conferir todas as cenas da sua história de dados antes de compartilhá-la. Além disso, peça para outra pessoa analisar os seus gráficos, a fim de evitar erros simples que possam prejudicar a história.

Embora a atenção aos detalhes seja sempre importante, você também precisa estar ciente de como os dados podem ser visualmente manipulados em gráficos, para *não reproduzir inadvertidamente essas táticas*. Mesmo que a sua intenção não seja distorcer os dados, você deve estar ciente de como certas práticas de visualização podem ser percebidas como "mentir com estatísticas". A Tabela 8.6 ilustra as práticas que você precisa evitar por serem vistas como enganosas.

Tabela 8.6 Práticas enganosas a serem evitadas

	Potencialmente enganosa	Não enganosa
Eixo truncado (coluna/barra): sempre que você trunca o eixo *y* de uma coluna ou o eixo *x* de um gráfico de barras, os comprimentos das barras não são mais representativos dos valores reais. Essa abordagem pode ser enganosa, pois pode exagerar pequenas diferenças entre os valores.		
Eixo truncado (área): semelhante aos gráficos de coluna, a região sombreada de um gráfico de área não deve ter um eixo *y* truncado, pois isso distorce o que é exibido. Porém, é geralmente aceito que os gráficos de linhas não exijam uma base zero da mesma forma que exigem os gráficos de coluna e de área.		

Escala de eixo ou proporção do aspecto exagerada: para manipular os dados em um gráfico, a escala de eixo pode ser inflada, ou a proporção do aspecto (proporção da largura pela altura) pode ser esticada desproporcionalmente. Em geral, o seu gráfico deve ser mais largo do que alto e os dados devem ocupar cerca de dois terços da faixa da escala do gráfico.

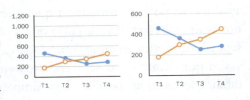

Intervalos de datas inconsistentes: se as datas em uma série temporal não seguirem intervalos regulares, traçá-las em intervalos iguais pode ser enganoso. Alguns membros do público podem questionar por que as datas são irregulares e não consistentes. Você deve usar uma escala proporcional no eixo *x*, em vez de uma escala com intervalos iguais.

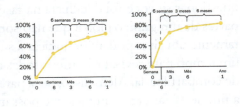

Períodos de tempo limitados: geralmente, não é uma boa ideia "escolher a dedo" um período de tempo para mascarar resultados que possam prejudicar a narrativa desejada. Embora seja bom limitar a quantidade de dados a serem mostrados, você não deve ocultar o contexto relevante, especialmente se puder influenciar materialmente em como as pessoas percebem e interpretam seus dados. No exemplo à esquerda, grandes mudanças em períodos anteriores são materiais. No exemplo à direita, eles não são tão substantivos, então podem ser deixados de fora.

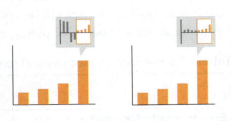

***Binning* irregular:** o modo como você agrega ou compartimenta os dados pode moldar o que uma visualização de dados comunica, seja um mapa, um gráfico de barras ou um histograma. Abordagens incomuns ou inesperadas de *binning*, ou compartimentação, podem ser vistas pelo público como tentativas de distorcer os resultados.

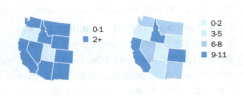

Proporções errôneas: algumas ferramentas analíticas oferecem a opção da criação de bolhas proporcionais ao diâmetro ou ao comprimento do raio, em vez da área. Embora as diferenças sejam mais dramáticas, elas também são imprecisas e pouco representativas dos valores.

Fontes ausentes: qualquer um pode criar uma estatística ou divulgar algum ponto de dados de uma fonte questionável. Sempre que uma estatística importante não tiver sua fonte listada claramente, ela parecerá evasiva e enganosa. Contudo, depois de declarada a fonte, ela não precisa ser destacada em todos os gráficos subsequentes, a menos que a fonte mude ou que você antecipe quais recursos visuais individuais serão compartilhados independentemente do resto da história de dados.

dos adolescentes temem que um tiroteio possa acontecer na escola

dos adolescentes temem que um tiroteio possa acontecer na escola

Fonte: PEW RESEARCH.
Pesquisa com adolescentes americanos de 13 a 17 anos, realizada de 7 de março a 10 de abril de 2018

Você não quer dar ao público nenhum motivo de dúvida com relação aos seus números ou insights. É importante estar ciente de que as pessoas podem questionar a veracidade dos dados devido à forma como você os converte em visuais e ao que comunica (ou ignora). Para conquistar a credibilidade do público, você deve garantir que ele entenda que a sua intenção é informar e esclarecer, e não enganar. Se você antecipar quaisquer preocupações, terá que ser explícito sobre por que visualizou os dados dessa maneira específica. Deixar o público fazer suposições sobre por que você agrupou os dados de determinada maneira ou por que exibiu a tendência de apenas alguns meses pode enfraquecer a confiança na sua mensagem. Porém, se você for franco a respeito da lógica por trás das escolhas do design, o público não se sentirá enganado, mesmo que não concorde com a sua abordagem.

Uma abordagem baseada em princípios para o storytelling com recursos visuais

O objetivo da visualização é o insight, e não as imagens.
Ben Schneiderman, cientista de dados

Mesmo que os recursos visuais da sua história de dados recebam boa atenção do público, o processo de storytelling com dados começa com o estabelecimento de uma base de dados que seja relevante e confiável e continua com a organização e estruturação dos insights em uma narrativa significativa e atraente. Na etapa final desse processo, você visualiza os insights de maneira clara e concisa, para que as informações sejam fáceis de seguir e compreender por parte do público. Os sete princípios compartilhados neste capítulo e no capítulo anterior guiam o storytelling com recursos visuais, transformando as suas principais descobertas em uma série poderosa de cenas visuais.

Antes de começar a visualização da história, você precisa esclarecer duas coisas. Primeiro, precisa determinar quantas cenas a história terá e o fluxo do conteúdo. O *storyboard* narrativo, que foi discutido no Capítulo 6, pode ajudar a identificar os pontos principais e a organizá-los em uma narrativa coerente. Quando você estiver pronto para visualizar os dados, o *storyboard* servirá como mapa, indispensável para direcionar os seus esforços de visualização de dados. Em segundo lugar, você precisa determinar como vai divulgar a história dos dados para o público: direta ou indiretamente. O método de divulgação influenciará o design visual da história. Por exemplo, se você não estiver contando pessoalmente a história, mais explicações ou anotações serão necessárias para cada cena. O processo de três etapas, na Tabela 8.7, ajuda a planejar e projetar as cenas da história de dados.

Tabela 8.7 Processo de três etapas para o planejamento e projeto da história de dados

Esboço. Antes de começar a criação de qualquer gráfico em alguma ferramenta de análise, você vai achar útil esboçar a maquete de cada ponto da história, especialmente se a sua história tiver várias cenas. Você pode usar um bloco de notas, notas adesivas ou um quadro branco para criar a visão aproximada da visualização das informações. Como está investindo apenas uma pequena quantidade de tempo na criação de cada esboço, você tem a chance de refazê-lo rapidamente até identificar a melhor abordagem visual para cada gráfico. O ato de esboçar a história de dados inteira também lhe dá a oportunidade de dar um passo atrás para certificar-se de que os seus recursos visuais não são muito repetitivos e para obter o fluxo certo. Você também pode conduzir um colega através da história, para recolher feedback e fazer modificações, antes de gastar tempo na criação de gráficos. 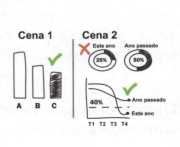

Projeto. Quando estiver satisfeito com o esboço visual da história de dados, você pode começar a projetar as visualizações de dados. Nessa etapa, você concentra o foco em garantir que os gráficos estejam alinhados aos pontos da história e que transmitam as informações de maneira eficaz. É no trabalho com os dados reais que você pode descobrir que precisa modificar os gráficos em relação ao que planejou na fase de esboço. É importante ser flexível e seguir a abordagem que melhor comunique os seus insights, qualquer que seja ela.

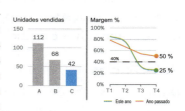

Refino. Depois de criar os gráficos iniciais da sua história de dados, você deve avaliar se cada um deles fornece subsídios à sua história. Você talvez descubra que pequenas edições nos gráficos podem melhorar drasticamente a eficácia geral. Por exemplo, acrescentar rótulos diretos torna o gráfico mais fácil de ser lido; ou realinhar as cores usadas deixa o gráfico mais consistente. Esses tipos de refinamentos simples, mas importantes, dão polimento às cenas finais, ajudando-as a repercutir junto ao público.

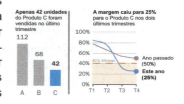

Muitas pessoas percebem o storytelling como uma experiência *passiva* para o público, na qual este apenas ouve ou assiste enquanto a narrativa lhe é contada. Porém, o storytelling com dados é uma experiência *ativa*, na qual você convida o público a acompanhá-lo em um *tour* guiado por seus insights. A história de dados permite que o público participe de um processo de descoberta simplificado e focado, examinando os gráficos e comparando os números por conta própria. Quanto mais fácil você tornar o acompanhamento e o processamento dos recursos visuais, maior será a probabilidade de o público entender, reter e concordar com os seus pontos principais. O falecido Hans Rosling comparou o storytelling com dados com a música quando disse: "A maioria de nós precisa ouvir a música para perceber a sua beleza. No entanto, quando se trata de estatísticas, muitas vezes simplesmente mostramos as notas musicais e não tocamos a música" (Reynolds, 2007).

Um storytelling com recursos visuais eficaz consiste em fazer o público escutar a sua música maravilhosa para perceber a beleza dela, e não apenas ler as notas musicais. Só quando o sinal for forte e claro é que o público poderá apreciar totalmente a beleza dos seus números. Se fizer um bom trabalho no storytelling com recursos visuais, você terá o público atento e animado para começar a enfrentar os problemas ou agarrar as oportunidades identificados por você. No capítulo final deste livro, eu vou "passear" por alguns exemplos diferentes que combinam os elementos do storytelling com dados – *dados, narrativa* e *recursos visuais* – na forma de histórias poderosas que são a um só tempo significativas e memorizáveis.

Referências

Diakopoulos, N. 2013. Storytelling with data visualization: Context is king. 17 de setembro. http://www.nickdiakopoulos.com/2013/09/17/storytelling-with-data-visualization-context-is-king/.

Few, S. 2011. Dieter Rams' ten principles for good design. *Visual Business Intelligence* (blog), 15 de dezembro. https://www.perceptualedge.com/blog/?p=1138.

Quealy, K. e Roberts, G. 2012. Bob Beamon's long Olympic shadow. *New York Times*, 4 de agosto. http://archive.nytimes.com/www.nytimes.com/interactive/2012/08/04/sports/olympics/bobbeamons-long-olympic-shadow.html?_r=0.

Reynolds, G. 2007. Hans Rosling: Don't just show the notes, play the music! *Presentation Zen*, 18 de setembro. https://www.presentationzen.com/presentationzen/2007/09/data-is-not-bor.html.

Simon, H. A. 1971. Designing organizations for an information-rich world. In *Martin Grenberger, Computers, Communication, and the Public Interest*. Baltimore, MD: Johns Hopkins Press.

Stein, L. (2016). A look around Social Media Week, New York. https://www.brandingmag.com/2016/02/29/a-look-around-social-mediaweek-new-york/ (acessado em 24 de maio de 2019).

Tufte, E. R. (1983). *The Visual Display of Quantitative Information*. Cheshire, CT: Graphics Press.

Wong, D. M. (2010). *The Wall Street Journal Guide to Information Graphics*: The Do's and Don'ts of Presenting Data, Facts, and Figures. New York: W.W. Norton & Company.

9
Como elaborar a sua própria história de dados

Quando sonhamos sozinhos, é apenas um sonho. Mas, quando sonhamos juntos, é o início de uma nova realidade.
Provérbio brasileiro

ALGUNS ANOS ATRÁS, A MINHA ESPOSA e eu tivemos a incrível oportunidade de visitar a Itália com outro casal. Um dos destaques das nossas férias foi um passeio pela bela Costa Amalfitana, que incluiu uma curta visita ao local da antiga Pompeia. Como estávamos em um navio de cruzeiro, poderíamos passar apenas algumas horas em Pompeia antes de ter de voltar. A empresa de turismo providenciou um guia turístico particular para o nosso pequeno grupo, para que pudéssemos maximizar o tempo nas ruínas romanas escavadas.

O guia, um jovem italiano chamado Marcello, era estudante de arqueologia e tinha trabalhado nas escavações em andamento do local. Com mais de 170 acres para explorar em Pompeia, foi extremamente útil ter um guia especializado nos levando diretamente às partes mais interessantes do sítio arqueológico. Enquanto muitos turistas caminhavam pelas ruínas um tanto sem rumo, nós conseguimos mirar áreas específicas no tempo limitado que tínhamos. O guia foi capaz de enriquecer a nossa experiência de Pompeia com informações básicas que ajudaram a dar vida às antigas ruínas.

Em várias ocasiões, percebi que outros turistas paravam ou se aproximavam para ouvir o que Marcello tinha a dizer sobre os prédios, afrescos e artefatos. Embora outros turistas pudessem ver muitos dos mesmos pontos turísticos que nós, ter um guia significava a oportunidade de fazer uma apreciação mais profunda da história e da cultura por trás das ruínas. Tenho certeza de que muitos dos nossos colegas turistas apreciariam a oportunidade de ter alguém como Marcello para conduzi-los habilmente através do labirinto de ruas e estruturas antigas do local.

Da mesma forma, no ambiente de trabalho, as pessoas ficam ansiosas para obter insights – potenciais problemas, riscos e oportunidades – a respeito do negócio. Elas podem se sentir oprimidas ou até mesmo entorpecidas pela ampla gama disponível de informações. Porém, como seres humanos são inatamente curiosos, elas apreciam a oportunidade de aprender novos insights com outras pessoas, especialmente na forma de narrativa. Como contador de histórias de dados, você age como o guia para o público, por meio dos dados que coletou e analisou. Nessa importante função, você busca atingir três objetivos principais ao se preparar para contar a história de dados:

1. **Explicar.** Com base no conhecimento aprofundado dos dados, você determina quais informações serão mais relevantes e salientes para compartilhar. Você ajusta a história de dados às necessidades e interesses do público. Você gasta tempo esclarecendo conceitos e fornecendo amplo contexto para que os seus insights sejam claros e compreensíveis para o público.
2. **Esclarecer.** Usando as ferramentas de visualização de dados à disposição, você produz recursos visuais que ajudam o público a enxergar o significado das suas descobertas a partir de uma perspectiva gráfica. Você aponta os principais atributos dos dados nos gráficos, de modo que o público saiba para onde direcionar o foco e interpretar o que vê. O público descobre novos insights, que não veria sem a sua ajuda e a sua orientação.
3. **Engajar.** Você vai combinar todos os elementos – números, palavras e imagens – em uma narrativa significativa e coesa que repercutirá junto ao público. Sempre que possível, humanize os dados relacionando-os a pessoas com as quais o público se preocupa. A paixão que você demonstra pelo assunto também ajuda na conexão com o público.

Esses três objetivos orientadores – explicação, esclarecimento e engajamento – determinam o destino do seu insight e se ele será implementado. O fato de o insight proporcionar uma grande vantagem não garante que vá ser aceito e adotado por outras pessoas. Se ele não for claro, ou se não repercutir junto ao público-alvo, é improvável que vá a algum lugar. A razão básica para você investir tempo na construção da história de dados é dar ao insight uma melhor chance de realizar o seu potencial.

Quando você cumpre os seus três objetivos enquanto contador de histórias de dados, acaba comunicando mais do que apenas fatos e números. A suas histórias de dados têm o poder de mudar o que as pessoas pensam e como agem. Como contador de histórias de dados, você não está apenas guiando o público por meio de dados até insights importantes, mas também *buscando inspirar mudanças*. Quando você adquire prática na arte de contar histórias de dados, o seu impacto passa a ser limitado apenas pela magnitude dos seus insights.

Ao longo dos capítulos deste livro, exploramos a importância do storytelling com dados, o que é uma história de dados e quais são os seus diferentes componentes. Depois de examinar de perto cada um dos pilares – dados, narrativa e recursos visuais –, você está pronto para ver como eles podem ser combinados para criar histórias de dados atraentes. Neste capítulo final, eu compartilho exemplos de diferentes histórias de dados, a começar por aquela compartilhada pelo falecido Hans Rosling, um grande contador de histórias de dados.

Aprendendo com um mestre contador de histórias de dados

> *O mundo não pode ser compreendido sem números. Mas o mundo não pode ser entendido apenas com números.*
> Hans Rosling, médico, professor e estatístico

Em 2010, o canal de TV britânico BBC Four produziu um documentário de uma hora com Hans Rosling, chamado *The Joy of Stats* [A alegria das estatísticas]. Nesse programa, há um curto segmento conhecido como "200 países, 200 anos, 4 minutos", no qual Rosling revela como a saúde e a riqueza dos países evoluíram nos últimos 200 anos (Gapminder, 2019). Porém, em vez de apenas apresentar os insights usando um projetor padrão, a filmagem simula um gráfico de bolhas interativo, que flutua em realidade aumentada na frente do mestre contador de histórias de dados. Em tal cenário único, a genialidade e a paixão de Hans Rosling nos deixam fascinados conforme ele demonstra como os dados foram feitos para cantar.

A partir desse curto segmento, temos a oportunidade de estudar as várias técnicas de storytelling que Rosling empregou para criar e divulgar as suas histórias de dados. Num formato quadro a quadro, vou dividir as diferentes táticas que ele usou para desenvolver a narrativa e engajar o público. Antes de você fazer a leitura da minha análise da história de dados de Rosling, recomendo enfaticamente que assista ao vídeo de 4 minutos e veja esse perspicaz contador de histórias sueco em ação (http://bit.ly/200countries200years). Através das lentes conceituais tratadas neste livro, você entenderá melhor o que tornou Rosling um contador de histórias de dados tão eficaz e engajador.

0 min 34 s – Principais táticas: rotulagem, anotação e escalas dos eixos

No início da história, Rosling acrescenta rótulos aos eixos (expectativa de vida, renda) e esclarece quais são os dois quadrantes principais (inferior esquerdo: pobres e doentes; superior direito: ricos e saudáveis) usando anotações (veja a Figura 9.1). Você nota que o eixo y não começa em 0 ano (mas aproximadamente em 20 a 75 anos) e que o eixo x tem uma escala logarítmica (de 400 a 40 mil dólares). Como regra geral, é preferível começar os eixos no zero e usar uma escala linear. Porém, talvez seja necessário fazer ajustes semelhantes para maximizar o espaço e distribuir os pontos de dados a fim de aprimorar a cena na sua história de dados.

Figura 9.1

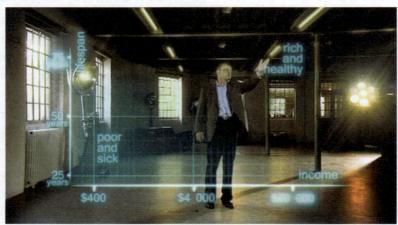

Fonte: usada com permissão © Wingspan Productions.
Rosling orienta o público nos eixos e quadrantes em seu gráfico de bolhas virtual.

1 min – Principais táticas: período de tempo, tamanho do rótulo, categorias, elementos do gráfico (tamanho das bolhas)

Para estabelecer a Configuração do Caso, ele compartilha o ponto de partida da linha do tempo (1810). O tamanho maior do rótulo do ano é indicativo de como esse ano será importante para a história geral. Em vez de posicionado no topo do gráfico, o rótulo do ano está localizado de forma proeminente dentro do gráfico, onde fica mais perto das bolhas dos países e, portanto, da linha de visão do público. Curiosamente, Rosling não criou uma legenda de cores para as categorias dos países. Para reduzir ruídos, ele provavelmente decidiu que a legenda não seria necessária depois de explicar o que cada cor representava. Por fim, também tratou de explicar de antemão que o tamanho das bolhas é relativo ao tamanho da população do país (veja a Figura 9.2).

Figura 9.2

Fonte: usada com permissão © Wingspan Productions.
Rosling explica o que os tamanhos das bolhas em seu gráfico representam.

1 min 18 s – Principais táticas: linha de referência, rotulagem seletiva, destaque

Para finalizar a Configuração do Caso, Rosling usa uma linha de referência para mostrar que, em 1810, todos os países tinham expectativa de vida média abaixo de 40 anos (veja a Figura 9.3). Em vez de rotular todos os países, o que teria sido excessivo, ele apenas faz referência aos dois principais países da época: o Reino Unido e a Holanda. Para destacar esses dois países, os rotula e aumenta a intensidade das bolhas selecionadas, para diferenciá-las das dos demais países europeus.

Figura 9.3

Fonte: usada com permissão © Wingspan Productions.
Rosling usa uma linha de referência para enfatizar que a média de vida era inferior a 40 anos.

1 min 30 s – Principais táticas: animação, contexto complementar

Depois de fazer a Configuração do Caso inicial, Rosling usa animações para progredir ao longo dos anos, mostrando como os países evoluíram em termos de saúde e riqueza. Com esse processo de animação único, além de alguns *close--ups* no gráfico, apenas os rótulos dos anos e as bolhas dos países mudam. Em diferentes etapas, ele fornece o contexto complementar que explica como a Revolução Industrial ajudou os países europeus a se tornarem mais saudáveis e ricos, enquanto os países colonizados, na Ásia e na África, permaneceram

Figura 9.4

Fonte: usada com permissão © Wingspan Productions.
Rosling reage fisicamente à crise de 1918.

doentes e pobres. Ele também destaca como, por volta de 1918, os efeitos da Primeira Guerra Mundial e da epidemia de gripe espanhola fizeram a expectativa de vida média de todos os países cair. Até imita o movimento descendente dos dados com o corpo enquanto proclama enfaticamente: "Que catástrofe!" (veja a Figura 9.4). Rosling também observa que um evento importante ocorreu – a Grande Depressão, no início da década de 1930 –, mas não impediu a marcha ascendente dos países ocidentais.

2 min 22 s – Principais táticas: personalização, rotulagem seletiva, destaque

Rosling faz uma pausa na progressão do tempo em 1948 para mostrar o amplo espectro entre os países ocidentais e os colonizados. Ele personaliza os dados destacando sua terra natal, a Suécia, e enfatizando que as mudanças seguintes ocorreram um ano depois de seu nascimento, isto é, em seu tempo de vida. Esse gesto sutil ajuda a humanizar os dados e a ele próprio como apresentador. Rosling novamente usa a rotulagem seletiva para destacar alguns países importantes e a atual posição deles (Estados Unidos, Brasil, China) (veja a Figura 9.5). Em seguida, Rosling prepara o público para observar a grande mudança que ocorre à medida que as ex-colônias ganham independência e melhoram suas condições de vida. A sua história culmina com a ascensão das economias emergentes (Argentina, México, Coreia do Sul, Malásia, Brasil

Figura 9.5

Fonte: usada com permissão © Wingspan Productions.
Rosling faz uma pausa na progressão do tempo e usa rotulagem seletiva para destacar vários países importantes.

e Taiwan), que alcançaram o quadrante superior direito na década de 1970. Rosling também destaca que os países africanos foram afetados negativamente pela guerra civil e pela epidemia de HIV (Congo, África do Sul).

3 min 30 s – Principais táticas: zoom, rotulagem seletiva, detalhamento, comparações explícitas

Quando chega ao último ano de seu conjunto de dados (2009), Rosling amplia a seção do meio para mostrar onde a maioria dos países se localiza. Ele, então, destaca a disparidade entre os países ao apontar duas nações em extremos opostos no gráfico de bolhas (Congo, o pior, e Luxemburgo, o melhor). Rosling também reconhece como as médias dos países podem mascarar as desigualdades dentro de cada país. Ele na sequência divide a China para comparar diferentes províncias com outras nações em níveis semelhantes de saúde e riqueza (veja a Figura 9.6). Por exemplo, ele compara Xangai com a Itália e as áreas rurais de Guizhou com Gana. Por meio dessas comparações, podemos ver as inconsistências entre as regiões do mesmo país.

Figura 9.6

Fonte: usada com permissão © Wingspan Productions.
Rosling divide a bolha da China para comparar diferentes províncias chinesas com outras nações.

4 min – Principais táticas: resumo de animação, linha de tendência

No final da história de dados, Rosling resume toda a progressão dos países em um "replay da ação". Esse efeito de animação reforça o insight central (Momento "Eureka!") segundo o qual a lacuna entre "o Ocidente e o resto" está se fechando e estamos entrando em "um mundo convergente inteiramente novo". Ele sobrepõe a linha de tendência com uma seta para destacar o caminho que acredita que todos os países devem seguir até o quadrante superior direito, de saúde e riqueza (veja a Figura 9.7). Rosling termina a história de dados destacando como a ajuda, o comércio, a tecnologia verde e a paz podem fazer todos os países alcançarem melhores padrões de vida.

Figura 9.7

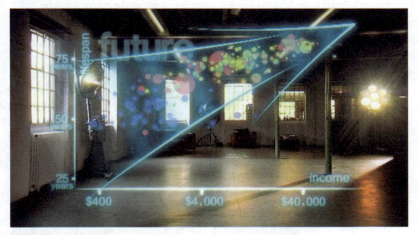

Fonte: usada com permissão © Wingspan Productions.
Rosling conclui, no segmento final, que todos os países podem passar para o quadrante superior direito.

Embora mais de 120 mil pontos de dados tenham sido plotados para essa história de dados de 4 minutos, você jamais se sente oprimido pelo que está sendo compartilhado. Hans Rosling segura as nossas mãos enquanto nos guia pelos dados, dando-nos uma nova apreciação das tendências globais de saúde e riqueza que ocorreram nos últimos 200 anos. Ao longo do processo, percebemos o que ele quer que vejamos, e ele nos fornece contexto oportuno e relevante conforme os padrões mudam.

Ao contemplar os seus próprios dados, você pode pensar consigo mesmo: "Os meus dados sobre [preencha o espaço em branco] não são tão legais ou impactantes quanto os dados de Rosling. Eu não posso apresentar os meus dados em realidade aumentada!". Não é a tecnologia o que torna esse videoclipe especial, mas a narrativa transmitida por alguém que acredita fortemente na importância de seu insight. George Lucas afirmou: "Um efeito especial é uma ferramenta, um meio de contar uma história. O efeito especial sem a história é uma coisa muito chata". Por esse exemplo, aprendemos como o contador de histórias e a narrativa são essenciais para a história dos dados como um todo. Os insights de Rosling teriam sido insossos se ele não tivesse dedicado tempo para criar uma narrativa poderosa em torno deles. Embora talvez não sejamos capazes de reproduzir a paixão, o senso de humor espirituoso ou os gráficos de realidade aumentada, podemos aplicar muitas das mesmas técnicas que Rosling usou para enriquecer as nossas próprias histórias de dados.

Nos bastidores com Hans

Figura 9.8 Hans Rosling na filmagem da história dos dados para *The Joy of Stats*, em Londres, 2010. O diretor criativo Archie Baron está no canto inferior esquerdo, e o diretor Dan Hillman é o segundo a partir da direita.

Fonte: usada com permissão de © Wingspan Productions.

Quando Archie Baron, diretor de criação da Wingspan Productions, viu pela primeira vez uma palestra TED de Hans Rosling, ficou maravilhado com o envolvente estatístico sueco. A elegância e a importância da narrativa de Rosling ajudaram Baron a "ver o mundo de maneira diferente". Quando a produtora de televisão abordou Rosling sobre o projeto *The Joy of Stats*, Baron sabia que a força do programa de 1 hora residiria em captar o enérgico sueco compartilhando uma de suas inspiradoras histórias de dados. Porém, Baron acreditava que a compreensão do público diminuiria se o vídeo tivesse que ir e voltar entre o contador de histórias e o gráfico.

A equipe decidiu que faria com que Rosling invocasse os dados do nada, fazendo-os pairar à sua frente em realidade aumentada. Semelhante aos visores virtuais usados no filme *Minority Report* (2002), com Tom Cruise, essa abordagem manteria no mesmo quadro Rosling e seu gráfico de bolhas animado. "A ideia era que, ao colocar Rosling no gráfico", diz Baron, "a apresentador se mantivesse no completo controle dele e da história contada". Quando a equipe da Wingspan apresentou a ideia a Rosling, o professor inicialmente duvidou que o projeto funcionaria. Ele não tinha ficado satisfeito com todas as tentativas anteriores de filmar a sua história com dados e jamais quis que os infográficos fossem puramente para exibição. Porém, depois de mostrar a ele uma breve demonstração de como o gráfico virtual podia funcionar, a produtora conseguiu convencê-lo a dar um salto de fé com a equipe.

Embora o segmento da história de dados tivesse apenas 4 minutos de duração, consumiu de 25% a 30% do tempo de produção do programa de 60 minutos. Durante muitos longos dias de preparação do roteiro e do *storyboarding*, Baron testemunhou como Rosling prestava atenção meticulosa a cada detalhe e como estava determinado a desenvolver um roteiro que fosse claro e atraente para os espectadores. O diretor Dan Hillman observou: "Eu adorei a precisão técnica que ele aplicou para encontrar a melhor maneira de contar a história, fazer uma brincadeira, mostrar os números e destacar um ponto". Quanto ao local da filmagem, eles decidiram que deveria ser um local real com alguma profundidade, em vez de um insípido estúdio de TV. É por isso que você vê Rosling entrando no prédio de um depósito no início do vídeo.

No dia das filmagens, Rosling ficou incrivelmente concentrado durante o dia todo, mesmo sendo um dos dias mais quentes do ano em Londres. Com apenas alguns pontos de referência para se orientar, ele agia como se o gráfico estivesse bem à sua frente (veja a Figura 9.8). Baron disse: "Cada olhar, cada gesto, cada movimento dos dedos tinha que estar exatamente no lugar certo, ou então nada funcionaria. Não podíamos fazer com que os dados se encaixassem na cena; a cena teria de se encaixar nos dados". Hillman e Baron reconheceram que a personalidade única de Hans era parte integrante da contação da história de dados. Eles foram capazes de trazê-la à tona em momentos cruciais, como quando ele brinca a respeito dos Jogos Olímpicos de Inverno de 1948 ou ao acentuar fisicamente o movimento descendente dos dados quando a Gripe Espanhola e a Primeira Guerra Mundial ocorreram. Até mesmo a declaração final, "Muito bacana, né?", captou o charme magnético de Rosling.

Depois de várias tomadas, Rosling confiou na equipe de produção com relação ao acréscimo dos gráficos virtuais às filmagens. A ferramenta normal de visualização de Rosling para exibir seus gráficos de bolhas animados, o Trendalyzer da Gapminder (desenvolvido por Ola Rosling, filho de Hans Rosling), precisou ser adaptada para funcionar com o software de animação da televisão, que exigiu codificação extensa para alcançar a integração exata. Além do trabalho de animação, todo um léxico de sons foi criado para representar as diferentes interações com os dados. Rosling foi um forte defensor da repetição na busca pelo produto final. A certa altura, Baron se lembrou de ter recebido um e-mail de Hans com 17 comentários apenas sobre os primeiros dois minutos de uma versão inicial do vídeo. No final de um longo processo de edição, Baron sabia que eles tinham algo especial, mas não tinha ideia de qual seria o impacto. Ele afirmou: "Normalmente, as pessoas não assistiriam nem 60 segundos de um estatístico sueco apresentando dados de saúde pública, mas Hans é um showman único".

O videoclipe viralizou duas semanas antes de o programa ir ao ar na BBC Four, gerando quase 9 milhões de visualizações. Em 2011, *The Joy of Stats* ganhou o Prêmio Grierson de Melhor Documentário Científico. Ao refletir sobre sua parceria e amizade de sete anos com Rosling, Hillman disse: "O que torna a mensagem dele sempre estimulante de se ouvir é que ele demonstra para todos nós confiança em nosso potencial. A confiança de que podemos, apesar de tudo, mudar o nosso mundo para melhor.

Desconstruindo a história de dados

> *Uma das tarefas subestimadas na escrita de não ficção é impor uma forma narrativa a uma massa de material.*
> WILLIAM ZINSSER, escritor

Neste livro, eu cobri vários princípios e diretrizes sobre como desenvolver e construir uma história de dados eficaz, com o objetivo de fornecer a você orientação e estrutura suficientes para ajudá-lo a transformar os seus fatos e números em comunicações que alcancem repercussão junto ao seu público. Porém, nem todas as suas histórias de dados vão se alinhar perfeitamente aos conceitos e estruturas deste livro. Você precisa usar o bom senso a respeito do que funciona melhor em cada situação específica. Da mesma forma, a mesma história de dados talvez precise ser modificada para acomodar diferentes circunstâncias ou situações.

Por exemplo, quando você tem a oportunidade de apresentá-la pessoalmente, isso muda a forma e o formato da história. Se você for contar a história para diversos grupos de pessoas, talvez seja necessário alterar o design e a ênfase para adequá-la a cada público específico. Se tiver pouco tempo para compartilhar os insights, você pode compor a história de dados de maneira diferente do que se tivesse uma janela de tempo mais longa. Como cada novo cenário é único, você precisa ser flexível e adaptável na contação das histórias de dados. Os conceitos e princípios deste livro têm como objetivo *orientar a sua abordagem, mas sem restringi-la*. Caso você necessite se desviar de uma prática recomendada, faça-o de maneira informada e calculada, sabendo o que terá que sacrificar para atingir um objetivo específico com a sua história com dados.

Uma das maneiras mais eficazes de aprender novas técnicas é vê-las em ação. Para ilustrar como os diferentes elementos se combinam na formação de uma história de dados, eu vou compartilhar um exemplo com foco no sistema de educação dos EUA, o qual apresentei em uma conferência. Depois que você tiver lido a história de dados completa, eu revisarei algumas das principais decisões de design que tomei enquanto a construía. Para facilitar a revisão posterior, dividi a história em três seções – ou atos – principais. Ao ler a história de dados a seguir, faça a sua própria avaliação da interação dos diferentes elementos: dados, narrativa e recursos visuais. Mesmo quando você usa boas práticas de storytelling com dados, existe mais de uma maneira de contar uma história; além disso, cada narrador tem o seu próprio estilo e as suas preferências exclusivas.

Primeiro ato: a configuração do caso

Robert Owen (1771-1858), industrial e reformista social galês, afirmou: "Treinar e educar as novas gerações será sempre o primeiro objeto da sociedade, ao qual todos os demais estarão subordinados". A educação é essencial para o desenvolvimento e crescimento de um país. Grande parte do sucesso dos Estados Unidos como nação pode ser atribuído a um dos melhores sistemas de educação do mundo. Porém, nas últimas décadas, aumentaram as preocupações de que a vantagem educacional dos Estados Unidos poderia estar erodindo.

Em 1983, um relatório histórico intitulado *A Nation at Risk* [Uma nação em risco] descreveu a deterioração da qualidade do sistema educacional americano. Os autores do relatório lamentaram: "Se uma potência estrangeira hostil tivesse tentado impor à América o desempenho educacional medíocre que existe hoje, poderíamos muito bem ter visto isso como um ato de guerra" (US Department of Education, 1983). Depois que o relatório soou o alarme no sistema escolar dos Estados Unidos, os políticos americanos perceberam que o país pode estar perdendo sua vantagem competitiva no mercado de trabalho global.

Em 1989, o presidente dos Estados Unidos, George H. W. Bush, reuniu os 50 governadores estaduais para criar um conjunto de metas educacionais de alcance nacional, inclusive o primeiro lugar mundial em matemática e ciências, até o ano 2000. Na virada do milênio, porém o país não estava mais perto de ser o melhor classificado em nenhuma disciplina. No ano 2000, os resultados do Programa Internacional de Avaliação de Estudantes (PISA, do inglês Program for International Student Assessment) revelaram que os estudantes americanos com 15 anos de idade se classificaram em 14º lugar em ciências e em 18º em matemática, entre os 27 países da Organização para a Cooperação e Desenvolvimento Econômico (OCDE) (veja a Figura 9.9). Não apenas os Estados Unidos não eram os primeiros como seus resultados ficaram abaixo da média da OCDE.

Figura 9.9 No ano 2000, os Estados Unidos não se classificaram entre as dez primeiras nações da OCDE nos testes do PISA

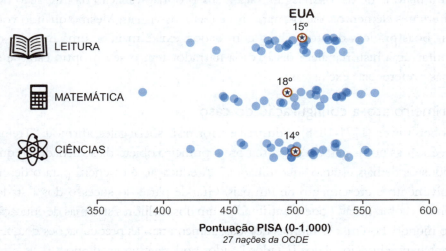

Fonte: PISA.

Com base nos dados do PISA, os Estados Unidos não tiveram classificação elevada em nenhuma das três disciplinas principais.

Segundo ato: a construção

Em 2002, com apoio bipartidário, o presidente George W. Bush introduziu a Lei No Child Left Behind [Nenhuma Criança Deixada Para Trás]

(NCLB), que marcou – mais do que nunca – o papel de maior envolvimento do governo federal na educação K-12, com o ousado objetivo de garantir que todos os alunos fossem proficientes em seus respectivo anos até 2014, inclusive os subgrupos desfavorecidos: minorias raciais, estudantes de baixa renda e alunos de educação especial. A ênfase central da nova lei foi introduzir mais transparência e responsabilidade no desempenho escolar por meio de testes padronizados expandidos. Do terceiro ao oitavo ano, foram introduzidos testes anuais de leitura e matemática. Cada estado foi autorizado a estabelecer metas anuais de realização, e sanções punitivas foram impostas às escolas que não alcançassem o "progresso anual adequado". Como FiveThirtyEight.com observou, a NCLB fundamentalmente "mudou a forma como o sistema educacional americano coleta e utiliza dados" (Casselman, 2015).

Basicamente, a NCLB iniciou uma revolução de dados no sistema educacional dos Estados Unidos, e isso ocorreu quase uma década antes de muitas empresas começarem a reconhecer a importância de se pautarem por dados. Estando armados com mais dados do que nunca, os proponentes da NCLB acreditavam que os políticos, os administradores e os professores estaduais estariam mais bem equipados para abordar lacunas importantes em seus respectivos sistemas educacionais, com tomadas de decisão mais bem informadas. Para medir o impacto geral da NCLB, a National Assesment of Education Progress (NAEP) passou a realizar a cada dois anos testes em nível nacional e estadual em leitura e matemática, do quarto ao oitavo ano.

Se concentrarmos o foco na proficiência em matemática, uma habilidade crucial na economia de dados de hoje em dia, vemos que a NCLB perdeu por grande margem a meta de 100% de proficiência (veja a Figura 9.10). Em 2015, apenas 40% do quarto ano e 33% dos alunos do oitavo ano foram considerados "proficientes" em matemática. Nos anos pré-NCLB (entre 1990 e 2002), para ambos os grupos de alunos, os ganhos de proficiência em matemática foram maiores. Por exemplo, de 1990 a 2003, o nível de proficiência em matemática dos alunos do quarto ano melhorou 20%, ao passou que aumentou apenas 7% com a NCLB. Também é importante observar que nenhum partido político dos EUA que esteve no poder – nem os republicanos nem os democratas – teve sucesso em lidar com esse problema. De 1990 a 2015, nem os dois governos dos republicanos (Bush, Bush) nem os dois governos dos democratas (Clinton, Obama) conseguiram fazer nenhum progresso significativo nessa área.

Figura 9.10 A NCLB não foi capaz de atingir 100% de nível de proficiência em matemática

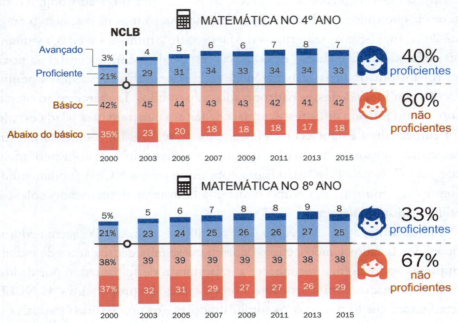

Fonte: NAEP.
A NCLB tinha a meta de atingir 100% de proficiência em matemática e leitura. Embora os níveis de proficiência em matemática tenham aumentado marginalmente para os alunos do quarto e do oitavo ano, a maioria deles ainda ficou abaixo da "proficiência" em nível de escolaridade.

A outra meta da NCLB era fechar a lacuna de desempenho dos alunos desfavorecidos. Porém, foram alcançados apenas ganhos menores, entre alunos hispânicos e negros, em matemática e leitura (veja a Figura 9.11). Para colocar esses escassos ganhos em perspectiva, se esse mesmo índice de melhoria se mantivesse constante, seriam necessários mais 72 e 108 anos para os alunos hispânicos e negros do quarto ano, respectivamente, fecharem a lacuna de desempenho com relação aos alunos brancos no que diz respeito à proficiência em matemática. Esse ritmo glacial provavelmente não era o que os autores da NCLB imaginavam para as reformas educacionais que introduziram.

Embora a NCBL não tenha alcançado suas ambiciosas metas de educação, pelo menos o influxo de testes e dados ajudou políticos, administradores e professores a melhorar o desempenho americano no cenário mundial? Infelizmente, os Estados Unidos escorregaram ainda mais para trás nas classificações internacionais do PISA, especialmente em matemática, em que o país caiu de

18° em 2000 para 29° em 2015 (veja a Figura 9.12). Se 30 pontos no teste PISA equivalem a um ano de escolaridade, as habilidades matemáticas dos estudantes norte-americanos (470) correspondem a cerca de dois terços do nível do ano de ensino, abaixo da média da OCDE (490) (The Economist, 2016). Como a matemática é a base da informática e da inteligência artificial, os Estados Unidos não podem permitir que suas habilidades se desgastem nessa área crítica.

Figura 9.11 A NCLB alcançou apenas pequenos ganhos em relação a minorias

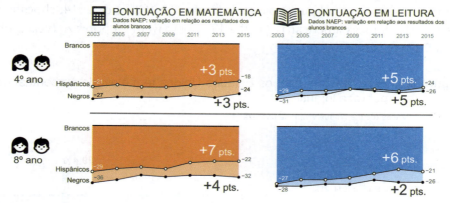

Fonte: NAEP.
Os estudantes hispânicos e negros experimentaram apenas pequenos ganhos em matemática e leitura em comparação com seus colegas brancos.

Figura 9.12 De 2000 a 2015, os Estados Unidos ficaram ainda mais para trás, particularmente em matemática

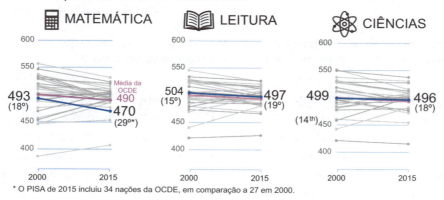

* O PISA de 2015 incluiu 34 nações da OCDE, em comparação a 27 em 2000.

Fonte: PISA.
Depois da NCLB, os Estados Unidos ficaram ainda mais atrás de outros países da OCDE, especialmente em matemática. Sendo as habilidades matemáticas fundamentais para a informática, a nação não pode se dar ao luxo de ficar para trás entre os países com mais conhecimento de matemática.

Terceiro ato: a solução

Esteban Bullrich, ex-ministro da educação da Argentina, disse: "O PISA é como um raio-X da política educacional de um país. Não é uma imagem completa de sua saúde, mas ajuda a identificar onde as coisas estão adoecidas" (The Economist, 2016). Um dos principais desafios que os Estados Unidos enfrentam em seu sistema educacional é a pobreza infantil. Entre os países de alta renda, 1 em cada 5 crianças (21%) vive na pobreza, que é definida como domicílios com renda 60% inferior à mediana nacional. Com base nos dados do Fundo das Nações Unidas para a Infância (UNICEF) de 2014, chocantes 29,4% das crianças americanas (de 0 a 17 anos) vivem na pobreza (veja a Figura 9.13) (UNICEF, 2017).

Figura 9.13 Para um país rico, os Estados Unidos têm elevado percentual de pobreza infantil

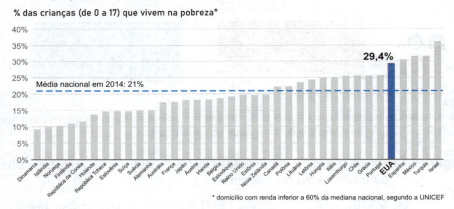

Fonte: UNICEF.

Para uma nação rica, os Estados Unidos têm uma quantidade desproporcionalmente elevada de pobreza infantil em comparação com outros países da OCDE.

Para compreender como a pobreza infantil afeta o desempenho dos alunos, devemos avaliar as pontuações do PISA com base no percentual de escolas públicas nos EUA que participam de programas de merenda gratuita ou de baixo custo (veja a Figura 9.14). Os alunos mais pobres dependem mais de programas de alimentação subsidiados do que os alunos mais ricos, que não precisam do mesmo auxílio-refeição.

Nas escolas mais afluentes, onde menos de 25% dos alunos dependiam de subsídios para alimentação, as notas em matemática foram comparáveis às de países com melhor desempenho, como Japão, Coreia do Sul e Canadá. Porém,

Figura 9.14 A participação escolar na merenda revela como a pobreza infantil impacta as pontuações de matemática

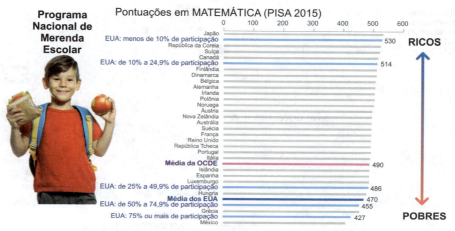

Fonte: PISA.

Quando você examina a influência da participação escolar nos programas de merenda, nota que a riqueza desempenha um papel fundamental na definição das pontuações de matemática do PISA nos Estados Unidos.

na outra ponta do espectro, as escolas com concentrações mais altas de alunos pobres, que dependiam mais dos programas de merenda, tiveram desempenho muito abaixo da média da OCDE, com pontuações em matemática semelhantes às de Hungria, Grécia e México. A disparidade de renda entre o segmento superior e o segmento inferior dos estudantes americanos influenciou claramente as notas de matemática do país no PISA.

Na corrida pela educação global, existem sinais de que os Estados Unidos estão ficando cada vez mais para trás. Talvez seja hora de o país reexaminar *como* e *onde* está gastando seus dólares em educação. Em termos de gastos com educação por aluno em 2015, o país despendeu o quarto maior valor de todos os países da OCDE (US$ 15.494 por aluno). Porém, ele se encontrava no pior quadrante (veja a Figura 9.15), sendo um dos dois únicos países que gastaram mais do que a média da OCDE (US$ 10.220), porém não alcançaram a média (490) nas pontuações em matemática do PISA. Infelizmente, a diferença de desempenho entre estudantes ricos e pobres nos Estados Unidos continuará a aumentar enquanto o financiamento do ensino for fortemente influenciado pelos impostos sobre a propriedade: os bairros ricos têm fundos para pagar a excelência, e os pobres lutam para garantir o básico.

Figura 9.15 O gasto mais alto com a educação não está levando a melhores habilidades em matemática

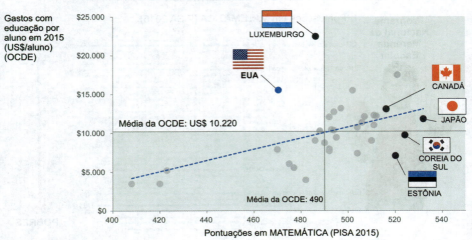

Fonte: OCDE, PISA.
Apenas os Estados Unidos e Luxemburgo se encaixam no quadrante superior esquerdo como países que ultrapassaram a média da OCDE para gastos com educação, mas que alcançaram notas abaixo da média em matemática nos testes do PISA.

O que poderia ser feito para resolver esse problema crescente? Em dezembro de 2015, a Lei Every Student Succeeds [Todo Estudante Consegue, em tradução livre] (ESSA) substituiu a Lei NCLB. A ESSA oferece aos estados dos EUA mais flexibilidade para gerir como fornecem educação a seus respectivos estudantes. A igualdade na educação foi o foco central da nova lei, e a responsabilidade sobre a escolha de como educar os estudantes agora recai sobre cada estado. O sistema educacional canadense, de grande sucesso, depende quase exclusivamente das províncias para administrar a educação equitativa. Portanto, em princípio, a abordagem liderada pelo estado tem potencial para ser bem-sucedida, sem uma pesada supervisão e intervenção federais. De acordo com a ESSA, as seguintes alavancas podem ajudar os estados americanos a buscar a equidade na educação:

- **Maior responsabilidade e transparência.** Todos os 50 estados tiveram que apresentar planos de prestação de contas ao Departamento de Educação dos EUA, e a ESSA exige que os estados apresentem relatórios sobre os gastos por aluno, para aumentar a transparência entre os distritos escolares.

- **Financiamento do estado para compensar a desigualdade local.** Os governos estaduais precisam investir recursos adicionais na educação para neutralizar a inequidade fiscal criada pelas disparidades no financiamento local.
- **Educação infantil (primeira infância ou pré-escolar).** Os alunos desfavorecidos podem ficar para trás de seus colegas em termos acadêmicos já a partir do jardim de infância. Oferecer uma pré-escola de qualidade para crianças de baixa renda pode ajudar a prepará-las para o aprendizado e para que acompanhem o ritmo dos outros alunos.
- **Escolas comunitárias.** Os alunos de baixa renda muitas vezes enfrentam circunstâncias difíceis em casa que podem tornar o enfoque no aprendizado mais desafiador. A abordagem da escola comunitária pode resolver os problemas que acontecem em casa, oferecendo serviços sociais às famílias de baixa renda (saúde, alimentação, material escolar, reforço escolar, aconselhamento etc.).
- **Professores qualificados.** As escolas e distritos de baixa renda frequentemente têm um número desproporcional de professores inexperientes, ineficazes e provenientes de outros campos de formação. Os estados devem monitorar e avaliar a qualidade de seus professores e garantir que todos os alunos tenham acesso a instrutores qualificados.

Com a introdução da ESSA, o sucesso do sistema educacional dos EUA agora depende dos esforços unidos dos 50 estados do país. Os americanos devem responsabilizar as legislaturas estaduais pela garantia de que a equidade continue sendo o foco principal dos planos de educação. Se os estados não intervierem em nome dos alunos carentes, a nação verá mais países saltando à frente de seu sistema educacional. A maior equidade na educação renderá dividendos, pois milhões de estudantes desfavorecidos, em vez de serem deixados para trás, serão convidados a liderar e a moldar o futuro da nação. Quem sabe de qual contexto socioeconômico virá o próximo Thomas Edison, a próxima Marie Curie ou o próximo Albert Einstein?

Os bastidores da história de dados da NCLB

Essa história de dados da educação americana usou uma variedade de dados de diferentes fontes, bem como uma variedade de visualizações de dados, para transmitir suas mensagens principais. Ela também seguiu o Arco de Contação da História de Dados nas três seções principais. Para permitir a você uma compreensão e uma apreciação mais profundas de como essa história de dados foi formada, vou compartilhar algumas das principais decisões de projeto que ocorreram em cada seção.

Revisão do primeiro ato

A primeira seção apresenta o tópico e o foco da história de dados. Depois de fornecer um breve pano de fundo do sistema educacional norte-americano na etapa de Configuração do Caso, eu usei um Gancho visual – as pontuações medíocres dos Estados Unidos no PISA em 2000 – para chamar a atenção do público para a história. Aqui estão algumas táticas que empreguei nesta seção (veja a Figura 9.16):

Figura 9.16 Primeiro ato: destaques visuais

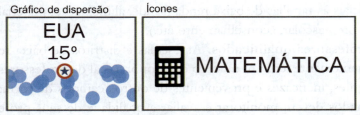

No primeiro ato, usei um gráfico de dispersão e ícones como as táticas principais do storytelling com recursos visuais.

- **Ponto de partida.** Em vez de começar a minha história de dados com uma visão abrangente das tendências da educação nos Estados Unidos, pulei direto para o indicador do problema que o país enfrenta: sua classificação inferior entre os países em termos de pontuação internacional no PISA.
- **Citações.** Para configurar o cenário e fornecer contexto para a história de dados, usei algumas citações. Em alguns casos, para chamar a atenção das pessoas, uma citação astuta pode ser tão eficaz quanto uma boa visualização.
- **Gráfico de dispersão.** Para as pontuações do PISA, usei um gráfico de dispersão (veja a Figura 9.9), para espalhar os resultados dos outros países da OCDE. A sobreposição dos pontos de dados dificultava ver a distribuição das várias nações.
- **Rotulagem seletiva.** Além dos Estados Unidos, não coloquei no gráfico rótulo em nenhum outro país, para que o público não ficasse so-

brecarregado com ruídos. Nessa etapa, rotular os outros pontos de dados não era importante para a mensagem.
- **Ícones.** No recurso visual, usei ícones para colocar mais ênfase nos três assuntos principais. Eu poderia então reutilizar esses ícones em todo o resto da história de dados, para reforçar os assuntos focais. Decidi usar pontos de estrela para destacar as pontuações dos EUA no gráfico e acrescentar um toque patriótico ao visual.

Revisão do segundo ato

A seção seguinte apresentou a Lei NCLB e avaliou se ela tinha sido capaz de reverter o declínio do desempenho educacional nos Estados Unidos. Alguns Insights em Gestação foram usados para afirmar que a NCLB foi ineficaz em atingir seus objetivos. O Momento "Eureka!" revelou o fraco impacto na reversão das pontuações do PISA dos Estados Unidos ou de sua classificação internacional. Aqui estão algumas táticas que foram usadas nesta seção (veja a Figura 9.17):

Figura 9.17 Segundo ato: destaques visuais

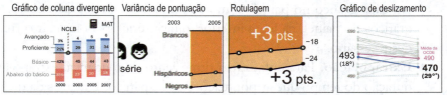

Esses *close-ups* destacam algumas decisões de design visual que foram feitas no segundo ato.

- **Plano de fundo da NCLB.** Mesmo no segundo ato, ainda forneci contexto sobre a Lei NCLB. Você não precisa restringir as informações contextuais à fase de Configuração do Caso, se forem essenciais para a sua narrativa.
- **Foco seletivo.** Para evitar sobrecarga no público, concentrei o foco nas pontuações de matemática. Porém, optei por mostrar os resultados de proficiência da quarta e da oitava séries, para demonstrar como elas eram semelhantes entre si. Escolher quais dados incluir e excluir é uma etapa crucial na formação da história de dados.
- **Gráfico de colunas divergentes.** Para os dados de nível de proficiência, o gráfico de coluna divergente (veja a Figura 9.10) é eficaz na

exibição de uma escala de classificação, porque o negativo e o positivo podem estar situados em ambos os lados de uma linha básica comum. Esse gráfico foi inspirado em um gráfico semelhante criado pela Pew Research (Desilver, 2017). Porém, eu decidi codificar por cores os valores negativos e positivos (vermelho e azul, respectivamente). Para destacar como os níveis finais de proficiência ficaram aquém das metas de 100%, usei ícones infantis para chamar a atenção para os números de 2015, no lado direito.

- **Variância de pontuação.** Em vez de apenas traçar em um gráfico de linhas a tendência de todas as pontuações do grupo racial, achei melhor enfatizar a variação ao longo do tempo para cada grupo em comparação com os alunos brancos.
- **Gráficos de área em painel.** Na Figura 9.11, decidi incluir as pontuações em matemática e leitura para os níveis da quarta e oitava série a fim de mostrar como as quatro tendências eram semelhantes: pequenos aumentos nas pontuações dos testes ao longo do período de 12 anos.
- **Rotulagem.** Em vez de esperar que o público calculasse a mudança nas pontuações de 2003 a 2015, adicionei as melhorias de pontuação em cada gráfico no painel. Também removi os rótulos do eixo x dos gráficos do painel, na linha inferior (oitava série), para reduzir o ruído desnecessário.
- **Extrapolação.** Para enfatizar o ritmo lento da mudança, extrapolei a duração do tempo que as pontuações de hispânicos e negros da quarta série levariam para fechar a lacuna (72 e 108 anos). Às vezes, é útil acumular resultados em quantidades maiores para que as pessoas possam avaliar melhor os efeitos cumulativos.
- **Gráfico de deslizamento.** Esse tipo de gráfico (veja a Figura 9.12) pode ser eficaz para situações em que você destaca mudanças importantes entre dois períodos de tempo. Como o clímax da minha história de dados, esse gráfico mostra que a NCLB pouco fez para impedir que os Estados Unidos ficassem ainda mais atrás de outras nações da OCDE, especialmente em matemática.
- **Destaques coloridos.** Em vez de rotular os países individualmente na Figura 9.12, destaquei apenas as pontuações médias dos EUA e da OCDE. Eu poderia ter concentrado o foco apenas nessas duas linhas, mas ter os resultados de outros países em segundo plano, em tons de cinza, fornece um contexto útil.

Revisão do terceiro ato

Na seção final, a história volta a atenção para o que pode ser feito para lidar com a classificação declinante do sistema educacional americano. Para pesar as soluções potenciais, mais informações de apoio ainda devem ser apresentadas ao público nessa fase. Aqui estão algumas táticas finais usadas para completar a história dos dados (veja a Figura 9.18):

Figura 9.18 Terceiro ato: destaques visuais

Esses *close-ups* representam algumas decisões de design visual que foram feitas no terceiro ato.

- **Gráficos *versus* estatísticas.** A Figura 9.13 mostra que os Estados Unidos são o quinto pior país da OCDE em pobreza infantil. Eu poderia apenas ter compartilhado essa única estatística (29,4%), mas senti que exibir os dados de todos os países da OCDE adicionava mais peso e contexto. Em outros cenários, você pode optar por compartilhar um único número, e isso pode ser impactante sem necessariamente exigir um gráfico.
- **Orientação do rótulo do eixo.** Você deve ter notado que eu violei a recomendada prática de visualização segundo a qual se deve manter o texto na horizontal, e não em ângulo. Nesse caso, o uso do gráfico de barras horizontais, em vez do gráfico de colunas, ocupava muito espaço vertical na página. Optei por colocar os nomes dos países em ângulo diagonal para poder usar um gráfico de colunas que exigisse menos espaço vertical.
- **Linha de referência.** Na Figura 9.13, a linha percentual média (21%) fornece uma linha de referência útil para identificar quais países estão experimentando índices de pobreza infantil mais altos ou mais baixos do que a média. O público pode ver facilmente quais países têm índices mais baixos de pobreza infantil e quais estão com dificuldades parecidas com os Estados Unidos.

- **Dados do programa de merenda escolar.** Esse subconjunto de dados do PISA permitiu inferir como a pobreza afetava as pontuações em matemática. Ele forneceu mais clareza sobre o que influenciava as notas mais fracas em matemática nos Estados Unidos.
- **Destaques coloridos.** Na Figura 9.14, destaquei em azul os diferentes segmentos dos EUA, com o restante dos países da OCDE na escala de cinza, para colocá-los em segundo plano. As médias da OCDE e dos EUA também foram apresentadas para fins de avaliação comparativa.
- **Imagem do aluno.** À esquerda da Figura 9.14, incluí a imagem do aluno segurando comida, para conectar os dados do programa de merenda escolar. Ao incluir a foto do menino, eu queria que as pessoas lembrassem que esses dados são sobre crianças reais, que lutam para ter uma nutrição adequada diariamente. Basicamente, tentei humanizar os dados e torná-los mais relacionáveis.
- **Gráfico de espalhamento.** Para mostrar a relação entre duas variáveis (gastos com educação por aluno e notas de matemática no PISA), eu criei um gráfico de espalhamento (veja a Figura 9.15). Acrescentei linhas de referência para as médias da OCDE em ambos os eixos a fim de criar quatro quadrantes. Também incluí uma linha de tendência para ajudar o público a discernir mais rapidamente quais países tiveram desempenho inferior ou superior em termos de gastos com educação e notas em matemática.
- **Imagens de bandeiras.** Nesse gráfico, rotulei com bandeiras alguns países de melhor desempenho. Eu poderia ter apenas acrescentado o nome dos países, mas descobri que as bandeiras ajudam os pontos de dados selecionados a se destacarem. Questionei-me se deveria acrescentar a bandeira de Luxemburgo, porque ela não era central na minha história; porém, ao testar o gráfico com vários públicos, descobri que as pessoas sempre perguntavam qual país compartilhava o mesmo quadrante com os Estados Unidos. Acrescentar a bandeira de Luxemburgo pôs fim a esta pergunta desnecessária.
- **Gradiente de fundo.** Na Figura 9.15, também adicionei em três quadrantes um gradiente de fundo cinza para chamar a atenção para o quadrante superior esquerdo, onde os Estados Unidos estão situados. É importante as pessoas perceberem que esse é o quadrante menos eficiente e indesejável.
- **Recomendações.** A solução ou as etapas seguintes devem ser padronizadas de acordo com a habilidade ou o poder do público de agir de

acordo com as informações. Nesse caso, os meus insights eram voltados para o público em geral, e não para os formuladores de políticas. A minha meta (apelo ao *telos*) era criar mais consciência tanto a respeito do enfraquecimento das habilidades matemáticas no sistema educacional americano quanto para aquilo que os americanos poderiam fazer com o intuito de garantir que seus governos estaduais não negligenciassem a importância de promover a equidade sob a ESSA.

Ao revisar essa história de dados a respeito da NCLB, talvez você não tenha percebido quanta preparação e quanto pensamento foram necessários para a seleção dos dados, a formação da narrativa e o design dos recursos visuais. Além de apresentar um exemplo útil, também existia o propósito secundário de compartilhar essa história em particular. Embora a NCLB tenha introduzido níveis incomparáveis de dados no sistema educacional dos Estados Unidos, ela teve um impacto insignificante no desempenho dos alunos. Simon Rodberg, ex-diretor de escola, observou: "A melhoria da instrução não virá de informações mais detalhadas, mas da mudança naquilo que as pessoas fazem, do convencimento dos professores a respeito da necessidade de eles mudarem e de concentrarem o foco naquilo que precisa ser mudado" (Rodberg, 2019). À medida que as organizações acumulam mais e mais dados, é importante lembrar que nem todos os dados farão efeito se não puderem ser usados para inspirar mudanças. Independente do cargo, da função ou do setor em que você esteja, a capacidade de comunicar insights com eficácia será essencial para transformar os insights em melhorias.

As histórias de dados do dia a dia vêm em todas as formas, tamanhos e sabores

> *Uma "boa história" significa algo que vale a pena ser contado e que o mundo deseja escutar. Descobrir isso é a sua tarefa solitária [...]. A sua meta deve ser uma boa história, e bem contada.*
> ROBERT MCKEE, autor e especialista em roteiros

Muitas histórias de dados de sucesso não foram preparadas por jornalistas de dados conhecidos nem por especialistas em visualização de dados. Você não as encontrará postadas em sites de mídia populares nem compartilhadas em conferências ilustres. Seus autores também não recebem elogios nem reconhecimento da indústria. Porém, essas histórias de dados podem ter um impacto tremendo nas equipes, nos departamentos e nas empresas onde são compartilhadas. Eu gostaria de destacar alguns desses exemplos de storytelling com dados do dia a dia.

História baseada em fatos reais n. 1: a editora que precisava reter a redatora habilidosa

Em uma grande empresa de mídia, Sarah, editora sênior, estremeceu ao descobrir que uma de suas jovens redatoras em ascensão, com muitos seguidores nas redes sociais, tinha acabado de receber uma oferta de emprego de um concorrente. Nem dois anos depois de ingressar na empresa, a redatora júnior receberia um aumento salarial significativo: passaria de 30 mil para 60 mil dólares. Sarah sabia que, se perdesse essa estrela em ascensão, sua equipe sofreria para alcançar as metas pelo resto do ano. Ela também ficou apreensiva por ter que se dirigir ao editor principal para solicitar um grande aumento salarial fora do ciclo.

Depois de passar algumas horas analisando com sua equipe de analistas as contribuições incrementais dessa redatora específica, Sarah ficou chocada ao descobrir que a jovem redatora valia mais de 1,5 milhão de dólares para a empresa em receitas anuais de publicidade! Em vez de construir uma história de dados elaborada, Sarah enviou um e-mail simples para Jim, o editor-chefe, no formato de um trailer de dados (veja a Figura 9.19).

Em vez de encaminhar ao seu ocupado gestor todos os dados da análise das contribuições de Wendy, Sarah limitou sua história de dados a apenas um trailer de dados simples: *Configuração do Caso* (tempo na empresa: dois anos; 30 mil seguidores nas redes sociais), *Gancho* (oferta de emprego de 60 mil dólares), e *Momento "Eureka!"* (1,5 milhão de dólares em receitas). Nesse caso, o trailer de dados incluía a *Solução* proposta (contraoferta de 65 mil dólares), pois era uma solicitação urgente que precisava de atenção. Se Jim quisesse se aprofundar nos cálculos das receitas, Sarah poderia preparar uma história de dados mais robusta. Nesse caso, o 1,5 milhão de dólares em receitas incrementais de anúncios tornou a decisão da contraoferta algo óbvio para Jim, que aprovou rapidamente a recomendação de Sarah. Cinco anos depois, Wendy ainda trabalha na mesma empresa de mídia e provavelmente não tem ideia de como é valiosa para o empregador. A versão de Wendy da história de dados de Sarah poderia ter concluído com uma recomendação diferente: "Nada de 65 mil dólares, eu quero 125 mil".

Figura 9.19 E-mail com o trailer de dados

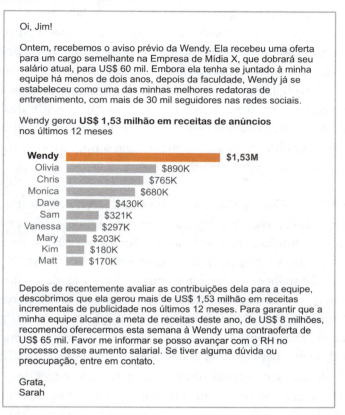

Sarah enviou por e-mail a seu chefe, Jim, um trailer de dados para salvar Wendy, uma redatora com alto desempenho.

Como este exemplo ilustra, nenhuma história de dados precisa ter uma grande produção. Um gráfico simples, acompanhado de uma narrativa concisa, pode ser todo o necessário para gerar uma decisão rápida e uma ação direcionada. Nesse caso, o recurso visual ajudou a enfatizar o Momento "Eureka!" de Sarah para seu chefe. Embora nem sempre você precise de gráficos nas comunicações mais curtas, um recurso visual simples pode ser apenas o ponto de inflexão que vai influenciar uma decisão importante como essa.

História baseada em fatos reais n. 2: a necessidade de uma nova estratégia de preços para um fabricante de embalagens

Depois de sua aquisição por uma empresa de *private equity*, um grande fabricante de embalagens recebeu a meta agressiva de melhorar significativamente a lucratividade nos três anos seguintes. Em vez de continuar a expandir a base de clientes, os investidores queriam que a equipe de liderança se concentrasse na otimização dos negócios existentes. A equipe de análise começou a trabalhar na identificação de áreas potenciais nas quais o fabricante poderia otimizar o desempenho financeiro. A análise exploratória da abordagem de preços produziu as descobertas mais promissoras. Para iniciar uma mudança potencialmente difícil na estratégia de vendas atual, Kevin, o gestor da análise, precisava obter a adesão da equipe de liderança sênior. Ele elaborou uma história de dados para ajudar a explicar e contextualizar a oportunidade financeira de adotar uma nova abordagem de preços.

Configuração do Caso e Gancho: quase um terço das contas dos clientes não eram lucrativas: a primeira meta de Kevin era educar a equipe de liderança a respeito do atual portfólio de clientes em termos de receita e lucratividade. O fabricante gerava em lucros aproximadamente 75 milhões de dólares dos 720 milhões em receitas anuais. Com a ajuda de um gráfico de espalhamento, com uma escala de gradiente para indicar a percentagem da margem bruta, os executivos puderam ver um grupo vermelho significativo de contas de clientes com margem bruta baixa ou negativa. A empresa estava perdendo dinheiro para atender a esse segmento de clientes. Cerca de 250 milhões de dólares das receitas totais – um terço dos negócios – vinham de contas com margem de lucro bruta inferior a 5%. Usando uma versão filtrada

Figura 9.20 Gráfico de espalhamento

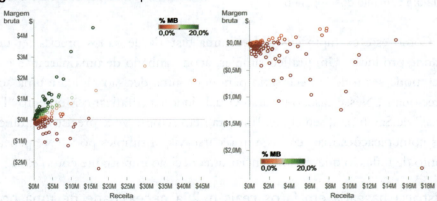

O gráfico de espalhamento do lado esquerdo mostra contas de clientes com base na margem bruta e na receita. O gradiente de cores destaca a lucratividade ou o percentual da margem bruta de cada conta. O gráfico de espalhamento do lado direito foi filtrado para destacar apenas as contas com menos de 5% de margem bruta.

do gráfico de espalhamento (veja a Figura 9.20), Kevin conseguiu chamar a atenção para esse grupo de contas de baixo desempenho. O gráfico se tornou o Gancho crucial para o resto da história de dados.

Insights em Gestação: aumentar a margem bruta em vez de gerar vendas incrementais: Kevin então mostrou à equipe de liderança que trazer as contas com menos de 5% de margem bruta para 5% geraria 27 milhões de dólares em receitas e lucros adicionais. Essa ação seria o equivalente ao aumento incremental de vendas de 270 milhões de dólares na margem bruta de 10%. Além disso, se o fabricante pudesse fazer com que as contas menos lucrativas atingissem a média da empresa – de 10% de margem bruta –, poderia gerar o total de 40 milhões de dólares em receitas e lucros. Seria o mesmo que conseguir 400 milhões de dólares adicionais em vendas na atual margem bruta média de 10% (veja a Figura 9.21). Os 5% em margem bruta foram vistos como uma meta realizável, ao passo que chegar a 10% poderia levar dois ou três anos.

Por uma razão importante, a otimização do negócio existente – em vez da conquista de novos negócios – foi vista como a opção mais viável. Mesmo se o fabricante fosse capaz de gerar vendas incrementais, ele não teria capacidade de produção para atender o trabalho adicional sem despesas de capital significativas, visto que já operava a plena capacidade durante o ano todo. Se a empresa simplesmente concentrasse o foco em aumentar os preços a fim de melhorar a margem bruta, poderia manter a capacidade atual.

Figura 9.21 Benefícios significativos com o aumento da margem bruta das contas fracas

Se o fabricante aumentasse a percentagem da margem bruta (MB) de seus piores clientes, poderia gerar lucros incrementais de 27 milhões de dólares (5% da MB), 40 milhões (10% da MB). Esses dois valores de margem bruta seriam equivalentes a aumentos incrementais de vendas de 270 milhões de dólares e 400 milhões de dólares, respectivamente.

Momento "Eureka!": reajustes de preços para as "piores contas entre as piores": Kevin então concentrou o foco nas "piores contas entre as piores" como a maior oportunidade imediata. A empresa tinha 170 milhões de dólares em negócios com margem bruta igual ou inferior a zero. Se a empresa conseguisse reduzir a margem bruta dessas contas a zero, poderia gerar 16 milhões de dólares em receitas e lucros incrementais. Basicamente, se a empresa perdesse tal segmento de clientes, ganharia 16 milhões de dólares *por não vender mais para eles*. Além disso, liberaria capacidade para realizar trabalhos mais lucrativos. Se essas contas não considerassem aumentos de preços razoáveis, o fabricante deveria cogitar encerrar o relacionamento com elas.

A equipe de Kevin sustentou que o risco de perder esses clientes era muito baixo. Seria improvável que a concorrência oferecesse preços melhores, já que a empresa era um grande *player* no setor, com vantagens em termos de poder de compra de matéria-prima e estrutura de custos. Se o trabalho não era lucrativo para esse grande fabricante, também não seria para os concorrentes. Se os rivais estivessem dispostos a assumir essas contas, eles sobrecarregariam suas fábricas com uma produção de margem ruim, o que significaria oportunidades de margens mais altas para a organização de Kevin, devido às restrições de capacidade do setor.

Solução e etapas seguintes: divulgação de uma mensagem difícil apoiada em dados: a comunicação e a execução de vendas eficazes eram essenciais para o sucesso da introdução dessa nova estratégia de preços. Enquanto a equipe de liderança estava preparada para perder clientes, a preferência da equipe de Kevin era retê-los. Além de mudar o foco da estrutura de comissão da equipe de vendas da receita para o crescimento da lucratividade, os vendedores receberam uma cópia do gráfico de espalhamento, junto com um papel com um gráfico de vendas e lucratividade bem básico para cada uma das "piores entre as piores contas". Munidos dessas informações, os representantes de vendas puderam discutir de maneira calma e factual com os clientes a questão da margem bruta negativa do fabricante, transmitindo a mensagem com confiança.

Na Figura 9.20, você encontrará um cliente no canto inferior direito dos gráficos de espalhamento, bem no fundo do território de margem bruta negativa. Quando as informações foram compartilhadas com esse cliente importante, eles disseram: "O fato de você estar com a margem negativa não é bom.

Não é interessante para nenhum de nós". Na verdade, a estratégia de preços acabou fortalecendo o relacionamento com esse cliente e ajudou o fabricante a aumentar significativamente as margens em um ano (de −3,2 milhões para 0,2 milhão de dólares de margem bruta) e quase dobrar o negócio em dois anos (de 17 milhões para 32 milhões de dólares). Depois de mais dois anos, a conta cresceu para 50 milhões de dólares com 5 milhões de dólares de margem bruta, uma reviravolta incrível em quatro anos!

Como um todo, os lucros do fabricante aumentaram de um dígito para mais de 20% em três anos. A nova estratégia de preços foi fundamental para tal sucesso. O storytelling com dados não só permitiu ao gestor de análise obter a adesão da equipe de liderança como também subsidiou a equipe de vendas para negociar melhores preços com os clientes de margem negativa.

Essas duas histórias de dados da vida real ilustram como o storytelling com dados de impacto pode transformar a sorte de uma equipe ou de uma organização inteira. Nenhum exemplo exigiu quantidade excessiva de dados ou de recursos visuais para contar a história. Se você apreender e aplicar os conceitos e os princípios deste livro, se colocará em condição de obter sucesso semelhante com as suas próprias histórias de dados "do dia a dia", independentemente da forma, do tamanho ou do sabor delas.

O contador de histórias de dados: guia e agente de mudança

Ninguém jamais tomou uma decisão por causa de números. As pessoas precisam de uma história.
DANIEL KAHNEMAN, psicólogo, autor e economista comportamental

O storytelling com dados é transformador. Muitas pessoas não percebem que, quando compartilham insights, não estão apenas transmitindo informações a outras pessoas; a consequência natural do compartilhamento de um insight é a mudança. *Pare de fazer isto e passe a fazer mais isto aqui. Foque menos os insights e mais as pessoas. Gaste menos lá, invista mais aqui.* Um insight comovente leva o público esclarecido a pensar ou agir de maneira diferente. Portanto, como contador de histórias de dados, você não está apenas guiando o público por meio dos dados, mas também atuando como *agente de mudança*. Mais do que apenas apontar possíveis melhorias, você ajuda o público a entender totalmente a urgência das mudanças e lhe dá confiança para seguir em frente.

Em uma época de rápida transformação digital, mais do que nunca as organizações precisarão de agentes de mudança com experiência em dados. Pessoas que possam encontrar insights e transformá-los em melhorias e inovações serão altamente valorizadas no mercado. O poder de contar histórias de dados não pode se limitar a um punhado de profissionais de dados. Como os dados não estão mais no domínio restrito de certas áreas funcionais, como TI, finanças ou contabilidade, agora é fundamental que os funcionários de todos os departamentos, de recursos humanos a vendas, saibam como se comunicar de maneira eficaz com o uso de dados. Toda organização – startup, empresa, organização sem fins lucrativos ou agência governamental – precisa convidar mais integrantes de seu quadro de pessoal a se engajar em conversas de dados. A contação e o compartilhamento de histórias de dados pode servir como um catalisador imprescindível no desenvolvimento de uma cultura de dados mais forte e diversificada. Na jornada para se tornar um agente de mudanças impulsionadas por dados, todo indivíduo deverá avançar através das três etapas a seguir (veja a Figura 9.22):

Figura 9.22 Três pontos importantes para se tornar um agente de mudanças impulsionadas por dados

Para se tornar um agente de mudanças impulsionadas por dados, você precisa ser suficientemente versado em dados, para compreendê-los e interpretá-los corretamente. Depois, você precisa ser curioso e livre para explorar os dados e encontrar insights significativos. Por último, precisa adquirir habilidades de storytelling com dados, para comunicar os seus insights de maneira eficaz.

1. **Alfabetização em dados.** Primeiro, como mencionei no Capítulo 1, você precisa ter domínio em habilidades básicas de cálculo matemático, como processar e interpretar uma tabela ou um gráfico de dados padrão. Também deverá estar familiarizado com as estatísticas básicas

(média, desvio padrão, correlação), bem como com as métricas específicas do domínio específico do seu cargo, da sua função e do seu setor. Para muitas pessoas, talvez tenha passado um bom tempo desde a última aula de matemática ou de estatística na faculdade. Talvez seja importante atualizar essas habilidades, para compreender e interpretar corretamente os dados. Uma história de dados potencialmente boa desanda rapidamente se for baseada em uma interpretação inadequada ou errônea dos números. Felizmente, as habilidades de alfabetização em dados podem ser desenvolvidas por meio de treinamento e experiência prática.

2. **Curiosidade de dados.** O próximo passo importante é desenvolver o desejo e a capacidade de ser curioso, de fazer perguntas sobre os dados e de buscar expandir os próprios conhecimentos. Embora algumas pessoas sejam mais curiosas do que outras, a curiosidade é uma característica inata compartilhada por todos os seres humanos. Além das restrições de tempo que podem ser impostas à nossa curiosidade, o ambiente e o estado mental também podem influenciar no nosso grau de curiosidade. Fatores externos – como acesso limitado aos dados, dados de baixa qualidade, dados irrelevantes ou ferramentas de dados difíceis de usar – podem reduzir a curiosidade. Da mesma forma, fatores internos – como apatia, medo de fracassar, excesso de confiança ou mente fechada – podem impedir a pessoa de explorar os dados. Se barreiras assim puderem ser minimizadas ou removidas, você estará mais inclinado a se aventurar nos dados e a buscar respostas para as perguntas importantes. A magnitude e o valor dos insights que você descobrir determinarão se eles merecem ser incluídos em histórias de dados para que assim possam ser plenamente realizados.

3. **Storytelling com dados.** A última etapa é aprender como comunicar com eficácia os insights, para que eles possam ser claramente compreendidos por outras pessoas. Nenhuma transformação ocorrerá se a sua mensagem for confusa, muito pesada ou complicada. As suas comunicações de dados também devem ser persuasivas e memorizáveis, de modo a atingir o seu público. Se você fizer um bom trabalho de preparação e contação para a sua história de dados, o público aceitará os seus insights como se fossem dele próprio e se sentirá motivado a agir de acordo com esses insights.

Como você está lendo este livro, provavelmente já é alfabetizado em dados e tem alguma curiosidade sobre dados. No momento, provavelmente está interessado em aumentar as habilidades que já tem de storytelling com dados. Entretanto, se você gostaria de começar a contar histórias de dados e acha que não tem uma boa compreensão dos dados subjacentes, primeiro deve dedicar algum tempo ao fortalecimento das suas habilidades de cálculos matemáticos. Como os dados são a base, um insight fraco sempre compromete a integridade da história de dados, independentemente de ela estar bem estruturada ou visualizada. Se você tem as habilidades em alfabetização de dados necessárias, mas não tem curiosidade, eu recomendo que avalie quais fatores internos ou externos podem estar atrapalhando você. A crescente quantidade de informações disponíveis implora para ser explorada por mentes questionadoras que não estejam em ponto morto.

Jack Zipes, folclorista americano, observou: "O papel do contador de histórias é despertar o contador de histórias nos outros". Devido à natureza circular desse processo (veja a Figura 9.22), um relacionamento interessante se estabelece entre o contador de histórias de dados e o público. Antes de construir a história de dados, você precisa estar ciente se o público é alfabetizado em dados e adaptar o seu conteúdo ao nível desse público. À medida que o público é repetidamente exposto a novos insights, o nível de alfabetização em dados dos participantes aumenta. Assim como a leitura regular pode melhorar as habilidades de alfabetização de alguém, o consumo regular de histórias de dados aumentará as habilidades de alfabetização em dados dessa pessoa. Além disso, as histórias de dados podem despertar o interesse de membros do público na exploração de dados por conta própria e na construção de histórias de dados com base em suas próprias descobertas. Gradualmente, mais agentes de mudança serão formados por meio do ato do storytelling com dados, e suas vozes serão acrescentadas a uma troca de conversas de dados cada vez mais vibrante.

A sua missão como contador de histórias de dados é garantir que cada insight significativo que cruze o seu caminho receba uma chance justa de ter a sua história ouvida. Talvez você já tenha em mente vários insights implorando para serem narrados. A sua habilidade em contar uma história de dados convincente pode representar a diferença entre um problema ser resolvido ou esquecido, entre uma oportunidade ser aproveitada ou perdida, entre um risco ser mitigado ou exacerbado. A poetisa Maya Angelou disse: "Se você quer que escutem o que está dizendo, então não se precipite e fale de modo que o ouvinte realmente ouça". Com os dados, você não deseja apenas que a sua mensagem seja ouvida: você deseja que o público veja e entenda os insights com a mesma clareza que você. Se você descobriu algo que parece ser um insight significativo (e que cai na Zona da História do Capítulo 4), invista tempo e esforços para criar uma história de dados compatível com o peso e a importância desse insight. Se você produzir algo menos do que isso, vai prestar um péssimo serviço ao insight, pois vai colocá-lo em risco de ser desprezado ou ignorado.

Embora a maneira de contarmos histórias tenha evoluído significativamente ao longo dos séculos, as histórias ainda possuem um poder quase místico sobre nós. Elas ainda desempenham um papel fundamental na forma como processamos e armazenamos informações. Espero que, ao ler este livro, você tenha conseguido ganhar uma nova apreciação do potencial da narrativa para aprimorar a forma como compartilha os seus insights. De Florence Nightingale a Hans Rosling, diferentes contadores de histórias de dados conseguiram combinar visualizações de dados com narrativa a fim de inspirar e gerar mudanças positivas. Munido dos princípios do storytelling com dados que eu compartilhei neste livro, você estará mais bem preparado para seguir caminhos semelhantes com as suas próprias descobertas de dados.

Atribui-se à tribo indígena Hopi o dito "Aqueles que contam histórias governam o mundo". Hoje, com nossa dependência cada vez maior de dados, as pessoas que contam histórias de dados de maneira eficaz são as que influenciam e governam o mundo digital. Mas, para parafrasear um dos meus contadores de histórias favoritos de todos os tempos, o falecido ícone dos quadrinhos Stan Lee, "junto com um grande poder, vem uma grande responsabilidade". Embora o storytelling com dados possa resgatar insights que de outra forma seriam perdidos em um mar de dados, ele também pode ser usado para distorcer a verdade e enganar as pessoas. Como profissionais em busca da verdade, a nossa responsabilidade é garantir que as nossas histórias de dados levem ao esclarecimento, e não ao engano. A arte de contar histórias com dados ainda está na etapa formativa de seu desenvolvimento, e é nosso dever comum garantir que essa arte digital seja mantida em alto padrão e realizada com integridade.

Não importa quão sólidos sejam os seus fatos, quão convincente seja a sua narrativa ou quão impressionantes sejam os seus recursos visuais: o storytelling com dados será desafiador muitas das vezes. Como os novos insights representam mudança, você enfrentará continuamente o status quo, as tradições, as práticas comuns e as normas institucionais. Embora ele possa fortalecer a divulgação dos seus pontos cruciais, não garante que decisões difíceis se tornarão mais fáceis de ser tomadas pelo público.

O dr. Martin Luther King Jr. disse: "A mudança não gira na roda da inevitabilidade; ela é conquistada por meio da luta contínua". Os seus esforços incansáveis para conferir aos números uma voz clara e convincente farão uma diferença evidente tanto para a sua equipe como para a sua organização, a sua comunidade ou a sua causa. Já que esse é um campo relativamente novo dentro da antiga disciplina de contar histórias, nós continuaremos a ver inovações e novas abordagens no storytelling com dados à medida que as nossas capacidades e a nossa criatividade evoluem. Assim como eu compartilhei algumas das principais lições das minhas jornadas no storytelling com dados, quero ouvir a respeito dos seus triunfos e das suas provações na elaboração de histórias a partir de dados. De qualquer modo, que as suas histórias de dados tenham um *final feliz para sempre*, inspirando o público a agir e a abraçar a mudança. *E tenho dito!* (Obrigado, Stan).

Para obter mais informações e recursos sobre o storytelling com dados, acesse Effectivedatastorytelling.com (em inglês)[1].

Referências

Casselman, B. 2015. No Child Left Behind worked. *FiveThirtyEight*, 22 de dezembro. https://fivethirtyeight.com/features/no-child-leftbehind-worked/.

Desliver, D. 2017. U.S. students' academic achievement still lags that of their peers in many other countries. *Pew Research Center*, 15 de fevereiro. https://www.pewresearch.org/fact--tank/2017/02/15/u-s-students-internationally-math-science/.

The Economist. 2016. What the world can learn from the latest PISA test results. 10 de dezembro. https://www.economist.com/international/2016/12/10/what-the-world-can-learn-from-thelatest-pisa-test-results.

Gapminder. 2019. 200 Countries, 200 Years, 4 Minutes. https://www.gapminder.org/videos/200-years-that-changed-the-world-bbc/ (acessado em 25 de maio de 2019).

Rodberg, S. 2019. Data was supposed to fix the U.S. Education System. Here's why it hasn't. *Harvard Business Review*, 11 de janeiro. https://hbr.org/2019/01/data-was-supposed-to--fix-the-u-s-educationsystem-heres-why-it-hasnt.

UNICEF Office of Research. 2017. Building the future: Children and the sustainable development goals in rich countries. Innocenti Report Card n. 14.

US Department of Education. 1983. A nation at risk. https://www2.ed.gov/pubs/NatAtRisk/risk.html (acessado em 25 de maio de 2019).

---

1 Para recursos da edição brasileira, acesse a página do Conecta [https://somos.in/DSI1] (N. da E.).

Sobre o autor

BRENT DYKES passou mais de 15 anos na indústria de análise, prestando consultoria para algumas das marcas mais reconhecidas do mundo, como Microsoft, Sony, Nike, Amazon e Comcast. Atualmente, ele é diretor sênior de estratégia de dados da Domo. Como analista, gestor e divulgador de tecnologia em empresas como Omniture, Adobe e Domo, Brent testemunhou em primeira mão os desafios de fazer a comunicação de dados de forma eficaz. Com formação em marketing (SFU BBA, BYU MBA), ele traz uma perspectiva única para o storytelling com dados, que mistura habilidades qualitativas e quantitativas. Enquanto aprimorava suas estruturas e técnicas de storytelling com dados nos últimos anos, Brent compartilhou seus insights em várias conferências de dados e workshops corporativos ao redor do mundo.

Depois de criar um popular blogue em PowerPoint (Powerpointninja.com), com mais de 100 artigos, Brent mudou o foco para tópicos relacionados a dados. Em 2012, ele publicou seu primeiro livro, *Web Analytics Action Hero* (Adobe Press), e, em seguida, um e-book de acompanhamento, *Web Analytics Kick Start Guide*. Brent é colaborador regular da *Forbes*, com mais de 30 artigos publicados sobre vários tópicos de dados. Em 2016, ele teve a honra de receber o prêmio de *Contribuidor Mais Influente da Indústria* da Digital Analytics Association (DAA).

Embora crescido na Nova Zelândia e no Canadá, Brent se estabeleceu com a família em Utah. Além de aprender a linguagem dos dados, ele é trilíngue em inglês, português e espanhol. Quando não está contando histórias com dados, Brent gosta de viajar com a família, andar de bicicleta, ler e assistir a filmes. Você pode topar com ele em eventos de triatlo, onde ele costuma servir de *sherpa* (preparador) de corrida para sua esposa, competidora de Ironman. Ele é um ávido fã do Vancouver Canucks, time de hóquei no gelo, e adora colecionar gibis raros, o que reflete ainda mais sua paixão pelo storytelling com recursos visuais.

Agradecimentos

QUANDO ALGUÉM ESCREVE UM LIVRO, percebe como é importante ter o apoio da família, dos amigos e dos colegas. Quero começar agradecendo à minha esposa, Libby, e aos nossos cinco filhos (Lauren, Cassidy, Linden, Peter e Josh). Sem o amor, o apoio e a paciência deles, a realização deste livro não teria sido possível. Também sou grato ao meu pai, que me inspirou com suas histórias ao longo da minha vida, e à minha mãe, que aturou todas as histórias de meu pai.

Agradeço a todas as pessoas que me ofereceram feedback, conhecimento, experiências e incentivo durante a criação deste livro. Desde a idealização desta obra, Chad Greenleaf e Tim Wilson foram grandes conselheiros em cada etapa de seu desenvolvimento. Também quero agradecer a Chris Haleua, Dylan Lewis, Maria Massei-Rosato, Andrea Henderson, Alan Wilson, Jason Krantz, Alex Abell, Sarah Chalupa, Dan Stubbs, Archie Baron, Dan Hillman, Chris Willis, Andrew Anderson, Jared Watson, Kristie Rowley, Jeremy Morris, John Stevens e James Arrington. Gostaria de agradecer a Jeri Larsen por suas contribuições inestimáveis na edição deste livro. Além disso, sou grato a Sheck Cho, Purvi Patel e toda a equipe da Wiley por tornarem este livro uma realidade.

Muitas pessoas me inspiraram em minha jornada de storytelling com dados, a quem eu também gostaria de agradecer: Hans Rosling, Chip e Dan Heath, Steve Denning, Stephen Few, Dona Wong, Alberto Cairo, Edward Tufte e Daniel Kahneman. Por último, sou grato a todas as pessoas que ao longo dos anos participaram das minhas apresentações e workshops sobre storytelling com dados, e que leram e compartilharam os meus artigos sobre esse importante tópico. O entusiasmo de todos por este conteúdo alimentou a minha paixão para concluir o projeto. Espero que gostem de ler aquilo que o interesse de vocês me inspirou a escrever.

Sobre o site

PARA AJUDÁ-LO EM SEUS PRÓPRIOS esforços de storytelling com dados, eu preparei alguns recursos que você pode baixar do site que acompanha o livro: [https://somos.in/DSI1]. Esses arquivos mostram como foram criados os diferentes gráficos do livro e outros recursos que podem ser impressos para referência e inspiração. A seguir, veja alguns arquivos disponíveis on-line:

1. **EDS_ch7-8_figures.xlsx:** esse arquivo em Excel contém todos os gráficos apresentados nas figuras encontradas nos Capítulos 7 e 8. Se tiver dúvidas sobre como um gráfico foi criado, você pode revisar as configurações e a formatação do gráfico neste arquivo. Você encontrará uma ou duas planilhas que correspondem a cada uma das figuras desses dois capítulos relacionados a recursos visuais.
2. **EDS_ch7-8_figures.pptx:** esse arquivo em PowerPoint contém todas as figuras dos gráficos dos Capítulos 7 e 8. Compartilhei esse arquivo para que você possa ver como tive que aumentar alguns dos gráficos do Excel no PowerPoint para criar as versões finais que aparecem no livro. Eu converti os gráficos do Excel em imagens para simplificar o arquivo do PowerPoint. Normalmente, os gráficos são apenas objetos incorporados.
3. **EDS_reference_diagrams.pdf:** esse arquivo em PDF contém alguns dos principais diagramas do livro, que podem ser úteis como material de referência. Com base no feedback dos leitores, posso expandir os diagramas incluídos nesse arquivo. Informe se existe algum diagrama do livro que você gostaria de ver acrescentado nesse arquivo de referência.

https://somos.in/DSI1